LA FAMILLE

CASIMIR-PERIER

ÉTUDE

GÉNÉALOGIQUE, BIOGRAPHIQUE ET HISTORIQUE

PAR

EUGÈNE CHOULET

12 GRAVURES HORS TEXTE EN AUTOTYPIE

GRENOBLE

JOSEPH BARATIER, IMPRIMEUR-ÉDITEUR

Avenue Alsace-Lorraine, 24

1894

LA FAMILLE

CASIMIR-PERIER

Il a été tiré de cet ouvrage 45 exemplaires sur papier de Hollande, numérotés et signés.

LA FAMILLE
CASIMIR-PERIER

ÉTUDE

GÉNÉALOGIQUE, BIOGRAPHIQUE ET HISTORIQUE

(D'après des documents des archives de Grenoble
de Vizille et de l'Isère)

PAR

Eugène CHOULET

12 GRAVURES HORS TEXTE EN AUTOTYPIE

GRENOBLE
JOSEPH BARATIER, IMPRIMEUR-ÉDITEUR
Avenue Alsace-Lorraine, 24

1894

INTRODUCTION

❧

JE n'ai point la prétention, en livrant ces pages au public, de faire œuvre d'écrivain et d'historien. Mon but est plus modeste : j'ai voulu seulement, en ma qualité de Dauphinois, condenser, en un volume, le résultat de recherches sérieuses que j'ai faites à des sources authentiques et officielles sur les origines et la généalogie de la famille Perier. J'ai réuni, en même temps, dans cet ouvrage, quelques études biographiques et historiques sur cette même famille, dont plusieurs membres ont, depuis une centaine d'années, joué un rôle important dans l'histoire de notre pays.

Quelques jours après l'élection de M. Jean Casimir-Perier, à la suprême magistrature de la République, je me suis mis en devoir d'écrire cette biographie de ses ancêtres dont les noms sont intimement liés à la vie publique de cette région dauphinoise, d'où sont partis, il y a plus d'un siècle, les premiers souffles de liberté.

Mes concitoyens estimeront, peut-être avec moi, que je n'ai pas fait un travail inutile, puisqu'en groupant, en un seul livre, une étude sur tous les Perier, j'aurai contribué à faire mieux connaître aux Français cette illustre famille qui a rendu tant de services à la Patrie.

Evidemment — et je le reconnais — cet ouvrage n'offre pas pour le lecteur l'attrait du roman à la mode ou d'un travail d'analyse et de psychologie, dont on est si friand à notre époque. Néanmoins, n'est-il pas intéressant d'apprendre, et d'une façon plus complète que d'après un résumé de quelques colonnes d'un journal, les origines du citoyen qui, après le tragique et inoubliable attentat de Lyon, a eu l'honneur insigne d'être choisi par la majorité des représentants de la Nation pour présider aux destinées de la République?

Les Dauphinois qui ont le droit d'être fiers de voir aujourd'hui dans le chef de l'Etat, un descendant des Perier, me réserveront, j'en ai le ferme espoir, leur extrême bienveillance. Ils me pardonneront, et les lecteurs avec eux, certaines aridités de mon livre; ils me tiendront compte, enfin, de ma volonté d'écrire un ouvrage de bibliothèque, à la portée de tout le monde, un ouvrage que les instituteurs, les professeurs, les bibliophiles, les curieux des petits détails de l'histoire pourront consulter avec intérêt, et que la jeunesse scolaire étudiera peut-être avec fruit, ce qui sera ma meilleure récompense.

CHAPITRE PREMIER

LES ORIGINES DE LA FAMILLE PERIER. — LA COMMUNE
DE SAINT-BAUDILLE-ET-PIPET.

Dans cette région montagneuse et accidentée
du Trièves — pays des Trévires — située au
sud-ouest du département de l'Isère, s'étend la commune actuelle de Saint-Baudille-et-Pipet, canton
de Mens. Elle formait autrefois une paroisse du dio-
cèse de Die, placée sous le vocable de Saint-Baudille,
dont la collation et les dîmes appartenaient au chapitre de l'église cathédrale de Die.

L'église paroissiale de Saint-Baudille avait été primitivement construite dans le hameau qui porte encore
de nos jours le nom de La Chapelle, mais cet édifice
ayant été ruiné, le service catholique fut transféré, à
la fin du XVIᵉ siècle, dans la chapelle dédiée à saint
Pancrasse et élevée dans le village portant le même
nom. Il s'ensuivit que la paroisse fut désignée simul-
tanément : paroisse de Saint-Pancrasse ou de Saint-
Baudille.

Au point de vue féodal, la commune de Saint-Baudille-et-Pipet dépendait anciennement de trois fiefs bien distincts : l'un relevait directement du Dauphin, prince souverain du Dauphiné, et était compris dans la châtellenie du Trièves ; le second comprenait la terre de Pipet ; le troisième formait la seigneurie du Châtelard, qui était possédée par l'illustre famille de Morges dont les premiers membres connus remontent au xᵉ siècle (1). C'est de cette dernière seigneurie que relevait le hameau du Périer (aujourd'hui un des villages principaux de la commune de Saint-Baudille-et-Pipet), d'où sont sortis les membres de la famille Perier (2).

----

(1) Dans son livre sur la *Description des cantons et communes de l'Isère*, M. F. Crozet, ancien avocat, dit que parmi les titres mentionnés dans l'*Inventaire des Archives de la Chambre des comptes*, on trouve les titres suivants concernant la commune de Saint-Baudille :

1º Un échange du 10 juillet 1329, par lequel Guigues Dauphin remit à Guigues de Morges tout ce qu'il y avait en la paroisse de Saint-Baudille-en-Trièves ; 2º une vente à faculté de rachat perpétuel, passée le 1ᵉʳ avril 1573, au profit de messire Georges de Morges, chevalier de l'ordre du Roi, de la terre, seigneurie et juridiction de Saint-Baudille et ses appartenances, au prix de 250 livres ; 3º un dénombrement fourni le 28 juin 1684, par Pierre de Bérenger, écuyer, seigneur de Pipet et Beaufin, par lequel il déclara tenir et posséder le château et la seigneurie de Pipet en toute justice, plus la seigneurie et juridiction de Beaufin, aussi en toute justice.

(2) Dans le *Trièves et son passé*, par M. A. Lagier, on lit : « C'est au Périer, village de la paroisse de Saint-Baudille-et-Pipet, et non à Mens, comme l'affirme Rochas (voir *Biographie*

Dès la fin du xive siècle, le hameau du Périer n'était pour ainsi dire composé que de familles portant ce nom de Perier, qu'elles devaient au lieu qu'elles habitaient. Ce nom de Perier est d'ailleurs très répandu en Dauphiné, mais on le trouve encore dans le Lyonnais, l'Auvergne, le Calvados, la Manche, la Seine-et-Oise, l'Eure-et-Loir, etc.

Les premiers Perier que nous avons découverts à Saint-Baudille, sont désignés de *Pererio*, ce qui indique assez clairement que l'on voulait distinguer tel ou tel habitant d'une localité de ce nom. Ensuite on les appela alternativement de *Pererio* ou de *Pererii*, et enfin sous le nom de *Pererii* seul, d'où en langue vulgaire du Périer (1).

Un état de feux (ménages) de l'année 1367, dressé pour l'imposition d'un subside d'un florin par feu, à l'effet de racheter les châteaux que le comte de Savoie occupait en Dauphiné, mentionne parmi les feux relevant du seigneur Guigues de Morges, en Trièves, les divers noms suivants, formant chacun des feux distincts :

Johannès de Pererio, filius Stéphani de Pererio ; Guillelmus de Pererio ; Petrus de Pererio ; Johannès

---

du Dauphiné), qu'est le berceau de la famille Perier, dont sont sortis plusieurs hommes célèbres. » — Cette erreur a été souvent renouvelée. — Dans *Lettres à Lucie sur le canton de Mens*, Allier, 1844, l'auteur dit aussi qu'au hameau du Périer, est né, au xviie siècle, l'aïeul du grand Casimir Perier.

(1) *Périer*, en basse latinité *Pererium*, signifie endroit où l'on exploite des pierres, lieu rempli de pierres.

de Pererio, filius Supi ; Giraudus de Pererio ; Jacobus de Pererio (1).

Le 27 mai 1458, dans une enquête faite par le vichâtelain delphinal du Trièves, pour établir le recensement des habitants formant *feu*, il est déclaré que le seigneur du Châtelard possédait, dans la paroisse de Saint-Baudille, 39 hommes formant feu, et de leur nombre sont indiqués :

Guillelmus Perrerii ; Antonius de Pererio ; Petrus Perreri ; Guillelmus de Pererio, alias Morelli ; Martinus de Pererio ; Johannès de Pererio (2).

Depuis lors il est facile de constater l'existence, dans le hameau du Périer, de nombreux habitants portant le même nom, mais cette énumération serait fastidieuse et sans importance pour le lecteur. Nous commencerons donc la généalogie de la famille Perier qui nous intéresse à un Jacques Perier, vivant à la fin du XVIIe siècle en ce pays.

Mais, auparavant, nous constaterons que les divers biographes — nous n'en citerons aucun — qui ont publié des écrits nombreux sur cette famille, ont commis plusieurs erreurs qu'il importe de rectifier, au point de vue de l'histoire locale. En premier lieu, les Perier, dont le chef direct est aujourd'hui le premier magistrat de la République Française, ne descendent point d'un Perier, qui aurait été notaire au Villard-

(1) Archives de l'Isère, B. 2705, f° 33.
(2) *Id.*, B. 2749, f° 578.

de-Lans (Isère). Aucun tabellion (1) de ce nom n'a exercé sa charge en cette contrée, mais ainsi qu'on le verra plus loin (chapitre généalogie), un Perier avait fixé sa résidence à Gresse, canton du Monestier-de-Clermont : il appartenait à une branche collatérale.

En second lieu, on attribue à la famille Perier, Jean-François Perier (2), né à Grenoble, le 26 juin 1740, qui fut évêque constitutionnel du Puy-de-Dôme, ensuite évêque d'Avignon et mourut le 30 mars 1824. Ce prélat était fils de Claude Perier, conseiller du roi, scelleur en la chancellerie du Parlement de Grenoble, et de Jeanne Lagier. Son père avait été nommé à cet office par lettres du roi du 24 janvier 1738, et mourut dans le courant de 1741; car son successeur fut choisi par lettres du 24 novembre 1741. Claude était lui-même fils d'Etienne, marchand-tailleur d'habits, et de Marie Terrier.

---

(1) Voir *Catalogue des Notaires de l'arrondissement de Grenoble*, imp. 1888, page 14.

(2) Voir *Biographie du Dauphiné*, par A. Rochas, et *Figaro* du 15 août 1894 (arbre généalogique de la famille Perier).

CHAPITRE II

———

LA GÉNÉALOGIE DE LA FAMILLE PERIER. — NOTICES BIOGRAPHIQUES.

Nous abordons, en ce chapitre de la généalogie de la famille Perier, la partie la plus ardue et la plus délicate de notre tâche. Nos lecteurs n'y verront sans doute qu'une compilation d'état civil, qu'extraits de registres et d'actes : nous ne nous dissimulons pas toute l'aridité d'un tel travail.

Peut-être, pourtant, malgré sa sécheresse, cette partie de notre ouvrage captivera-t-elle les chercheurs, — intéressera-t-elle même le public, comme elle nous a passionné nous-même. Des dates ? Des noms ? Soit : ces dates sont des plus célèbres de notre histoire ! Ces noms sont des plus beaux de notre pays ! La famille Perier — cette généalogie le prouve — n'a pas fait que dominer par elle-même les grands mouvements de la Patrie : elle s'y est unie, elle s'y est identifiée par tous ses membres et par tous ses collatéraux.

Le tronc s'est ramifié à l'infini, et il n'est pas un coin de terre française qu'une branche n'abrite, merveilleuse de floraison, superbe d'épanouissement.

Dans cette étude généalogique, nous avons eu des collaborateurs à qui nous devons ici de sincères remerciements. Sans leurs indications éclairées, sans leurs conseils, nous aurions peut-être risqué de nous égarer dans ce labyrinthe familial. M. et Mme de Beylié ont, en particulier, guidé nos recherches, nous ont été d'un indispensable secours.

M. Prudhomme, archiviste de l'Isère et érudit historiographe dauphinois; M. Pilot de Thorey, l'infatigable chercheur à qui l'on doit de nombreux travaux d'histoire locale; M. Maignien, l'excellent conservateur de la Bibliothèque de Grenoble, nous ont également permis de puiser dans leurs souvenirs et dans leurs ouvrages. Nous proclamons volontiers leur part importante dans ce chapitre de notre œuvre.

La famille Jacques Perier.

Jacques PERIER, fils de Claude et petit-fils de Pierre, qualifié de « bourgeois du Périer, paroisse de Saint-Pancrasse » (1), dans l'acte de mariage de

---

(1) Cette paroisse fait partie définitivement, depuis 1790, de la commune de Saint-Baudille-et-Pipet, dont elle est un des hameaux.

son fils Jacques, négociant à Grenoble, résidait au Périer, durant les dernières années du XVIIe siècle. Il mourut en 1758 et son épouse en 1750.

De son union — le 14 octobre 1692 — avec Antoinette Barthélemy (1), fille de Jean, notaire à Saint-Martin-de-Clelles, il aurait eu treize enfants :

I. Jeanne, célibataire, morte en 1766.

II. Dimanche, mariée.

III. Jean, né à Saint-Baudille-en-Trièves, le 23 septembre 1699, entré comme clerc en 1722, chez Me Alexandre Luya, notaire à Gresse, qui lui céda son étude, et lui donna en mariage sa fille Marguerite. Ses lettres de provisions sont datées de Paris, le 1er mars 1724. Il fut reçu le 21 mars 1725 et exerça ses fonctions pendant dix années. Son étude ayant été supprimée, il revint au Périer où il était encore notaire royal après 1752.

La famille Jacques Perier jouissait déjà alors d'une certaine considération. En effet, les témoins produits dans l'enquête relative à sa nomination et qui furent : noble Jean de Bucher, seigneur de Saint-Guillaume et de Saint-Andéol (localités voisines de Saint-Baudille et de Gresse); Etienne Duclot, prieur-curé de Saint-Guillaume; et Me Pierre du Bois, procureur au parlement de Grenoble, tous déposèrent : « *connoistre depuis longtemps le dit Perier pour un parfait honnête*

---

(1) Mme Perier était originaire de Saint-Martin-de-Clelles et appartenait à cette famille Barthélemy dont l'un des membres, Barthélemy d'Orbanne, fut avocat au Parlement de Grenoble.

*homme, de bonne vie et sans reproche, ayant toujours
vécu avec honneur et dans la religion catholique... »* ;
« *que le dit Perier passe chez tout ce qu'il y a d'honnêtes
personnes pour très éclairé dans ses affaires.* » (1).

Jacques Perier et Antoinette Barthélemy eurent
encore :

IV. Pierre, qui vivait en 1765.

V. Jacques, qui alla se fixer à Grenoble. V. p. 42

VI, VII, VIII, IX, X, XI, Augustin, Marie, Clé-
mence, Jean-Baptiste, Jean-François, Claude, morts
jeunes.

XII. Jean-Antoine, qui vint aussi habiter Grenoble,
où, comme son frère Jacques, il créa une importante maison de commerce. Il vivait en 1763. Nous
n'avons pu établir sa filiation. — Aux archives de
l'Isère, nous avons trouvé que Jacques Perier aurait eu
une fille, Antoinette, née vers 1704, décédée à Grenoble,
le 19 août 1764. Son corps fut inhumé dans le tombeau
des sœurs du Tiers-Ordre de Saint-Dominique, dont
elle faisait partie, en l'église des Jacobins de Grenoble.

———

La famille Jean Perier.

De son mariage avec demoiselle Luya, Jean
laissa :

I. François Perier, né à Gresse, le 20 mars 1729, qui

———

(1) Archives de l'Isère, B. 2473, f⁰ˢ 98-99.

vint habiter Grenoble où il s'associa avec son oncle Jacques, frère cadet de son père.

II. Un autre fils, Jean-Louis.

Par lettres-patentes, données à Paris, le 10 mars 1779, François Perier fut nommé conseiller du roi, garde-scel de la juridiction des gabelles de Grenoble, en remplacement de son cousin-germain Claude Perier, fils aîné de Jacques qui avait résigné cette charge en sa faveur.

M. François Perier s'occupa à Grenoble de l'endiguement de l'Isère; il fut élu l'un des notables de la ville en février 1790, mais il refusa d'être membre du corps municipal. Pour se distinguer des autres Perier, il prit le nom de *La Grange*, d'une propriété qu'il avait acquise à Saint-Ismier (1). Devenu veuf, Me Jean Perier, notaire, se remaria avec Madeleine Vivian, dont il eut :

III. Madeleine, qui épousa, le 27 février 1764, François Tivolier, de Voiron, fils de défunt Claude Tivolier (2) et de Marie Mathieu, et l'un des associés de Claude Perier. Parmi les enfants de M. Tivolier et de Madeleine Perier-Lagrange, nous citerons : Antoinette, mariée à M. Marc Denantes; Euphrosine, qui épousa M. Allard du Plantier, d'où M. Guy Allard du Plantier et Mme de Combarieu. Un fils, qui entra dans la diplomatie. Enfin une fille, qui épousa

---

(1) V. Archives de l'Isère.

(2) Nous avons trouvé le nom de Tivolier écrit indistinctement avec un seul *l* et avec deux.

M. de Voize, consul général en Egypte ; et plusieurs
enfants peu connus.

La famille Tivolier est encore représentée par
M. Tivolier, ancien industriel ; par M. Tivolier, avocat à Grenoble, et par une fille, mariée à un officier
de cavalerie.

***

M. François Perier-Lagrange s'était uni à Mlle
Louise-Marie Lagier. De sa famille nous connaissons :
I. Louise-Emilie, mariée le 7 mars 1791, à M. Jean-
Baptiste Savoye (1), licencié en droit, fils de François
et de Marie Marjollet ; II. Louis-François, mort le
22 janvier 1807, à l'âge de 20 ans ; III. François-
Daniel, né le 23 février 1776, marié le 5 mai 1808, à
Pauline-Eléonore Beyle, fille de Beyle, jurisconsulte,
et de Caroline Gagnon, sœur de Henri-Marie Beyle,
dit Stendhal, le célèbre écrivain, auteur de la *Char-
treuse de Parme*, du *Rouge et le Noir*, etc. Cette branche
collatérale est aujourd'hui éteinte, croyons-nous.

IV. Jeanne, mariée à M. Tivolier, de l'Etang, neveu
de François, époux de Madeleine Perier-Lagrange.
De ce mariage sont nés plusieurs enfants, entre autres
Joseph-François, marié, le 10 janvier 1811, à Mlle
Anne-Marie de Voize.

C'est M. François Perier-Lagrange, père, qui
donna le plus grand essor à la fabrication des toiles

---

(1) Anobli, plus tard, il se nomma Savoye des Grangettes.

de Voiron avec le concours de son beau-frère Tivolier. Il eut peut-être d'autres enfants, mais leur désignation n'offrirait qu'un intérêt très secondaire pour le lecteur. Il est mort le 26 février 1805.

La famille Jacques Perier fils.

C'est la branche principale, celle qui va faire l'objet de ce long chapitre.

Jacques Perier épousa à Grenoble, le 24 août 1741, Marie-Elisabeth Dupuy, fille de Claude Dupuy, consul de Grenoble, et de Hélène Jordan. Il eut, non pas trois, comme certains historiens l'ont affirmé, mais sept enfants, tous nés à Grenoble, savoir :

I. Claude, né le 28 mai 1742.

II. Jean, né le 5 mai 1743, mort jeune.

III. Antoine, né le 10 mai 1744. Reçu bachelier en les deux droits à l'Université d'Orange, en 1765, licencié en 1767, avocat au parlement de Grenoble le 9 mars 1770 ; il se rendit à Paris en octobre 1783 et mourut sans postérité. Il se faisait appeler : Perier du Merlet.

IV. Hélène-Elisabeth, née le 20 mai 1745, mariée le 26 septembre 1764, à Esprit-Alexandre Gueymar (1), juge-mage au bailliage de Die, fils de Jean Gueymar, originaire de Die, né le 9 juin 1737. Licencié de l'Université d'Orange, il fut reçu avocat au parle-

---

(1) Annobli, plus tard, il se nomma Gueymar de Salière.

ment de Grenoble le 13 juin 1757. Avant 1790, il avait été juge et vibailli de la judicature à Die. En 1800, lors de l'organisation de la Cour d'appel de Grenoble, il fut nommé vice-président ; il mourut le 6 septembre 1803. Sa femme mourut, elle aussi, à Grenoble, le 26 décembre 1818; son nom est inscrit parmi ceux des bienfaiteurs de l'hôpital de Grenoble (1).

V. Jacques-Paul-Augustin (2), né le 26 mai 1746. Il épousa, en 1777, Marie-Charlotte Carier.

VI. Marie-Elisabeth, née le 4 juin 1748, mariée le 22 octobre 1765, à Pierre Jordan, de Lyon, décédée, veuve, à Grenoble, le 13 décembre 1796.

VII. Rose-Euphrosine, sœur jumelle de la précédente, mariée le 1ᵉʳ octobre 1765, à Pierre-François Duchêne, avocat au parlement de Grenoble.

⁂

M. et Mᵐᵉ Pierre Jordan ont eu cinq enfants : Camille, Noël, curé de Saint-Bonaventure de Lyon, César, Alexandre et Augustin, secrétaire d'ambassade.

M. Camille Jordan, écrivain distingué et homme politique, est né à Lyon en 1771. Il embrassa d'abord les idées de la Révolution, mais lorsque les Lyonnais

---

(1) Elle donna par testament du 3 novembre 1816, une somme de 5,000 francs.

(2) Notice spéciale, chap. 5.

se révoltèrent contre la Convention, il se mit à leur tête et les entraîna par son courage et son éloquence. Il fut, à la suite de ces incidents, obligé de s'exiler. Il passa en Suisse et ensuite en Angleterre. A sa rentrée en France, après le 9 thermidor, ses compatriotes le portèrent au conseil des Cinq-Cents (1797). Il fit un rapport célèbre sur la liberté des cultes, qui lui valut le nom de Jordan Cloche. Le 18 fructidor, il fut compris dans la liste des déportés, parvint à se cacher, et s'exila une seconde fois à Bâle. Revenu en France, en 1800, il fut interné à Grenoble ; il ne se livra plus qu'à l'étude des lettres et de la philosophie. Lors de l'invasion des alliés, il fut délégué par ses compatriotes auprès de l'empereur d'Autriche, pour obtenir un adoucissement aux réquisitions dont la ville était frappée. Il assista à la séance au cours de laquelle le Conseil municipal de Lyon reconnut Louis XVIII. Elu député en 1816 par le département de l'Ain, il fut rayé en 1819 du Conseil d'Etat, à cause de l'indépendance de ses opinions. Jordan mourut à Paris le 29 mai 1821, d'une maladie qui le minait depuis 1810. Il a laissé un grand nombre de brochures politiques.

Il fut l'un des intimes de Mme de Staël. M. de Sainte-Beuve lui a consacré diverses lettres dans la *Revue des Deux-Mondes*, du 1er mars 1868, intitulées : *Camille Jordan et Mme de Staël*.

✻

La famille Camille Jordan s'est composée de M. Auguste Jordan, ingénieur des ponts et chaussées, qui a eu une fille : Camille, devenue Mme la comtesse Boubée, épouse d'un ancien magistrat ; — de Caroline, épouse de Alphonse de Gravillon, d'où est né : Arthur de Gravillon marié à Mlle Gabrielle de Vauxonne ; — de Ch. Jordan, officier, mort à Rome.

M. César Jordan a eu un fils : Alexis, botaniste, mort sans postérité.

M. Alexandre Jordan a eu trois enfants qui formèrent les familles : A. Jordan-Puvis de Chavannes ; C. Jordan-Nathalie Brenier de Montmorand ; Pauline Jordan-Vespre.

De la première sont issues les familles Louis Pinot, Emmanuel de Loisy et Camille Jordan, ancien député, membre de l'Institut. Camille Jordan eut lui-même sept enfants.

De la seconde, Mme Paul Giraud, *femme du* magistrat, qui eut un fils, M. Gérard-Emile-Antoine Giraud-Jordan, avocat, secrétaire particulier de M. Burdeau, président de la Chambre.

Augustin Jordan, quatrième fils de Mme Elisabeth Perier-Jordan, a eu Gabriel et Adrienne, baronne Despatys, d'où naquit le baron Despatys, conseiller municipal de Paris.

∴

M. Duchêne (1), né à Romans, le 6 octobre 1743, fut reçu avocat au parlement de Grenoble, le 9 août

---

(1) Voir : *Statistique du département de la Drôme*, par Delacroix, Valence, Borel, 1835, in-4°, p. 600. — *Biographie univer-*

1764. Il adopta avec enthousiasme les idées de la Révolution et se mêla fort activement aux discussions des sociétés populaires de Grenoble sur les questions politiques du jour. Nommé, en 1796, par le département de la Drôme, député au Conseil des Cinq-Cents, il passa, après la Révolution du 18 brumaire, au Tribunat, dont il fut élu président en messidor an VIII (juin 1800). En 1802, il y vota avec Lazare-Carnot contre le consulat à vie ; il se retira ensuite en donnant une démission motivée qui fit le plus grand honneur à son courage et à son patriotisme. Il vécut d'abord à Grane (Drôme), puis ensuite à Grenoble. Sous l'Empire, le collège électoral de la Drôme l'élut son candidat au Sénat, mais il ne fut point nommé. Lors de son décès, à Grenoble, le 31 mars 1814, il était bâtonnier de l'ordre des avocats.

.*.

M. Duchêne et Mlle Rose-Euphrosine Perier ont eu plusieurs enfants :

I. Amélie, née en 1767, morte en 1837, mariée en 1786, à M. Constans de Mauduit, officier de cavalerie. De ce mariage sont issus : Augustine de Mauduit, mariée à Augustin Jordan, morte en 1847 ; — Amédée, né en 1790, mort en 1875, général de division, célibataire ; — Amélie, née en 1795, morte en 1869, mariée

---

selle, Paris, Michaud, supplément, 1837. — *Biographie du Dauphiné*, par A. Rochas, Paris, Charavay, 1860.

en 1818, à Henry Bergasse, né à Marseille, en 1782, et mort en 1867. Cette dernière famille Bergasse-de Mauduit se compose, en outre, de : Amélie, née en 1819, mariée à M. Hippolyte Jouve; — Henry, né en 1821, marié à Mlle Adeline Salzani, et qui eut sept filles : Mmes Babeau, la comtesse de Revel, de Gailhard-Bancel, Sordet, M'Roé, Cécile et Jeanne, célibataires; — Alfred, célibataire; — Mathilde, célibataire; — Ludovie, religieuse de Saint-Vincent-de-Paul; — Alexandre, marié à Mlle Eugénie Salzani et qui eut huit enfants : Paul, époux de Mlle le Serurier; Léon; Alexandre, époux de Mlle de Saint-Jacques; Eugénie, épouse de M. de Monléon; Thérèze; Mathilde et Camille, jumelles; Louis; — Marie, célibataire; — Hippolyte.

II. Rose-Philippine, née en 1769, morte en 1852, et qui fut une des fondatrices de l'ordre du Sacré-Cœur.

III. Adélaïde-Hélène, née en 1771, morte en 1824, mariée à M. le Brument, dont elle eut plusieurs enfants.

IV. Charlotte, née en 1772, morte en 1857. De son union avec M. Jean-Joseph Jouve, naquirent : Auguste, célibataire; — Adèle-Euphrosine, religieuse du Sacré-Cœur; — Amélie, religieuse du Sacré-Cœur; Henry, prêtre; — Hippolyte, mort en 1877, époux de Mlle Amélie Bergasse, dont il eut Charles et Marie; — Constance et Joséphine, religieuses du Sacré-Cœur; — Camille, colonel d'Etat-Major, marié à Mlle Moignon, d'où Jeanne, mariée à M. le baron Despatys, ancien magistrat, conseiller municipal de

Paris; — Alexandre; — Eugène, et quatre autres enfants morts jeunes.

V. Antoine-Louis-Hippolyte, né à Grenoble, le 27 février 1781, député de l'Isère à la Chambre des Représentants en mai 1815 et à celle des députés, le 26 juillet 1835, pour le collège électoral de Saint-Marcellin. Il fut encore avocat général à Grenoble. Député, il appuya la demande de Dupin tendant à réviser les sénatus-consultes impériaux pour les mettre d'accord avec l'acte additionnel; réclama, à la nouvelle du désastre de Waterloo, des mesures capables de sauver la France; proposa formellement de demander à l'Empereur son abdication; s'opposa à la proclamation de Napoléon II. Il défendit l'abbé Grégoire. Il faisait partie du centre ministériel.

Marié à Mˡˡᵉ Coralie Durand, il mourut sans postérité en 1854.

VI. Augustine-Mélanie, née en 1786, morte en 1828, religieuse Visitandine, à Romans.

La famille Claude Perier.

Nous allons établir, maintenant, à l'aide de documents puisés à l'état civil de Grenoble, la filiation de Claude (1), fils aîné de Jacques et petit-fils de celui

---

(1) Notice spéciale, chapitre 5.

que nous avons appelé le « bourgeois du Périer ».

Claude, né à Grenoble, le 28 mai 1742, épousa le 28 avril 1767, Marie-Charlotte Pascal (1), née à Grenoble le 6 décembre 1749, fille de Charles, colonel de la milice bourgeoise et référendaire en la chancellerie, et de Hélène Coquet. Il eut une nombreuse famille : neuf fils et trois filles, tous nés à Grenoble. Deux d'entre eux moururent jeunes.

Ce sont :

I. Jacques-Prosper, né le 3 novembre 1768, mort enfant.

II. Elisabeth-Joséphine, née le 9 avril 1770.

III. Euphrosine-Marine, née le 13 novembre 1771, morte enfant.

IV. Augustin-Charles, né le 22 mai 1773.

V. Alexandre-Jacques, né le 25 décembre 1774.

VI. Antoine-Scipion, né le 14 juin 1776.

VII. Casimir-Pierre, né le 11 octobre 1777.

VIII. Adélaïde-Hélène, surnommée Marine, après le décès de sa sœur. Elle est née le 10 mars 1779.

---

(1) Mme Claude Perier mourut à Grenoble le 31 juillet 1821, et son corps fut inhumé dans le cimetière Saint-Roch où il repose dans la concession de M. Augustin Perier, son fils, en face le carré 4, case 20.

Le frère de Charlotte Pascal, Alexandre-Charles, industriel à Voiron, né à Grenoble, le 9 juin 1751, mort en cette ville, le 1er décembre 1818, fut nommé membre du Corps législatif, le 14 mars 1802; réélu ensuite, le 1er mai 1809, il siégea dans cette assemblée jusqu'en 1815. Il fut aussi membre du Conseil général de l'Isère, du 13 novembre 1800 au 18 décembre 1802.

IX. Camille-Joseph, né le 15 août 1781.

X. Alphonse, né le 28 octobre 1782.

XI. Amédée-Auguste, né le 14 mars 1785.

XII. André-Jean-Joseph, né le 27 novembre 1786 (1).

Madame ELISABETH-JOSÉPHINE PERIER, baronne DE SAVOYE DE ROLLIN, la première fille de Claude Perier, se maria le 22 janvier 1788, à Jacques-Fortunas de Savoye de Rollin, avocat général au parlement de Grenoble, fils de noble Jean-Baptiste de Savoye, lieutenant-général de police de Grenoble, et d'Anne Olympe Bouvier. Elle mourut sans postérité.

Son mari était né à Grenoble, le 18 décembre 1755. Reçu avocat au parlement de Grenoble, en 1777, il obtint, par lettres-patentes du 19 octobre 1780, une charge d'avocat général au parlement de Grenoble. Sous le Directoire, il vint à Paris, où il fut nommé membre du bureau consultatif des arts et manufactures. Après le 18 brumaire, il entra au Tribunat (5 nivôse, an VIII) et vers la fin de 1804 fut nommé l'un des substituts du Procureur général près la Haute-Cour. Le 29 juillet 1805, il devint préfet du département de l'Eure, qui l'élut au Sénat conservateur. En 1806 (21 mars), il passa à la préfecture de la Seine-

(1) Cette liste démontre surabondamment que M. Rochas, dans sa *Biographie du Dauphiné*, a commis une erreur en déclarant que Claude avait eu dix enfants. Cette erreur a été, au surplus, souvent reproduite, notamment par M. H. Audiffret, dans la *Biographie universelle* et par le *Dictionnaire universel*, de Larousse. Dernièrement les journaux ont publié également que Claude Perier avait eu dix enfants.

Inférieure, poste qu'il conserva jusqu'en 1811, époque où il fut destitué. Il fut ensuite rétabli et nommé préfet des Deux-Nèthes (Belgique), où il seconda activement Carnot dans l'approvisionnement d'Anvers, en 1814. Rentré en France, il fut nommé, le 6 avril 1815, préfet de la Côte-d'Or, et le 26 juillet suivant, par ordonnance royale, président du collège électoral de l'Isère. Elu député de l'Isère en août 1815, réélu en 1816 et 1819, il fut, à deux reprises différentes, en 1815 et en 1819, porté à la présidence de la Chambre. L'Empereur l'avait créé baron en 1809.

Il mourut à Paris, le 31 juillet 1823. Sa veuve fit rapporter ses cendres à Grenoble, où elles reposent dans le cimetière Saint-Roch (1).

Son épouse fut une femme d'un grand mérite, fort vertueuse et charitable. Lorsqu'elle succomba à Grenoble, le 23 septembre 1850, à l'âge de 80 ans, G. Réal publia une notice biographique intitulée : *Madame de Rollin* (Grenoble, impr. Barnel, in-8° de 15 p.).

Mme de Savoye de Rollin fut la fondatrice de l'œuvre du Bon-Pasteur, de Grenoble, « œuvre destinée à ramener à l'honneur et à la vertu les jeunes filles qui s'en sont écartées. » Elle donna à cette œuvre plus de 130,000 francs, pour lui permettre de s'installer dans le château de la Plaine, près Grenoble. Elle créa en outre à Grenoble, en 1834, la première école gratuite (2), et fut l'une des protectrices de l'œuvre des

---

(1) Le caveau est placé à côté de celui de M. Augustin Perier.

(2) Depuis la fin du siècle dernier, il n'existait à Grenoble

Orphelines, destinée à recevoir les jeunes filles orphelines pauvres. En 1841, elle donna à cette dernière œuvre 10,000 francs, afin de lui permettre de s'acheter une
maison et de s'agrandir. Son nom est aussi inscrit
parmi les bienfaiteurs de l'Hôpital de Grenoble (1).

Dans les diverses villes où son mari fut préfet, elle
eut une brillante réputation d'esprit, de douceur, de
bienveillance, elle fut surtout charitable. A Anvers
elle se montra, en outre, femme courageuse : pendant
un long siège, on la vit constamment dans toutes les
ambulances, dans tous les hôpitaux.

Après la mort de son mari, elle ne quitte plus Grenoble ; sa vie ne connut plus d'autres devoirs que ceux
de la religion et de la charité. Tous les jours elle
visitait les pauvres ; elle pénétrait dans les plus humbles réduits, portant partout des secours et des
consolations. Elle visitait les riches, sollicitait des
offrandes, qui ne lui étaient jamais refusées, car elle
prêchait par l'exemple.

Lors de son décès, une foule innombrable se rendit à ses obsèques. Ce fut un beau et un touchant

---

aucune école gratuite pour les jeunes filles pauvres. Frappée de
cet abandon, Mme de Rollin fit, en 1834, un appel chaleureux à
la générosité des Dames de la Ville. Sa voix fut entendue ; des
souscriptions considérables furent recueillies.

Un local, rue des Beaux-Tailleurs, fut installé et bientôt cinq
à six cents jeunes filles y vinrent recevoir les premiers principes
d'instruction. Un ouvroir s'adjoignit bientôt à l'école.

(1) Par testament, en date du 2 juillet 1847, elle donna à cet
établissement un legs de 10,000 francs.

spectacle. Toutes les classes, toutes les professions avaient leurs représentants à cette douloureuse cérémonie. Le préfet, tous les fonctionnaires publics de la magistrature, de l'armée, de l'administration, du clergé, la population entière y assistaient. Le maire, en costume officiel, entouré des membres du conseil municipal, des administrateurs de l'hospice, du bureau de bienfaisance, des commissaires généraux de toutes les sociétés de secours mutuels, suivaient le char funèbre.

Au cimetière, M. Taulier, maire de Grenoble, prononce une allocution, dont voici la partie essentielle :

« Messieurs,

« Un jour, le bruit se répandit dans Grenoble, que Mme Savoye-Rollin était malade ; la douleur fut générale. Bientôt on apprit qu'elle était morte ; ce fut le commencement d'un long deuil public.

« Elle s'est, en effet, endormie dans le Seigneur, cette sainte femme, veuve d'un administrateur éminent, sœur de Casimir-Perier, père des pauvres. Chez elle, la charité était non seulement une douce vertu, mais encore une qualité grande, un don élevé, car cette charité était servie par une intelligence puissante et un parfait esprit de suite. Elle n'en faisait point une distraction de quelques heures ; c'était son instinct, sa science, son art, sa vie, toute sa vie. Du matin au soir, elle parcourait les réduits les plus humbles, consolant toutes les afflictions, secourant toutes les souffrances. Et cela date de loin. A Evreux, à Rouen, à Anvers, elle faisait, le soir, les honneurs d'une préfecture, après avoir, pendant le jour, fait des heureux. Elle possédait une grande fortune, cependant elle ne connaissait point le luxe et c'est tout simplement par la bienfaisance qu'elle honorait sa richesse. Souvent elle venait à l'Hôtel-de-Ville, et pour l'Hôtel-de-Ville, c'était un grand honneur. Ici, elle était plus que le Maire; dans la ville, elle était plus que tout le monde, car personne ne faisait le bien plus qu'elle et ne savait mieux le faire...

« Inclinons-nous, Messieurs, devant cette froide tombe, et courbons nos fronts plus bas que si nous ensevelissions l'autorité, le génie ou la gloire...

« Dans cette noble cité, la première entre toutes par l'intelligence, par les lumières et le dévouement à la cause sacrée du malheur, les généreux exemples sont contagieux; peut-être verrons-nous apparaître quelque autre envoyée du ciel, recueillant un pieux héritage à nul autre pareil. »

Famille Augustin Perier.

Fils cadet par sa naissance de Claude Perier, devenu ensuite l'aîné, Augustin Perier (1) épousa, en 1798, Louise-Henriette de Berckeim, d'une famille noble d'Alsace. Ils eurent cinq enfants :

---

(1) Notice spéciale, chap. 6.

I. Camille-Octavie-Joséphine-Fanny, née à Schoppenweiher (Haut-Rhin), le 9 août 1800, mariée le 13 juillet 1823, à François-Charles-Marie de Rémusat, morte sans postérité à Grenoble, le 10 octobre 1826. Son mari épousa en secondes noces Mlle de Lasteyrie. Leur fils est M. Paul de Rémusat, sénateur de la Haute-Garonne.

II. Alexandrine-Octavie-Camille, née à Grenoble, le 23 juillet 1801, décédée célibataire en la même ville, le 15 septembre 1824.

III. Adolphe-Joseph-Scipion, né à Grenoble, le 25 décembre 1802.

IV. Marie-Amélie, née à Grenoble, le 2 février 1806, morte célibataire en cette ville, le 30 novembre 1827.

V. Eugène-Fortunat-Paul, né le 11 juin 1809. Il fit sa carrière dans la diplomatie, fut nommé secrétaire de légation à Berlin; puis le 5 mars 1833, secrétaire d'ambassade à Madrid. Il fut ensuite envoyé à Turin en août 1839. Il donna quelque temps après sa démission et mourut, sans laisser de descendant, le 12 juin 1849.

⁂

François-Charles-Marie, comte de Rémusat, naquit à Paris le 14 mars 1797. Il fut élevé par sa mère qui s'attacha à lui donner de bonne heure le goût des belles-lettres; il fut envoyé ensuite au lycée Napoléon.

Au sortir du collège, il puisa, dans les événements

politiques qui se déroulaient, dans les conversations des personnages influents qui fréquentaient
chez sa mère : Guizot, Molé, Pasquier, la certitude
de l'excellence des principes sortis de la Révolution.
Avocat, écrivain surtout, il affirma par divers écrits
son acceptation des idées libérales. Peu militant
cependant, il s'adonna en même temps à la critique
littéraire et à la poésie légère.

Son mariage avec la nièce de Casimir Perier, sa
liaison avec Thiers le décidèrent à se jeter dans une
opposition plus active. Sans abandonner ses études
littéraires, philosophiques et politiques, il fit, pour le
triomphe des libéraux, acte de militant.

Avec la Révolution de Juillet commença sa vie politique, il fut élu, en octobre 1830, membre de la
Chambre des députés par le collège de Muret, dont il
ne cessa d'être le représentant jusqu'en 1848.

L'évolution qui s'opéra chez Casimir Perier, chez
Thiers, chez Augustin Perier, chez la plupart des
libéraux, s'opéra également en lui : craignant probablement qu'une trop brusque invasion des idées démocratiques put dégénérer en désordre civil, il vota
— d'accord avec le cabinet de son oncle qu'il aidait
dans ses travaux — toutes les mesures propres à enrayer l'abus des libertés acquises.

Au mois de septembre 1836, il entra comme sous-
secrétaire d'Etat au ministère de l'Intérieur, dans le
cabinet Molé ; il se démit promptement de ses fonctions — mais accepta, le 1er mars 1840, le portefeuille
de l'Intérieur dans le ministère Thiers. Son passage
au ministère fut court. De 1841 à 1848, il fit partie de

l'opposition qui tenta de renverser M. Guizot et prononça à la Chambre quelques discours remarquables
d'esprit caustique. Pendant cette période, son éloignement du pouvoir lui permit également de revenir
à ses études philosophiques. Il donna quelques ouvrages et quelques articles de forme délicate, d'esprit
fin et sagace. Ses écrits lui valurent d'être nommé,
en 1842, membre de l'Académie des Sciences morales
et, en 1847, membre de l'Académie française.

Au début de la Révolution de 1848, Louis-Philippe
forma, en remplacement du ministère Guizot, un cabinet dans lequel entraient M. de Rémusat et M.
Thiers ; le décret ne parut pas : la République fut
proclamée auparavant.

Ce fut avec un assez vif regret que M. de Rémusat
vit s'effondrer cette monarchie de 1830 à laquelle
il était attaché. La Haute-Garonne l'envoya à l'Assemblée constituante, en mai 1848 ; il y siégea sur les
bancs de la droite, devint vice-président du comité de
la guerre et vota avec les représentants des anciens
partis hostiles à la République. Son rôle s'effaça. Il
soutint au début la politique réactionnaire de Louis
Bonaparte, mais s'éleva énergiquement contre le
Coup d'Etat du 2 Décembre. Sa protestation lui valut
un exil assez court. A sa rentrée en France, il reprit
ses travaux philosophiques et littéraires, revenu à des
idées plus libérales, acceptant peu à peu l'idée démocratique et républicaine. « Quels préjugés égoïstes,
écrit-il en 1863, quelle pusillanime défiance pourraient
nous rendre insensibles à ce lent avènement d'une
démocratie pour qui la France de 1789 a tant tra-

vaillé, tant souffert, tant combattu ? Comment ne pas
la voir avec orgueil se relever d'un long abaissement
et s'associer graduellement, par le travail et l'intelligence, à cette victoire de la pensée sur la matière et
de la science sur la nature, véritable émancipation de
l'humanité ! » Cette pensée de l'avènement de la démocratie le créa polémiste ; il fonda à Toulouse, en
1869, le *Progrès libéral*, journal d'opposition accen-
tuée.

Après la guerre de 1870-71, M. de Rémusat refusa,
pour des motifs personnels, le poste d'ambassadeur à
Vienne que lui offrait M. Thiers ; il déclina également,
malgré les démarches faites, toute candidature. Le
2 août 1871, M. Thiers parvint néanmoins à lui faire
accepter le portefeuille des affaires étrangères : il fit
preuve, à ce poste difficile, d'une attitude digne et prudente. Il traita, en particulier, avec le gouvernement
de Berlin, du règlement des charges qu'imposait
l'occupation, et de l'évacuation graduelle du territoire.

Opposé par les maires de Paris à M. Barodet, ancien maire de Lyon, il échoua aux élections législatives du 27 avril 1873. Cinq jours plus tard, M. Thiers
était renversé et M. de Rémusat remettait son portefeuille aux mains de M. le duc de Broglie. Au mois
d'octobre suivant, la Haute-Garonne l'envoyait siéger
à l'Assemblée. Son œuvre y fut encore importante ;
ayant accepté ouvertement la République, dont il
attendait, disait-il, le triomphe régulier et pacifique
des grands principes de la Révolution française, il
s'associa en règle générale aux votes du centre gau-

che. Il a en particulier voté les lois constitutionnelles. Ch. de Rémusat mourut à Paris le 6 juin
1875. L'année même de sa mort, il publiait une *Histoire de la Philosophie en Angleterre depuis Bacon
jusqu'à Locke*.

Nous n'avons pu nous tenir qu'aux grandes lignes
de cette vie si remplie : l'exiguïté d'une notice ne
nous permet pas de donner à la figure historique de
M. de Rémusat toute la vigueur de traits, toute la
grandeur qui la caractérisent. Ecrivain et homme politique, il est au premier rang dans ces deux parts
qu'il fit de sa vie, l'une consacrée au pays, l'autre à
la philosophie et à la littérature.

***

Adolphe-Joseph-Scipion Perier se fit d'abord
industriel et, dès 1821, se mit à la tête de la filature de
coton et de soie de Vizille; à l'Exposition de 1839, ses
produits, et en particulier ses impressions sur soie,
furent très remarqués. La Commission, chargée de
l'examen des produits de Vizille, et à qui avaient été
soumis des spécimens pris indistinctement dans les
magasins de détail de Paris, demanda la décoration
de la Légion d'honneur pour M. Adolphe Perier.

Le Ministère du 1er Mars retarda cette nomination,
M. de Rémusat, beau-frère de M. Perier, craignait
qu'un acte de justice ne parût un acte de faveur pour
son parent. Il fut décoré plus tard par le ministère de
l'Intérieur.

Le 19 juin 1840, il était nommé conseiller référendaire de 2ᵉ classe à la Cour des Comptes ; huit années plus tard, il était promu — le 1ᵉʳ mai — à la 1ʳᵉ classe, et, enfin, conseiller-maître. Il fut membre du Conseil d'arrondissement de l'Isère le 23 avril 1832, enfin conseiller général pour le canton de Vizille, le 17 novembre 1833. Il exerça cette fonction élective jusqu'à son décès, à Vanves, le 4 avril 1862.

Adolphe Perier avait, en outre, été membre du Conseil municipal de Vizille, du Bureau de bienfaisance et de l'Hospice, — membre et secrétaire de la Chambre consultative de commerce de Grenoble ; juge au Tribunal de commerce de cette ville.

Le Conseil Général l'avait aussi choisi comme secrétaire et comme rapporteur du Budget pendant plusieurs années.

Le château de Vizille, qui lui était échu en héritage, fut, à sa mort, vendu et racheté par M. Fontenillat pour Pierre-Armand-Hippolyte Perier, frère cadet de celui qui est aujourd'hui Président de la République. Au décès de Pierre, cette somptueuse demeure est devenue la propriété de Mᵐᵉ Casimir-Perier, mère.

M. Adolphe Perier avait épousé, en 1828, Mˡˡᵉ Nathalie Dumottier de Lafayette, dont il eut :

I. Marie-Henriette-Octavie, qui se maria, le 15 mai 1847, à M. Sigismond-Louis Pourcet de Sahune, receveur des finances à Soissons. Elle mourut le 8 mars 1876.

II. Emilie-Augustine-Amélie, morte religieuse de Saint-Thomas-de-Villeneuve.

III. Un enfant, né en 1833, décédé en 1834.

***

M. Pourcet de Sahune et Mlle Octavie Perier ont laissé cinq enfants :

I. Sigismond, né en 1849, officier de cavalerie.

II. Marguerite, née en 1850, décédée en 1858.

III. Jeanne, née en 1851, célibataire.

IV. Gaston, né le 9 décembre 1855, marié en 1886, à Mlle Juliette Liouville ; un enfant.

V. Marie, née en 1858, mariée à M. Louis de Pistoye, lieutenant-colonel d'artillerie.

VI. Paul, né en 1861, officier.

VII. Marthe, née en 1867, mariée en 1888, à M. le comte d'Aucourt.

VIII. Jacques, né en 1868, célibataire.

***

M. Gaston de Sahune de Lafayette est entré dans l'administration préfectorale le 28 décembre 1877, en qualité de sous-préfet de Vouziers. Il a été ensuite envoyé à Toul, et a donné sa démission quelques jours après l'élection de son cousin, M. Jean Casimir-Perier, à la présidence de la République. M. de Sahune est chevalier de la Légion d'honneur.

Famille Alexandre-Jacques Perier.

Le second fils (1) de Claude Perier se maria à Alexandrine Pascal, qui lui donna deux enfants :

I. César, mort sans postérité à Paris, en 1862.

II. Clotilde, épouse de Jacques-Louis-César, maréchal comte Randon, fils de l'un des associés de son père. Elle mourut le 27 décembre 1832, à l'âge de 26 ans.

⁂

M. le comte Randon, né à Grenoble, le 25 mars 1795, devint à deux reprises, sous le second Empire, ministre de la guerre, du 24 janvier 1851 au 24 octobre suivant, et du 9 mai 1859 à 1867. Il fut élevé au maréchalat de France le 18 mai 1856; nommé sénateur le 31 décembre 1852; gouverneur de l'Algérie du 11 décembre 1851 à 1858; enfin président du Conseil général de l'Isère. Il est mort à Genève, le 15 janvier 1871. Il était grand-croix de la Légion d'honneur depuis 1853.

I. De son épouse, Clotilde Perier, il n'eut qu'une fille, Claire Randon, née en 1831, mariée en 1856, à M. de Salignac-Fénelon, devenu général de division, d'où : François, célibataire; Marie, morte en 1893, religieuse de l'Assomption; Henri, officier de

---

(1) Notice spéciale, chap. 7.

cavalerie, marié à Mlle Gabrielle de France, fille du commandant du 1er corps d'armée : et plusieurs autres enfants morts jeunes.

Famille Antoine-Scipion Perier (1).

Comme son frère aîné, Augustin, il s'allia à une famille noble d'Alsace. Sa femme, Louise de Dietrich, cousine-germaine de sa belle-sœur Henriette de Berckeim, lui donna trois enfants :

I. Alfred-Scipion, devenu receveur des finances à Soissons, se maria en 1845, à Mathilde Blancard. Il est décédé sans postérité.

II. Edouard-Casimir-Joseph, né en 1812, ancien maître des requêtes au Conseil d'Etat, se maria en 1848, à Mathilde de Brockwell, veuve de M. Muelle, propriétaire des forges d'Abbeville.

III. Cécile, née en 1814, mariée en mars 1832, à M. Ludovic Vitet.

Vitet (Louis-Ludovic) naquit à Paris, le 18 octobre 1802. Il était petit-fils de Vitet (Louis), membre de la Convention, député au Conseil des Cinq-Cents. Entré à l'Ecole normale en 1819, il professa jusqu'en 1824. Il se mêla au mouvement libéral de l'époque. Sa répu-

---

(1) Notice spéciale, chap. 8.

tation de critique et d'écrivain était déjà assez répandue pour que Guizot, après la Révolution de 1830,
créa pour lui, en raison aussi de son attitude politique, la fonction d'inspecteur général des monuments
historiques, aux appointements de 8,000 fr. Appelé au
secrétariat du ministère du Commerce, le 10 avril
1834, il se présenta à la députation le 21 juin suivant,
à Bolbec, dans le sixième collège de la Seine-Inférieure. Il échoua contre M. Pouyer. L'élection fut
annulée et Vitet, au nouveau scrutin du 13 septembre, triompha. Il défendit la politique des ministres
par sa parole et par ses votes.

Le 19 septembre 1836, il fut nommé conseiller
d'Etat ; soumis de ce chef à la réélection, son mandat
lui fut confirmé par ses électeurs. Ceux-ci lui conti-
nuèrent leur confiance en 1837, en 1839, en 1842, en
1846.

Ses travaux artistiques lui valaient en même temps
d'être nommé membre libre de l'Académie des Inscriptions et Belles-Lettres, puis, en remplacement de
Soumat, d'être élu à l'Académie française.

Il joua à la Chambre un rôle important et fut, en
particulier, rapporteur de la loi sur les patentes.

Après la Révolution de Février, Vitet brigua sans
succès, dans la Seine-Inférieure, un siège à l'Assemblée Constituante. Le même département l'envoya à
l'Assemblée législative où il prit rang parmi la majorité monarchiste. Il combattit violemment ensuite la
politique du prince-président, protesta ouvertement
contre le Coup d'Etat — ce qui lui valut une arrestation de quelques jours.

Il s'effaça politiquement pendant le second Empire : il s'adonna tout entier à d'importants travaux d'art et de littérature. Rallié à la République, après le 4 Septembre, il prêcha la résistance pendant le siège de Paris, dans une série d'articles de la *Revue des Deux-Mondes*.

Nommé, le 8 février 1871, représentant de la Seine-Inférieure à l'Assemblée nationale, choisi par l'Assemblée comme vice-président, il joua dans la politique un rôle prépondérant. Il fut adjoint à Thiers pour négocier la paix. Les principaux actes politiques, à la fin de sa carrière, sont les suivants : Il fit partie de la délégation envoyée par la Droite pour imposer, en juin 1872, à M. Thiers, une politique conservatrice ; il vota pour la paix, pour l'abrogation des lois d'exil, contre le service de trois ans, pour la démission de Thiers, etc.

Il mourut à Paris, le 5 juin 1873.

Malgré l'importance de son rôle politique, il a surtout laissé une réputation littéraire incontestée. Il préconisa et appliqua aux Beaux-Arts la méthode psychologique de Jouffroy. Ses œuvres, nombreuses, sont très consultées. Son talent, dit Sainte-Beuve, a été de « généraliser et de peindre les idées critiques ; il y met dans l'expression du feu, de la lumière et une verve d'élégante abondance. »

Cécile Vitet, née Perier, d'après une généalogie publiée par le *Figaro* (août 1894), aurait été emportée par le choléra un mois après son mariage. Or, elle est décédée à Paris le 12 février 1858.

***

M. et Mme Edouard-Casimir-Joseph Perier eurent :

I. Une fille, Hélène, qui, à la mort de son père, fut adoptée par son oncle, M. L. Vitet, veuf de sa tante Cécile.

Mlle Hélène Perier a épousé son cousin issu de germains, M. Jean Casimir-Perier, président de la République.

II. Georges-Scipion, né en 1853, mort en 1872, victime d'un terrible accident de chasse.

Famille Casimir-Pierre Perier.

Celui que l'histoire a appelé le grand Casimir Perier (1), avait épousé, le 21 vendémiaire an XIV (13 octobre 1805), Mlle Marie-Cécile-Laurence-Pauline Loyer, fille de feu M. Laurent-Ponthus Loyer, conseiller en la sénéchaussée et siège présidial de Lyon — guillotiné en cette ville pendant la Terreur — et de Joséphine-Victoire Savoye. Elle était la petite-fille de M. Toussaint Loyer, architecte, membre de l'Acadé-

---

(1) Etude spéciale, chap. 9.

La famille Perier, depuis Jacques, consul de Grenoble, a écrit son nom sans accent, seule Mme de Savoye de Rollin a placé cet accent. Voir les signatures à l'état civil de Grenoble.

mie et du conseil municipal de Lyon. Le mariage eut lieu à Grenoble.

Les jeunes époux eurent deux enfants :

I. Auguste-Victor-Laurent-Casimir, né le 20 août 1811.

II. Paul-Charles-Fortunat, né à Paris, le 10 décembre 1812.

⁂

Le premier fils (1) de Casimir-Pierre Perier se maria en avril 1834, à Genève, à Mlle Adèle Paturle, qui mourut sans postérité, le 19 juin 1835, d'une maladie de langueur.

En secondes noces, M. Auguste-Casimir Perier épousa, le 24 juillet 1841, Mlle Camille Fontenillat, sœur de la duchesse d'Audiffret-Pasquier et fille du receveur général de la Loire-Inférieure, envoyé ensuite dans la Gironde.

De cette union sont nés :

I. Henriette-Jeanne-Marie-Thérèse, née le 16 juillet 1844, mariée le 6 mars 1866, à M. le comte Louis de Ségur, ancien député de Fontainebleau, petit-fils de l'historien de la Grande-Armée et arrière-petit-fils du maréchal de Ségur.

II. Jean-Paul-Pierre, né à Paris, le 8 novembre 1847, marié le 17 avril 1873, à sa cousine Hélène Perier-Vitet.

---

(1) Etude spéciale, chap. 13.

M. Jean-Paul Casimir-Perier a été élu Président de la République Française, le 27 juin 1894 (1).

III. Pierre-Armand-Hippolyte, né à Pont-sur-Seine (Aube), le 22 juin 1852, mort le 23 juillet 1884 (2), capitaine d'artillerie en mission à Lima (Pérou).

∗∗∗

M. Auguste Casimir-Perier est mort le 6 juillet 1876.

Par décret, en date du 14 mars 1874, confirmé par un jugement du tribunal de la Seine, il fut autorisé à ajouter à son nom patronymique de *Perier*, celui de Casimir, et s'appeler à l'avenir, ainsi que ses enfants : *Casimir-Perier*.

∗∗∗

M. Paul-Charles Perier (3), sénateur de la Seine-Inférieure, épousa sa cousine-germaine, Camille, fille de André-Jean-Joseph Perier et de Marie-Aglaé du Clavel de Kergonan. Les deux premiers enfants de M. Paul Perier étaient Casimir et une fille, morts

---

(1) Etude spéciale, chap. 15.

(2) Il succomba à une angine. Ce renseignement authentique qui détruit certaine légende tragique, nous a été fourni par une personnalité qui touche de près à la famille Perier.

Voir, au surplus, la lettre de M. le vicomte de Saint-Genys, secrétaire de légation à Lima, à M. Jean Casimir-Perier, chapitre sur M. le Président de la République (n° 15).

(3) Notice spéciale, chap. 14.

jeunes. La seconde fille, Marthe, née à Paris en 1845, s'est mariée à M. Edouard Detraz, et n'a pas eu d'enfant.

***

M. le Président de la République a deux enfants :

I. Claude, né au château de Pont-sur-Seine (Aube), le 17 septembre 1880, élève du lycée Janson de Sailly.

II. Germaine, née au même château, le 24 septembre 1881.

***

M. le comte de Ségur, beau-frère de M. Jean Casimir-Perier, n'a pas d'enfant. Né à Paris en 1838, propriétaire et conseiller général de Seine-et-Marne, il fit de l'opposition à l'Empire à propos de la question romaine. En 1871, il a été nommé député de ce département à l'Assemblée nationale, dont il fut un des secrétaires. Il faisait partie de la droite. Il vota pour la démission de Thiers, pour le septennat, pour l'amendement Wallon et pour les lois constitutionnelles. En 1876, il a abandonné la carrière politique.

Nous empruntons au *Dictionnaire universel*, de Larousse, quelques notes biographiques complémentaires sur M. de Ségur.

Le beau-frère de M. le Président de la République est le fils de M. Charles-Louis-Philippe de Ségur, qui fut député de 1842 à 1846. Aux élections du 5 février

1871, il déclara qu'il avait voté *non*, lors du plébiscite, qu'il était partisan du gouvernement qui nous divise le moins, et que, serviteur de la volonté nationale, il serait fermement républicain, si la nation consultée adoptait les institutions républicaines.

Secrétaire de la Chambre, il a été chargé de faire des rapports sur les marchés de Lyon et sur les marchés faits dans le Nord pendant la guerre. Il a défendu le premier rapport dans un discours prononcé le 31 juillet 1873.

On a de lui : *Une caravane française en Syrie au printemps de 1860* (1861, in-12), extrait de la *Revue des Deux-Mondes*, et les *Marchés de la guerre à Lyon et à l'Armée de Garibaldi* (1873, in-8°).

Famille Marine Perier-Teisseire.

Adélaïde-Hélène, surnommée Marine, après le décès de sa sœur aînée, Euphrosine-Marine, se maria le 31 juillet 1794, à M. Hyacinthe-Camille Teisseire, député, fils de Mathieu, référendaire en la chancellerie, et de Gabrielle Crétet. M. Crétet, père, était député et ministre de l'intérieur sous le premier Empire.

Mᵐᵉ Marine Teisseire mourut à Grenoble, le 5 août 1851. Son nom est inscrit sur le livre des bienfaiteurs de l'œuvre des Orphelines et de l'hôpital général de Grenoble. Celui de son mari est gravé sur les plaques

de marbre destinées à perpétuer le souvenir des dona-
teurs de ce même hôpital (1).

M. Teisseire, né à Grenoble, le 22 septembre 1764,
joua, en politique, un rôle assez important dans sa
ville natale, où il fut successivement député aux Etats
de Romans en 1788, membre du Conseil municipal en
1791, procureur de la commune en juillet 1793, agent
national le 27 février 1794, fonctions qu'il remplit
jusqu'en décembre de la même année. Il devint ensuite
administrateur de la commune, le 3 novembre 1795, et
démissionna le 29 janvier 1796. Sous-préfet de Tournon (Ardèche), de 1809 à 1812. Il fut élu député de
l'Isère en 1819, en remplacement de l'abbé Grégoire,
non admis à la Chambre. Il mourut à Grenoble, le
17 septembre 1842 (2).

Leurs enfants furent :

I. Charles-Joseph-Marie, né à Grenoble, le 31 janvier 1797, marié le 17 mars 1831, à Mathilde-Louise-
Antoinette Colaud de la Salcette, née le 31 juillet 1809,
décédée le 7 décembre 1867. Il fut receveur général
des finances à Grenoble, où il mourut le 4 décembre
1855.

II. Amélie, née le 3 avril 1800, à Grenoble, décédée
en 1881 à Paris, mariée en 1818, à M. Louis Bergasse,
né à Lyon en 1789, mort à Paris, en 1861.

III. Joséphine, née le 5 juin 1802, morte le 20 juillet
1803.

---

(1) Elle fit un legs de 2,000 fr. par testament du 17 janvier 1851.
(2) Il avait fait don aux hospices de Grenoble d'une somme de
3,000 fr. (Testament du 21 juillet 1840.)

IV. Antoinette-Marie-Henriette, née à Grenoble, le 11 octobre 1803, mariée le 5 septembre 1825, à M. Pierre-Achille Chaper, décédée à Grenoble en octobre 1881.

V. Marie-Joséphine-Fortunat-Marcelle, née à Grenoble, le 28 brumaire an XIII (19 novembre 1804), mariée le 2 décembre 1823, à Aimé-Chrétien-Louis de Hell, capitaine de frégate, né à Verneuil (Eure). Celui-ci devint gouverneur de l'île Bourbon, préfet maritime à Cherbourg, député du Haut-Rhin, contre-amiral. Il s'était embarqué comme simple mousse.

Il était fils de François-Joseph de Hell et de Mélanie de Savoye, sœur du baron de Savoye de Rollin.

M. et Mme de Hell n'eurent pas d'enfant.

VI. Marie-Camille-Alexandrine, née à Grenoble, en 1806, morte en 1823, sans postérité.

VII. Emmanuel-Paul, né à Grenoble, le 27 août 1809, mort le 11 février 1871. Il avait épousé, le 2 janvier 1856, Mlle Eugénie-Julie-Camille Bonnard, veuve de M. Durand. Cette union ne donna pas de descendant.

VIII. Louise-Virgine-Pierrette-Philippine, née le 17 octobre 1814, à Grenoble, mariée le 1er juillet 1835, à M. Charles-Jean-François Rolland, décédé conseiller honoraire à la Cour d'appel de Grenoble, le 13 octobre 1880, fils de François-Amat Rolland, conseiller en la même Cour, et de Caroline Chenevaz.

Il y eut encore deux enfants morts en bas âge.

***

M. Charles Teisseire et Mlle Colaud de la Salcette ont eu :

I. Hélène, mariée en 1850 à M. Charles Gobert, colonel d'artillerie, d'où naquit Édouard, mort en 1891, marié à Jeanne de Beurmann, qui a une fille Marguerite.

II. Marie, mariée en 1852, à M. Francis Robert, d'où naquirent trois filles, mariées, l'une à M. le baron Dupont-Delporte, ingénieur des chemins de fer du P.-L.-M. à Grenoble ; la seconde, à M. Allizon, directeur de la succursale de la Banque de France à Valence ; la troisième, à M. Delphin, sous-directeur du Crédit Lyonnais à Lyon.

III. Léonce Teisseire, ancien conseiller à la Cour de Grenoble, mort à Nîmes, le 30 novembre 1893, marié à Jeanne Chevandier de Valdrome, d'où naquirent : Mme la baronne de Coëhorn, deux fils et une fille,

IV. Ernest-Camille, né en 1846, mort en 1868.

***

M. Bergasse et Mlle Amélie Teisseire ont eu :

I. Camille, née en 1819, mariée en 1840, à M. Théodore Magimel, inspecteur des finances, d'où René, célibataire, et Gabrielle de Guillebon, qui a trois fils officiers.

II. Octavie, née en 1820, mariée en 1857, à M. Pertusier, d'où Edouard, marié à Hortense de Frasnois (deux enfants).

III. Edouard, né en 1825, lieutenant de vaisseau, mort en 1856, célibataire.

IV. Louis, né en 1823, officier de chasseurs à pied, mort en 1861.

***

M. Pierre-Achille Chaper, né à Paris, le 5 mai 1795, mort à Grenoble, le 27 juillet 1874, ancien industriel, fut successivement, sous Louis-Philippe, préfet du Tarn-et-Garonne, du Gard, de la Côte-d'Or, de la Loire-Inférieure et du Rhône. Admis à la retraite, il fut élu, le 13 mai 1849, député de la Côte-d'Or à l'Assemblée législative. Il siégea à droite, et appuya de son vote toutes les propositions émanées de la majorité monarchiste de l'Assemblée : lois contre les clubs et sur le cautionnement, loi sur l'instruction publique, loi restrictive du suffrage universel, etc. Il ne se rallia pas au coup d'Etat de 1851.

De Antoinette-Marie-Henriette Teisseire, M. Chaper eut :

I. Camille-Eugène, né à Grenoble, le 17 janvier 1827, marié le 22 septembre 1857, à Mlle Valentine-Joséphine-Elisabeth Giroud, sa cousine, petite-fille d'Alphonse Perier.

Capitaine du génie démissionnaire en 1867, il devint administrateur-gérant de la Compagnie des mines d'anthracite de la Mure (Isère). En 1871, pendant la guerre franco-allemande, il reprit du service, contribua à la défense de Paris et mérita la rosette d'officier de la Légion d'honneur.

Dans le *Dictionnaire des Parlementaires français* (Bourloton, 1891), nous trouvons sur lui la note suivante :

« Elu, le 8 février 1871, représentant de l'Isère à l'Assemblée nationale, le 12e et dernier, par 52.068 voix (92,816 votants, 162,174 inscrits), M. Chaper siégea au centre droit, rédigea le rapport sur les opérations du siège de Paris, parla dans la discussion sur la loi militaire et vota avec les conservateurs : pour la paix, pour les prières publiques, pour l'abrogation des lois d'exil, pour le pouvoir constituant, pour la démission de Thiers, contre le retour à Paris, contre la dissolution, pour le septennat, pour l'état de siège, pour le ministère de Broglie, contre les amendements Wallon et Pascal Duprat. Il se rallia au vote des lois constitutionnelles, le 25 février 1875. »

M. Chaper était un bibliophile distingué.

II. Cécile, née en 1828, mariée en 1851, à M. Albert Marey. De cette union sont nées trois filles devenues : Mme de Gailhard-Bancel, Mme de Brouville, épouse d'un ancien officier de marine, et Mlle Marguerite.

III. Maurice, ingénieur-explorateur, qui a aussi trois filles devenues : Mme Edouard Quellennec, épouse d'un ingénieur des mines ; Mme Lulling ; Mme Eugène Glaënzer.

IV. Fanny-Berthe, mariée à M. Paul Thibaud, ancien magistrat, avocat à la Cour d'appel de Grenoble, ancien conseiller général du canton du Bourg-d'Oisans (Isère). Elle eut onze enfants.

***

M. Eugène Chaper et Mlle Giroud-Perier ont eu :

I. Suzanne-Elisa-Marie, née le 3 juin 1858, mariée le 21 septembre 1881, à M. Pierre-Marie-René de la Brosse, ingénieur des ponts et chaussées, à Grenoble.

II. Marthe-Henriette, née à Poisat (Isère), le 16 août 1859, mariée le 13 janvier 1880, à M. Jules-Eugène de Beylié, ancien capitaine de mobiles en 1870, ancien magistrat, juge au tribunal de commerce de Grenoble. De ce mariage sont nés quatre enfants : Thérèze, Jacques, Elisabeth et Antoinette.

III. Félix-Marie-Alphonse, né à Poisat, le 29 septembre 1865, avocat. M. Chaper est célibataire.

IV. Jeanne-Marie-Antoinette, née le 13 janvier 1867, mariée à M. Eusèbe de Chauveau de Quercize.

***

M. Rolland et Mlle Louise-Virgine-Pierrette-Philippine Teisseire ont eu :

I. Laure-Marine-Françoise, née le 7 août 1836, mariée le 12 juin 1860, à M. Charles-Louis le Masson, né à Strasbourg, le 16 juin 1820, mort général de brigade du génie à Versailles, le 21 mars 1883. D'où Louise-Elisabeth, célibataire ; Charles-Théodore, mort enfant ; Françoise, morte célibataire ; Robert, lieutenant de cavalerie, et Bernard, officier élève à l'école d'application de Fontainebleau.

II. Camille-Gabriel-Georges, né le 13 février 1839, mort juge d'instruction à Embrun, le 30 juillet 1885.

Famille Camille-Joseph Perier (1).

Seul, de tous les fils de Claude Perier, il n'eut jamais d'enfant. Il se maria en premières noces à Adèle Lecoulteux de Canteleux, puis avec Amélie Pourcet de Sahune, cousine de sa belle-sœur Henriette de Berckeim. Devenue veuve, Mᵐᵉ Perier-de Sahune s'est remariée à M. Anatole de Vivès, général d'artillerie.

***

Famille Alphonse Perier (2).

Le 4 novembre 1806, Alphonse Perier se mariait à Bonne-Marie Antoinette de Tournadre, née à Sisteron, le 14 mars 1786, morte à Grenoble, le 26 mars 1869, fille de Bernard-Amable de Tournadre, maréchal de camp du génie, né à Grenoble, le 21 avril 1741, mort à Grenoble, le 10 octobre 1828, et de Bonne-Françoise-Elisabeth de Laidet, née à Sisteron, le 6 août 1751, morte à Grenoble, le 5 janvier 1842.

Voici la filiation de la famille Alphonse Perier :

I. Charles-Amable-Théodore, né à Grenoble, le 4 octobre 1807, mort jeune.

***

(1) Etude spéciale, chap. 10.
(2) Notice spéciale, chap. 11.

II. Marie-Augustine-Elisabeth, née à Grenoble, le 1ᵉʳ mars 1810, mariée le 22 août 1831, à M. Henri-François-Prosper Giroud, né à la Mure, le 19 janvier 1799, mort à Eybens (Isère), le 31 août 1799, directeur-administrateur de la Compagnie des mines de la Mure. Elle mourut à Grenoble, le 19 février 1894.

III. Hélène-Joséphine-Mathilde Perier, née le 30 juillet 1812, mariée à Grenoble, le 10 octobre 1831, à M. François-Henri-Ernest, baron de Chabaud-la-Tour, né à Nîmes, le 24 janvier 1804, général de division du génie (12 août 1857); député du Gard (1837-48); de nouveau député de ce département (1871-76); vice-président de la Chambre (1873); ministre de l'intérieur (20 juillet 1874 au 10 mars 1875), grand-croix de la Légion d'honneur le 7 janvier 1871.

⁂

Mᵐᵉ Giroud, née Perier, eut quatre enfants :

I. Albert-Jules-Alphonse, né à Grenoble, le 30 juin 1832, mort quatorze mois plus tard.

II. Nathalie-Séraphie-Antoinette, née à Eybens, le 4 août 1835, mariée le 28 août 1855, à M. César-Alexandre-Gabriel-Henri de Pute-Cotte, comte de Renéville, né à Grenoble, le 28 février 1824, mort le 20 février 1894, fils de Henri-Charlemagne de Pute-Cotte de Renéville et de Charlotte de Montalban. Encore vivants, ses enfants sont : 1° Paul-Henri, né le 30 septembre 1856, ingénieur-administrateur-gérant de la Compagnie des mines de la Mure, marié en 1890, à Mlle Marie de Longeville, d'où Colette; 2° Ludovic, né en 1857, officier démissionnaire, marié à Mlle Terme, d'où 7 enfants; 3° Louis-Antoine-Edmond, né le 17 novembre 1858, lieutenant au 4me dragons; 4° Valentine, née en 1863, mariée à M. Charles de Magny, officier d'infanterie démissionnaire, d'où deux enfants.

III. Valentine-Joséphine-Elisabeth, née le 11 juillet 1837, mariée le 22 septembre 1857, à M. Camille-Eugène Chaper (1).

IV. Marie-Alphonsine, née à Eybens, le 24 septembre 1840, mariée le 3 décembre 1862, à M. Marie-Régis-Camille-Mathei de la Calmette, marquis de Valfons, né à Nîmes, en 1837, ancien député du Gard (1871, réélu en 1877), secrétaire de la Chambre en 1878. Ses enfants sont : Henri et Ernest de Valfons, et deux filles mariées : l'une, à M. le comte Morand de Jouffrey; l'autre à M. le baron René de Trinque-lague-Dions.

❦

Mme la baronne de Chabaud-la-Tour a eu de son mari deux fils : I. Antoine-Arthur, né le 17 janvier 1836, mort le 12 novembre suivant; II. Arthur-Henri-Alphonse, né à Paris le 6 juin 1839, officier démissionnaire, conseiller général du Cher (1869), député du Cher (1871), non réélu en 1876, administrateur des mines de houille d'Anzin.

---

(1) Nous mentionnons plus haut sa filiation.

4

Marié en 1861, à Mlle Clémentine de Tacher, M. Arthur-Henri-Alphonse de Chabaud-la-Tour a eu onze enfants :

Georges, officier de cavalerie, marié à Mlle de Cholet ; Marguerite, morte célibataire en 1875 ; Raymond, officier d'artillerie démissionnaire, marié à Mlle del Cambre ; Joséphine, mariée à M. le comte de Choulot, officier d'infanterie ; Antoinette, religieuse de l'Assomption ; Mathilde, mariée à M. le vicomte de Fadate de Saint-Georges ; Maurice et quatre filles : Marie, Thérèse, Mercédès (décédée) et Geneviève.

Famille Amédée-Auguste-Joseph Perier.

L'existence de ce fils de Claude est peu connue. Il mourut en 1851, à Paris, où il était allé habiter. Il avait une fille adoptive, Mathilde, qui, en 1842, épousa M. le comte de Champeron, lieutenant-colonel. De cette union sont nés :

I. Jeanne, mariée à M. Dumoustier de Frédilly.

II. Henri, officier de cavalerie, marié à Mlle Dupont-Delporte.

En secondes noces, Mme de Champeron avait épousé M. de Marivault, officier de marine démissionnaire, qui lui donna une enfant, devenue Mme la baronne de la Tombelle, épouse du compositeur bien connu.

Famille André-Jean-Joseph Perier.

Le douzième enfant de Claude, plus connu sous le prénom de Joseph Perier (1) s'était uni à Mlle Marie-Aglaé du Clavel de Kergonan, qui lui donna trois garçons et quatre filles :

I. Edmond, qui laissa deux fils : Georges et Fernand.

II. Mathilde, mariée en premières noces, à M. le comte de Roydeville, lequel lui donna un fils, Gaston, époux de miss Ball-Hughes.

En secondes noces, elle eut de son mari, M. le marquis Alfred de Montebello, un fils, Louis-Lanes.

III. Laure, morte enfant.

IV. Camille, qui — on l'a vu plus haut — a épousé son cousin-germain, M. Paul-Charles Perier, aujourd'hui sénateur de la Seine-Inférieure.

V. Octavie, mariée à M. le baron Le Lasseur.

VI. Arthur, qui a deux enfants adoptifs : Paul, officier de cavalerie, et Marie, mariée à M. Ragoulot, officier de cavalerie.

VII. Gabrielle, mariée à M. Dolé, d'où une fille, Mme la baronne de Jouvenel.

⁂

M. Edmond Perier eut deux fils : Georges, décédé

---

(1) Notice spéciale, chap. 12.

en 1887, qui avait épousé Mlle Bocher, d'où deux filles : Mme la comtesse de Vernou-Bonneuil, et Anne-Marie, célibataire.

Le second fils d'Edmond Perier, Fernand, s'est uni à Mlle Lecuyer, d'où trois enfants : Edmond, Joseph et René.

⁂

M. le baron Le Lasseur a eu quatre enfants : trois filles qui ont épousé, l'une M. le comte de Kéroman ; l'autre, M. le baron de Langlade ; la dernière, Geneviève, s'est unie à M. Le Lasseur de Ranzé.

Un fils, M. Albéric, a épousé Mlle de Janzé.

⁂

Enfin, il a existé, à Grenoble, avant la Révolution, une autre famille Perier, dont l'un des membres fut procureur au Parlement du Dauphiné. Ces Perier ont eu, peut-être, des liens de parenté avec ceux qui ont fait l'objet de ce chapitre. Toutefois, rien ne le démontre. Mais, si nous avions essayé de dresser leur généalogie, nous aurions fatigué nos lecteurs par une énumération devenue ennuyeuse par sa longueur.

CHAPITRE III

———

Nous consacrons, dans cette seconde partie de notre ouvrage, quelques notices biographiques aux principaux membres de la famille Perier. Notre intention n'est pas d'accorder à chacun d'eux une étude complète; le cadre que nous nous sommes tracé craquerait de toutes parts à vouloir contenir, tels qu'ils furent, avec toutes leurs œuvres et tous leurs actes, les grandes figures des Perier.

Nous n'avons voulu que fixer des indications d'histoire, rappeler et résumer des existences d'hommes politiques, de financiers, de patriotes qui, depuis la Révolution, ont joué un rôle de premier plan dans toutes les manifestations de notre vie nationale. Ce serait un siècle et demi d'histoire qu'il faudrait raconter, si l'on voulait entrer dans le détail de la carrière des Perier. Notre ambition a été plus modeste. Nous n'avons fait qu'indiquer, en quelques notes rapides, leur existence si intimement liée à celle de la nation.

Jacques. PERIER

Le cinquième fils que nous connaissons de Jacques Perier, bourgeois du Périer, portait le prénom de son père. Il était né à Saint-Baudille-en-Trièves, vers 1702 (1), puisque son acte de décès à l'état civil de Grenoble où il a été inhumé, le 5 juillet 1782, indique qu'il était âgé de 80 ans environ. Il ne nous a pas été permis de préciser exactement l'époque à laquelle il vint habiter cette ville, mais dans les capitations et les tailles de 1720, nous le trouvons déjà domicilié dans la rue Portetraine (plus tard, rue du Grand-Puits, et de nos jours, Grande-Rue).

Plusieurs biographes disent que Jacques Perier alla apprendre le commerce à Lyon; nous n'avons pu établir la vérité de ce fait. S'il est vrai, son passage à Lyon fut certainement court, puisqu'à dix-huit ans, nous le voyons négociant à Grenoble. Au surplus, rien ne semble motiver cette instruction cherchée au dehors. Elle n'a pu qu'être achevée par cette absence, si toutefois celle-ci est réelle.

En 1730, Jacques est associé, à Grenoble, avec

---

(1) Les anciens registres de catholicité de Saint-Baudille, qui existaient encore en 1844, pour la période comprise entre 1696 et 1792, ont disparu de la mairie, ainsi qu'un parcellaire de 1685. (Rapport de M. Prudhomme, archiviste départemental de l'Isère, 1888-1890).

dame veuve Falque, née Jeanne Perier — sa tante probablement (1), qui dirigeait alors un commerce de mercerie dans cette même rue Portetraine. Les magasins, importants, étaient situés dans la maison de Mme Rigaud ou Rigo, veuve d'un conseiller-auditeur à la Chambre des Comptes du Dauphiné. Le rôle de la capitation de 1743 le désigne simplement sous le nom de : « Perier, mercier ». Il était imposé à cinquante livres, ce qui prouve évidemment l'importance de son chiffre d'affaires. Peu d'années après, en 1749, le même rôle le qualifie de : « toilier et propriétaire », et le taxe à soixante-six livres (2). Il avait, en effet, acheté à cette date, l'immeuble de M. Rigaud fils, substitut, ainsi que deux autres maisons contiguës, situées rue Derrière-Saint-André, aujourd'hui rue d'Agier.

La maison Perier, dans laquelle est né le célèbre Casimir Perier, président du Conseil des ministres sous Louis-Philippe, est donc bien, croyons-nous, celle portant le numéro 4 de la Grande-Rue, appartenant à la famille Baratier (3); c'est, en effet, M. Joachim

---

(1) Elle figure dans l'acte de naissance de Claude Perier, son petit-neveu, et signe *veuve Falque*. (Etat civil de Grenoble, registres de la paroisse Saint-Louis). Elle mourut en 1747.

(2) Il avait déjà créé, depuis quelque temps, l'importante fabrique de toiles de Voiron, dont parlent les biographes. Les produits de cette industrie dépassaient plusieurs millions avant la Révolution.

(3) Voir Archives de Grenoble, C. C. 513, f° 151; article 194 de l'ancien parcellaire et 169 du nouveau; C. C. 511, f° 100, verso. — Mêmes archives : C. C., n° 515, f° 117 : « Jacques Perier

Baratier, aïeul de notre imprimeur, qui l'acheta le 17 septembre 1816, de Mᵐᵉ de Savoye de Rollin, fille aînée de Claude Perier.

En 1762, la raison sociale de la maison de toilerie Jacques Perier était « Perier oncle, neveu et Tivolier, toiliers. » Leur cote à la capitation s'était élevée à 130 livres.

Jacques Perier, dont les affaires prospéraient chaque année, paraît s'être associé son neveu François, vers 1750, et M. Tivolier, de Voiron, vers 1760.

Plus tard, en 1778, on lui trouve encore pour associés : MM. Berlioz, Rey (1), Randon et autres. Sa maison était entièrement occupée par ses magasins et son

---

tient deux maisons en la rue Portetraine, confrontant ladite rue, du levant; la rue Derrière-Saint-André et le sieur Cailler, chanoine; M. le Président du Bouchage et M. le trésorier Garnier, de bize; le sieur Joannin, du vent. »

Et, pour confirmer nos recherches, nous citerons l'*Impartial Dauphinois* du 30 mai 1863 : « Nous éprouvons le besoin de révéler au *Courrier de l'Isère* un détail qu'il ignore peut-être : c'est que Casimir Perier, le ministre, est né à Grenoble, Grande-Rue, 4, précisément là où se trouvent les bureaux du *Courrier.* »

Donc, contrairement à la croyance de beaucoup de Grenoblois, la maison de Jacques Perier ne peut être l'une de celles formant l'angle de la Grande-Rue et de la rue Saint-André.

Plus tard, vers 1780, Claude acheta la maison du président du Bouchage, aujourd'hui maison Vallier, à l'angle de la rue du Grand-Puits (Grande-Rue) et de la place Saint-André. Dans cette maison habita plus tard Augustin Perier.

(1) M. Rey est certainement un ancêtre de MM. Edouard Rey, sénateur, et Aristide Rey, député, dont les parents furent négociants en draperie à Grenoble, dans la Grande-Rue.

logement. Il habitait au premier étage avec ses deux fils : Antoine et Jacques-Augustin. L'aîné, Claude, habitait une partie du second étage, avec sa femme et ses deux filles aînées.

Le surplus de cet étage servait de logement au gendre de Jacques Perier, M. Duchêne, avocat, son épouse et leurs quatre enfants, ainsi qu'à un associé, M. Rey, dont il est parlé plus haut.

Jacques Perier fut élu l'un des consuls de la ville de Grenoble pendant huit années consécutives, de 1767 à 1775. A sa mort il était, depuis plusieurs années, directeur de l'Hôpital, fonctions que l'on désigne actuellement sous le titre de Président de la Commission Administrative. Claude, son fils, lui succéda dix jours après.

La fortune de Jacques Perier s'élevait à six cent mille livres tournois. Elle fut partagée, dit Rochas, de la façon suivante : quatre cent mille livres à l'aîné Claude, et cent mille livres à chacun des deux autres fils.

CHAPITRE IV

Claude PERIER

Avec Claude, la famille Perier, déjà prépondérante au point de vue commercial, commence à s'allier à la chose publique, à acquérir une situation politique notable dans le pays, à diriger et à aider parfois la vie nationale.

Claude Perier naquit à Grenoble, le 28 mai 1742. En dehors de sa fortune, son père, Jacques, lui avait légué une éducation complète, sa haute intelligence des affaires, un esprit d'initiative hardie et une large entente du négoce. Il ne tarda pas, grâce à son travail et ses constantes améliorations industrielles, à accroître considérablement sa fortune. Claude continuait, d'ailleurs, le commerce de tissus de l'Inde qu'avait entrepris son père, et l'élévation de son frère Augustin, à la direction de la Compagnie des Indes, contribua beaucoup à donner à ses affaires une extension plus grande. Outre sa maison de Grenoble, il avait établi un magasin à Beaucaire où il se rendait, chaque année, lors de la célèbre foire.

Claude, parvenu au premier rang des industriels du pays, acheta une charge de conseiller du Roi, garde-scel de la juridiction des gabelles de Grenoble, qu'il résigna, en 1778, en faveur de son cousin-germain François Perier (1), associé de son père. Il acquit pour lui-même une charge de Conseiller du Roi, secrétaire en la Chambre des Comptes du Dauphiné, à laquelle il fut nommé par lettres-patentes du roi du 31 décembre 1778. Il fut reçu dans cette charge, le 21 janvier 1779, et il l'exerça jusqu'en 1790 (2).

Son fils Augustin était lui-même, grâce à la géné-

(1) Ce Perier était le fils de Jean Perier, ancien notaire à Gresse, oncle de Claude et frère de Jacques, père de ce dernier.

(2) Claude Perier était anobli par l'achat de cette charge et sa noblesse devenait transmissible après vingt ans d'exercice. Deux mois après son entrée en charge comme secrétaire en la Chambre des Comptes, naquit Adélaïde-Hélène-Marine qui est désignée comme fille de *noble* Claude Perier. Les autres naissances sont ainsi enregistrées : Camille-Joseph, né le 11 août 1781, fils légitime de *noble* Claude Perier ; Alphonse, né le 28 octobre 1782, fils de *noble* Claude Perier, seigneur de Vizille ; Amédée-Auguste, né le 14 mars 1785, fils de *noble* Claude Perier, secrétaire en la Chambre des Comptes ; André-Jean-Joseph, né le 27 novembre 1786, fils de *noble* Claude Perier, secrétaire en la Chambre des Comptes. Au mariage de sa fille aînée, avec M. de Savoye de Rollin, il est encore qualifié de noble Claude Perier, seigneur du marquisat de Vizille.

Claude a d'ailleurs fait, selon nous, bon marché de cette noblesse en offrant asile à la Révolution, en s'associant à ce mouvement qui supprimait tous les titres ; il semble avoir plutôt été anobli par un concours de circonstances, par une fonction publique géné-reusement exercée, que par un désir de s'élever. Pour marcher de pair avec les plus hautes familles, Claude Perier n'avait pas

rosité de son père, appelé à la charge de conseiller au Parlement. Ces charges s'achetaient, mais il fallait, pour exercer, en obtenir l'agrément de la Compagnie. Un ou deux ans avant la Révolution, le Dauphiné éprouva une disette de grains assez sérieuse. Claude mit, aussitôt, au service de la Province, son crédit et ses capitaux, pour l'achat des subsistances nécessaires. En reconnaissance de ce service, le Parlement de Grenoble admit spontanément son fils aîné au nombre de ses conseillers. La Révolution survint bientôt qui balaya les charges (1).

---

besoin d'un titre : sa fortune et les services rendus lui donnaient rang.

Nous n'avons pu trouver trace d'un blason. Dans son *Armorial du Dauphiné*, G. de la Rivoire de la Bâtie consacre une notice · à la famille Perier , mais n'indique pas le blason. Les « Généalogies et Armoiries dauphinoises » sont également muettes. On a attribué quelquefois à Claude Perier le blason de la famille Périer du Palais : « d'azur, au poirier d'argent, au chef cousu de gueules, chargé de trois annelets d'argent ». Ces Périer du Palais sont originaires de Beaurepaire (Isère). Un des descendants, contemporain de Claude, fut trésorier de France à Grenoble, en 1791. Une autre famille noble du Périer, connue dès 1420, existait à Grenoble; elle était originaire de Lyon, mais n'avait aucun lien de parenté avec Claude Perier.

Il semble qu'on peut conclure à la non-existence du blason des Perier.

Les fils de Claude, d'ailleurs, n'étaient pas nobles, leur père n'ayant pas exercé vingt ans sa charge de secrétaire en la Chambre des Comptes.

(1) Quelques biographes décernent à Claude Perier la charge de conseiller au Parlement. Ce qui a pu faire naître cette version, c'est que Claude, après son acquisition du manoir et du marqui-

Claude, on le voit, ne se cantonnait pas égoïste-
ment dans la lutte commerciale; ses intérêts mar-
chaient de pair avec les intérêts de son pays natal.
Placé par sa fortune à la tête du commerce de Grenoble, il fut, en outre, fréquemment revêtu de fonctions municipales. Il fut, en particulier, nommé le
15 juillet 1782, directeur-administrateur de l'Hôpital
de Grenoble, en remplacement de son père, décédé.
« Aucune affaire domestique, dit Pison du Galland,
dans son éloge funèbre, ne le détourna de ce que ses
concitoyens attendirent de ses soins et de son zèle, et
son crédit personnel fut plus d'une fois la ressource
des hôpitaux et de la commune elle-même.

Par acte du 5 juin 1780, reçu Mᶜ Bronod, notaire à
Paris, Claude Perier acheta de Gabriel-Louis de
Neufville, duc de Villeroy, fils et héritier de Louis-
Nicolas de Neufville, duc de Villeroy, lieutenant-
général des armées du roi, le marquisat de Vizille, qui
se composait du château, des terres de Vizille, de
l'Oisans et de la Mure.

Vente par-devant Mᶜ Bronod, notaire à Paris,
le 5 juin 1780.

Par Monseigneur Gabriel-Louis de Neufville de Villeroy, duc
de Villeroy, pair de France, chevalier des ordres du Roi, gouverneur et lieutenant-général pour le Roi des villes de Lyon, pro-

---

sat de Vizille, acheta la survivance d'une charge de conseiller au
Parlement. Or le titulaire ne mourut que pendant la Révolution,
après la suppression des anciennes Cours.

vinces du Lyonnais, Forêtz et Beaujollois, capitaine de la plus ancienne compagnie française des Gardes du Corps de Sa Majesté, maréchal de ses camps et armées, demeurant à Paris, en son hôtel, rue de Bourbon, paroisse Saint-Sulpice,

Lequel a, par ces présentes, vendu, cédé, quitté et transporté sous la garantie qui sera ci-après expliquée, attendu la nature des objets compris dans la présente vente ;

A noble Claude Perier, résidant ordinairement à Grenoble, de présent à Paris, logé rue des Vieux-Augustins, paroisse Saint-Eustache, à ce présent et acceptant, acquéreur pour luy, ses héritiers ou ayant-cause :

Les terres et seigneuries situées en Dauphiné dont le détail suit et qui consistent, savoir :

Dans celles de Vizille, Champ, Saint-George, val de Commiers, y compris la petite terre d'Aulle sous la condition de patrimonialité avec toute garantie,

Et celles d'Oysans, Lamure et Serres sous la garantie qui exige leur nature, attendu qu'elles sont mêlées de patrimonialité et de prétendue domanialité.

Lesquelles terres de Vizille, Champ, Saint-George, val de Commiers, de même que celles d'Oysans, Lamure et Serres consistent, savoir :

Dans les droits qui leur sont attribués,

Plus dans le château et parc de Vizille,

Plus dans le château du Bourg-d'Oisans et ce qui existe des restes de celui de Saint-George dans l'état que le tout se trouve et comporte, et généralement sous toutes les espèces de fonds y compris les forêts, bois, redevances, droits, devoirs et artifices qui dépendent des dites terres, de quelque nature qu'ils soyent, et ainsi que le tout se poursuit et comporte par mondit seigneur duc de Villeroy en rien excepter, retenir ni réserver.

Est aussi compris en la présente vente :

1° Le petit terrier que feu Monseigneur le duc de Villeroy a acquis, le 22 juin 1761, du sieur de Boisclair;

2° Et tous les meubles en quelque genre que ce soit qui sont actuellement dans le château de Vizille, sans aucune chose en réserver, ni retenir de la part de mondit seigneur duc de Villeroy, desquels meubles l'état a été annexé à la minute des présentes, après avoir été signé et paraphé par les parties en présence des notaires soussignés.

Consent le dit seigneur duc de Villeroy que le dit sieur Perier ait la faculté d'élire en sa place telle personne qu'il jugera à propos pour la terre de Saint-George, val de Commiers, l'une des seigneuries ci-dessus vendues sans néanmoins que la dite élection ni le consentement qu'y donne le dit seigneur duc de Villeroy puissent nuire à aucun de ses droits de privilèges et d'hypothèque qui lui demeurent réservés.

Plus le dit seigneur duc de Villeroy cède et transporte sans autre garantie que de ses faits et promesses au dit sieur Perier ci-acceptant, à ses risques et périls,

La somme de 25,786 livres, composée des sommes ci-après, savoir :

(L'acte donne le détail de sommes dues au seigneur de Villeroy par divers vassaux.)

Plus et enfin le dit seigneur duc de Villeroy cède et transporte au dit sieur Perier ci-acceptant, toutes les actions rescindantes et rescisoires qui peuvent lui appartenir, même les actions en détériorations et dégradations qui pourraient procéder du fait des fermiers ou sous-fermiers, exercées ou à exercer, de quelque nature qu'elles puissent être pour que le dit sieur Perier puisse les faire valoir à ses périls et risques néanmoins et sans aucune garantie de la part du dit seigneur duc de Villeroy.

Les dites ventes, cessions et transports sont faits en outre moyennant le prix et somme de 1,000,000 de livres francs deniers à mon dit seigneur et 24,000 livres de pot-de-vin.

A compter de laquelle somme de 1,024,000 livres, mon dit seigneur le duc de Villeroy reconnaît avoir reçu du dit sieur Perier celle de 224,000 livres en écus de 6 livres et monnaie ayant cours.

A l'égard des 800,000 livres restantes, le dit sieur Perier s'oblige de les payer à mon dit seigneur duc de Villeroy en son hôtel à Paris ou au porteur de son pouvoir dans les terres et de la manière qu'il va être dit, savoir :

400,000 livres au 1er juillet de l'année prochaine 1781 et les 400,000 autres livres au 1er janvier 1782.

Le tout avec les intérêts des dites sommes à raison du denier 20 à compter du 1er janvier 1780, lesquels intérêts qui seront assujettis à la retenue des impositions royales mises et à mettre diminueront au fur et à mesure des paiements ci-dessus stipulés.

Le manoir de Lesdiguières fut transformé en usine; Claude en fit une importante manufacture de toiles peintes, donnant ainsi un nouvel essor à l'industrie dauphinoise, une nouvelle extension à son commerce.

« Dans l'antique demeure féodale, dit Villemain, dans la grande salle d'armes, dans la salle des gardes et des pages, le manufacturier du xviiie siècle avait établi une fabrication de toiles peintes, industrie longtemps prohibée dans notre pays par les privilèges de la Compagnie des Indes. Dès lors un important commerce qui s'était détourné vers Genève et la Suisse se fixa sur notre territoire; des milliers de bras furent occupés, et le maître du château de Lesdiguières, au milieu de la population qu'il attachait par un travail utile et volontaire, donna l'idée de la nouvelle influence qui devait remplacer les seigneuries du moyen âge. »

Cependant, autour de lui, grondait déjà le mécontentement des provinces; en 1788, le parlement de Grenoble fut exilé pour son énergique défense des privilèges du Dauphiné imposés à la couronne par la cession d'Humbert II. La population voulut s'opposer au départ des magistrats, la troupe intervint — repoussée par la foule sous une avalanche de tuiles et de pavés. Ce fut la « Journée des Tuiles » (7 juin 1788).

Les notables des Trois Ordres décidèrent alors de convoquer les Etats du Dauphiné. Le Maréchal de Vaulx,

CLAUDE PERIER

Photographie de M. Michel, à Grenoble,
d'après une miniature de 1745.

Mme CLAUDE PERIER
NÉE CHARLOTTE PASCAL

Photographie de M. Michel, à Grenoble,
d'après un pastel de 1745.

dépêché par la Cour pour réprimer le mouvement, n'osa accomplir sa mission : il se contenta de faire protéger, disait-il, les députés par les troupes sous ses ordres; — en réalité, il comptait enrayer la manifestation par une surveillance qui entravait la liberté de discussion. Les députés résolurent de se réunir hors de la ville et, encadrés par les troupes, ils se rendirent, dans la nuit du 21 juillet, à Vizille, où Claude Perier mettait à leur disposition son château. Il en fit lui-même les honneurs. La réunion eut lieu dans la salle du Jeu de Paume; elle se termina après seize heures de discussion, par la délibération de Mounier qui préluda à la Révolution.

Villemain, dans son éloge d'Augustin Perier à la Chambre des pairs, parle en ces termes de l'hospitalité offerte par Claude Perier aux délégués des Trois Ordres :

« Au progrès du commerce et de l'industrie se joignent toujours les questions de réforme politique et de liberté. Lorsque la province du Dauphiné s'émut aux approches de 1789 et revendiqua ses anciens Etats, ce fut le château du Connétable, devenu la demeure d'une famille de négociants, qui reçut les Trois Ordres spontanément réunis. M. Perier père ne faisait pas partie de l'Assemblée, mais il s'associait à elle, en lui donnant asile par un acte vraiment civique dans l'état de confusion où était alors tombé le droit public des Français. »

Les événements qui suivirent portèrent atteinte à la fortune de Claude Perier; il perdit en particulier ses revenus sur la terre de Vizille, qui se composaient, principalement, de cens de rentes féodales s'élevant, environ, à 50.000 francs.

Claude Perier qui avait été, dès le début, acquis aux nouvelles idées, ne prévoyait certainement pas les conséquences terribles qu'aurait le mouvement populaire qui avait pris naissance dans son château.

L'acte de patriotisme qu'il avait spontanément accompli, en abritant les délibérations de l'Assemblée provinciale lui avait acquis une réputation de civisme que des générosités avaient encore accrue : en 1791, notamment, il avait abandonné en faveur des victimes des troubles de Vienne pour 20.000 livres de domaines nationaux. Sur la proposition de Delay d'Ogier, le président de l'Assemblée nationale lui avait écrit à ce sujet une lettre de félicitations.

Le renom de patriotisme qu'il avait mérité lui permit d'échapper, malgré sa grande fortune, aux dangers de cette époque. Il dut néanmoins, dans l'anarchie du moment, prévoir la dénonciation — si celle-ci ne l'avait pas encore atteint. Il quitta Grenoble et laissa le soin de diriger l'usine à sa femme, née Marie-Charlotte Pascal.

Il fut pourtant, en novembre 1790, élu par les habitants de Grenoble, membre du Corps des Notables, et en 1792, membre du Conseil municipal.

Après le 9 Thermidor, Claude Perier — qui s'était abrité de la tourmente — vint à Paris avec quelques-uns de ses fils, et, laissant toujours à sa femme la direction de la manufacture, y entreprit les affaires qui le mirent au nombre des notabilités financières de la capitale. Tact sûr, coup d'œil juste, économie stricte presque parcimonieuse en ce qui le concernait lui-même, habile et entreprenant, — telles étaient les qualités qui lui permirent de mener au succès ses plus hasardeuses et ses plus délicates opérations.

Vers la fin de la Terreur, Claude Perier devint acquéreur de nombreuses propriétés, entre autres de la Commanderie de Malte, près d'Arles, et d'une partie de la maison bâtie par les Feuillants, rue Saint-Honoré, à Paris.

La vente des mines de houille d'Anzin, près Valenciennes, ayant été annoncée, il s'y rendit : plusieurs compagnies s'étaient déjà ruinées dans cette exploitation, tant à cause de l'incapacité des administrateurs qu'en raison de la dilapidation des gérants. Ces insuccès ne découragèrent pas Claude ; avec deux ou trois riches co-associés, il acquit cette propriété industrielle, réforma son administration, supprima les abus, donna une impulsion nouvelle à l'extraction. On sait quels résultats furent obtenus. Les bénéfices des mines s'accrurent rapidement et sont, depuis lors, devenus de plus en plus considérables.

Le succès de cette réforme industrielle le désignait aux principaux négociants de Paris, lors de la débâcle de la Caisse des Comptes-Courants, pour accomplir une réforme financière urgente, pour rétablir, sur de nouvelles bases, l'établissement disparu. Claude Perier n'apporta pas, dans l'œuvre de réorganisation, que son expérience ; il avança également ses capitaux.

Claude Perier réorganisa donc la Caisse des Comptes-Courants, devenue ensuite la Banque de France ;

il en rédigea seul les statuts, dans un esprit de prévoyance et d'économie, et en régla lui-même les frais
d'administration. Il fut un des régents de l'établissement dès la création.

Ces importantes préoccupations ne l'empêchaient
pas de songer à l'avenir de ses fils. Désireux surtout
de leur inculquer l'amour du labeur, de les habituer à
ne pas escompter un héritage considérable, il leur
abandonnait une terre du produit de 15 à 1800 francs,
en leur disant de tirer, de cette première possession,
le nécessaire, de s'instruire en tentant d'élargir leur
petit domaine. Il les mettait, de bonne heure, à l'école
du labeur, développant ainsi, en les livrant un peu à
eux-mêmes, ce qu'ils tenaient, de la race, d'intuition
des affaires, d'initiative et d'intelligence.

Alexandre Perier, le fils cadet, fut associé aux Perrier de la Pompe à Feu de Chaillot, qui exploitaient
une filature à Nonancourt. Après la dissolution de la
Société, Perier devint propriétaire des riches manufactures du Loiret et député de ce département.

Bonaparte étant devenu consul, Claude Perier alla
siéger au Corps Législatif comme député de l'Isère.
Le Sénat-Conservateur l'appela à cette fonction le
4 nivôse an VIII (25 décembre 1799).

La mort l'enleva peu de temps après, le 6 février 1801.

Mme Perier était à Paris à cette époque ; elle habitait ordinairement Grenoble, dirigeant les intérêts de
son mari dans le Dauphiné et venait chaque année
à Paris, passer quelques semaines auprès de Claude
Perier. Elle jouissait d'ailleurs, dans sa ville natale,
d'une haute réputation et y tenait un rang honorable.

Aux premiers jours de 1801, Mme Perier avait fait son voyage annuel; vers cette époque, Claude qui habitait, rue Saint-Honoré, une maison contiguë à celle des Feuillants, achetée à fonds perdus, se trouva indisposé. Croyant probablement à un malaise bénin, il ne voulut pas avoir recours à un médecin et se contenta de quelques médicaments. Le mal empira. Il était malaisé de soigner un malade au cinquième, dont se contentait la vie modeste de Claude. Après avoir appelé un médecin qui ordonna quelques vésicatoires aux jambes, Mme Perier résolut de transporter son mari au premier étage de la maison attenante, l'ancienne propriété des Feuillants. Le malade y consentit. Mais il voulut auparavant mettre en ordre les papiers de son secrétaire. Il se leva et se livra, pendant deux heures, au triage et à l'examen des lettres et des cartes, vêtu seulement d'une robe de chambre. Le froid le saisit, la maladie s'aggrava, et le lendemain, 6 février 1801, Claude expirait dans l'appartement où on l'avait transporté.

Il avait cinquante-neuf ans.

Pison-Dugaland prononça son éloge funèbre à l'Assemblée législative. Celle-ci avait été instruite de la mort de Claude Périer, le 7 février 1801, par une lettre de sa femme.

La fortune qu'il laissait s'élevait à 3,650,000 francs; Augustin, l'aîné, fut avantagé d'un préciput de un million.

Chacun des autres enfants reçut 365,000 fr. Le testament de Claude fut, paraît-il, établi en dix expéditions; chacune de ces expéditions revint à un des enfants.

CHAPITRE V

Jacques-Augustin PERIER

L E frère de Claude Perier est désigné ordinairement par les historiographes sous le seul prénom d'Augustin ou sous ceux de Augustin-Jacques. Les registres de l'état civil le prénomment en réalité Jacques-Augustin. Nous nous en tenons à l'état civil, source plus certaine.

La vie de Jacques-Augustin Perier fut des plus mouvementées. Il semble qu'une cruelle fatalité ait pesé sur lui et sur toute sa famille. Né à Grenoble, le 26 août 1746, il reçut, à côté de son frère Claude, une éducation brillante et il hérita, à la mort de son père, d'un legs de cent mille livres. Sa solide instruction avait développé en lui les qualités de race des Perier ; aimable et spirituel, il avait un tact délicat des affaires, une intelligence et une sûreté de jugement et de décision dans les entreprises les plus diverses, une activité infatigable. A côté cependant de ces dons, il y avait, dans son caractère, on ne sait quel mélange de capricieux esprit, d'inquiétude morale. Toute sa vie, comme frappé d'une inégalité incompréhensible, inadmissible pour lui, il déclama, même pendant son sommeil, contre les lois du Dauphiné qui donnaient tout aux aînés.

Ce qui fut probablement cause chez lui de cette humeur contre le droit d'aînesse, c'est que des spéculations malheureuses avaient, dès le début, englouti les cent mille livres de sa « légitime ». Il ne se découragea pas pourtant ; ruiné, il alla frapper à la porte d'un financier généreux, M. Delaborde, qui l'envoya dans l'Inde, avec de vieux vaisseaux radoubés.

Augustin ne tarda pas à faire sentir sa concurrence à la Compagnie des Indes, qui se l'attacha en qualité de directeur. Quelques années avant la Révolution, il revint en France, se fixa à Lorient, au milieu de l'activité des affaires et d'un surcroît de richesses acquises. Son esprit, inquiet, jamais satisfait, malgré un talent de dehors aimables et primesautiers, le prédisposait aux exagérations, à la fougue imprudente. Quand éclata la Révolution, il se jeta à corps perdu dans le mouvement. D'après les uns, il s'effraya de sa richesse — qui s'élevait alors à six millions, — et qui le désignait aux coups des révolutionnaires. En 1793, les sans-culottes de Lorient procédèrent à la réélection des officiers de la garde nationale, dont Augustin était, depuis 1789, le commandant. Malgré ses sacrifices, celui-ci ne fut pas renommé. On lui préféra un distillateur du nom de Reysser.

M. H. Audiffret, dans la *Biographie universelle*, raconte, qu'arrêté à Lorient et conduit à Paris, pour être jugé, Augustin aurait été trouvé mort dans son lit, à l'auberge, pendant le voyage.

Sa femme et sa fille, qui vivaient à Paris, ne devaient pas longtemps lui survivre. Ayant appris sa mort, elles voulurent gagner, en poste, Lorient, pour y recueillir la succession. Une seule servante les accompagnait. Pendant qu'elles traversaient le Morbihan, les Chouans, embusqués, tirèrent des coups de fusils sur la chaise de poste. La mère et la fille furent atteintes mortellement. Elles expirèrent peu de temps après.

« D'après nos lois, dit Rochas dans sa *Biographie du Dauphiné*, la fille était censée avoir survécu à sa mère, mais la servante et le postillon ayant déclaré, dans l'enquête ouverte sur cet événement, que la mère avait survécu, la riche succession d'Augustin qui, d'après l'inventaire, s'éleva à quatre millions, au lieu d'être partagée entre le frère de sa femme, M. Carrier-Bézard (1) — Carier de la Bussière, dit un autre écrivain — et les enfants Perier, revint tout entière au premier. »

---

(1) Carrier-Bézard était un des plus riches banquiers de Paris; sa fortune s'élevait à douze millions. Peu après la succession qui lui échut à la suite des tragiques morts de sa sœur et de sa nièce, il fit faillite et fut ruiné.

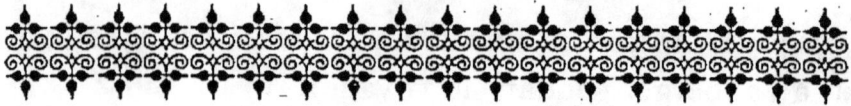

CHAPITRE VI

Augustin-Charles **PERIER**

Augustin-Charles Perier naquit à Grenoble, le 22 mai 1773. « M. A. Perier, dit Villemain, était l'aîné d'une famille nombreuse qui s'élevait au milieu d'un grand établissement commercial, fondé par l'active industrie de deux générations. — Dès l'enfance il put voir autour de lui l'immense changement qui avait commencé dans les mœurs, les habitudes, la vie privée de la France et qui allait s'accomplir dans sa constitution...

« ... Cette généreuse province du Dauphiné, empressée pour les réformes, devait, en revanche, lutter la première contre les violences et produire leurs plus courageux adversaires : Mounier, qui s'en indigna de bonne heure et s'en sépara intrépidement ; Barnave, qui leur résista plus tard, mais jusqu'à l'échafaud. Ce sont les principes de ces hommes, que M. A. Perier respira dès sa jeunesse, qu'il vit attestés près de lui par de nobles sacrifices et qui se réfléchirent sur toutes ses opinions, comme ils ont agi sur la vie politique de son illustre frère. »

Témoin du premier éveil de la Révolution, témoin — il avait quinze ans — de la délibération des Etats du Dauphiné, il s'attacha avec foi aux doctrines constitutionnelles dont Mounier et Barnave avaient été les premiers porte-paroles.

Le Parlement de Grenoble, lorsque la disette avait éclaté en Dauphiné et que Claude Perier avait mis ses capitaux et son crédit aux ordres de son pays pour l'achat de subsistances, le Parlement, on l'a vu, avait rendu spontanément un arrêt, accordant, pour le fils aîné du généreux industriel, l'agrément d'une charge de conseiller. Augustin Perier fut donc, au début de son éducation, dirigé vers la magistrature. Mais la Révolution survint, supprimant les charges ; le haut patronage du Parlement ne put profiter à Augustin. Celui-ci se tourna alors vers l'Ecole Polytechnique, où il entra au lendemain de la fondation ; il y eut pour maîtres les premiers savants de l'Europe, et pour camarades quelques-uns de ceux qui s'illustrèrent ensuite à côté de lui. Sa forte instruction, déjà reçue, s'y accrut de notions scientifiques recueillies avec ardeur, passionnément étudiées. Il en fit son profit plus tard et appliqua ses connaissances au perfectionnement de l'industrie fondée par son aïeul et par son père.

A sa sortie de l'Ecole Polytechnique, Augustin revint à Grenoble où, dit la *Biographie du Dauphiné*, il s'occupa d'opérations de banque et d'entreprises commerciales qui imprimèrent une belle impulsion à un grand nombre d'industries dans le département de l'Isère, notamment à la fabrication des toiles. A l'âge de vingt-cinq ans — c'est à cette époque aussi qu'il épousa Louise-Henriette-Sophie de Berckheim, de Colmar — en 1798, dit Villemain, il se mit à la tête du grand commerce que son père avait créé. Mme Claude Perier, laissée à Grenoble par son mari pour surveiller le commerce et la fabrication, avait ainsi été déchargée par son fils aîné de la direction des affaires en Dauphiné, plusieurs années avant la mort de Claude.

Augustin rendit à sa famille, en efforts assidus, en décisif esprit de progrès, ce qui lui était accordé de confiance en sa science prématurée des affaires.

Celles-ci, grâce à lui, s'étendirent encore, au profit surtout des habitants de l'Oisans. Dans cette vallée, où la rigueur du climat condamnait la population à une inactivité de plusieurs mois, il installa des ateliers modèles de tissage. Les premiers frais étaient considérables, Augustin se soumit à d'importants sacrifices et, non content d'avoir accru la fabrication à Vizille, créa dans le canton déshérité des ateliers, dont les ouvriers, formés par lui, condamnés auparavant à de longues périodes de repos, eurent du travail et de l'aisance constamment. Les ressources industrielles de Vizille se développèrent aussi par l'établissement, à côté de l'atelier de teinture, d'une fabrique de tissus de coton.

Ses vastes préoccupations commerciales ne l'empêchaient pas de consacrer un large temps aux intérêts du pays; il mit, dès le début de sa carrière, avec le même désintéressement et la même conscience qu'il devait apporter plus tard dans de plus hautes fonctions, ses connaissances économiques au service de sa terre natale. Ses concitoyens reconnaissants le nommèrent membre du Conseil municipal de Grenoble, le 26 novembre 1804, et conseiller d'arrondissement de l'Isère, le 13 juin 1800 et le 22 décembre 1809.

Au milieu de toutes ces préoccupations, il sut encore trouver le temps de laisser quelques écrits qui témoignent de l'étendue de ses connaissances : histoire, sciences, arts, économie politique, etc. Il put, grâce à une activité rare, dérober quelques loisirs à l'industrie, aux finances et à la politique qui partageaient sa vie. Il consacra ces heures d'un repos laborieux à l'étude du Dauphiné, de son passé aussi bien que de son présent et il voulut en écrire l'histoire. Il se mit, dans ce but, en relations avec ses compatriotes les plus instruits ; il réunit de nombreux documents imprimés ou manuscrits et ce travail, poursuivi avec l'ardeur qui lui était habituelle, était fort avancé, lorsqu'il fut, en 1827, envoyé à la Chambre des députés. Augustin abandonna alors son travail. Une partie cependant était assez achevée pour être publiée ; elle l'a été en 1881, par les soins de M. E. Chaper qui s'effaça derrière le pseudonyme de : *Un vieux bibliophile dauphinois* (1).

---

(1) Cette histoire inachevée forme le premier fascicule du « Recueil des documents relatifs à l'histoire politique, littéraire, scientifique, à la bibliographie, à la statistique, etc., du Dauphiné,

Augustin s'occupa encore de plusieurs œuvres de bienfaisance ; son nom est inscrit parmi les bienfaiteurs de l'Hôpital (1) et de l'œuvre des Orphelines de Grenoble.

Il fut, en outre, président du tribunal de commerce et membre de la Chambre consultative des manufactures, arts et métiers de sa ville.

Le 13 mai 1815, il fut envoyé à la Chambre des Cent-Jours, par le grand collège du Rhône, comme représentant du collège et de l'Industrie. Il avait obtenu dans cette élection, 52 voix sur 68 votants. Il siégea dans la majorité.

« M. A. Perier, dit Villemain, passa l'époque de l'Empire et les premières années de la Restauration dans une vie active, honorable, heureuse même, si elle n'avait été troublée par de grands désastres, comme l'incendie de Vizille (2), qu'il supporta courageuse-

---

réunis et annotés par Un vieux bibliophile dauphinois ». *Histoire abrégée du Dauphiné de 1626 à 1826*, par Augustin Perier, Grenoble, Allier, 1881.

(1) Le 14 février 1830, il avait fait don de 5.000 francs aux hospices de Grenoble.

(2) Cet incendie éclata dans la nuit du 9 au 10 novembre 1825. Il ne laissa debout que les murs d'enceinte du château et détruisit un quartier de Vizille. Augustin Perier ne se laissa pas abattre par un si grand désastre. Il voulut surtout priver le moins longtemps possible la population de son travail : il fit immédiatement installer des ateliers provisoires et activa la reconstruction du château, les réparations de la manufacture. Le château fut promptement restauré, à la satisfaction des habitants d'abord consternés ; le travail reprit. V. le chapitre : Château de Vizille.

ment, et par des pertes domestiques dont son cœur saigna toujours » (1).

Il était peu tenté, disent ses biographes, par la vie publique. Il céda sans doute à des conseils, il obéit probablement à l'impulsion d'amis qui appréciaient sa valeur, lorsqu'il se présenta, en 1819, comme candidat à la députation, dans les rangs de l'opposition. Il échoua, comme plus tard, en 1820, devant une majorité ministérielle.

Aux élections du 25 février 1824, dans le premier arrondissement de l'Isère (Grenoble), il ne fut pas plus heureux. Il obtint néanmoins 198 voix contre 264 à l'élu, M. Chenevaz.

Trois ans plus tard, il prit une éclatante revanche. L'opinion, plus libre dans son choix, plus spontanée dans son expression, lui donna un glorieux témoignage d'estime. Le 16 novembre 1827, trois collèges électoraux de l'Isère le choisissaient comme représentant. Dans le premier arrondissement (Grenoble), il obtenait (426 votants, 462 inscrits) 219 voix contre 199 au député sortant, son vainqueur d'hier, M. Chenevaz; dans le deuxième arrondissement, il l'emportait par 100 voix (188 votants, 223 inscrits), contre 83 au marquis de Murinais; dans le quatrième arrondissement (Vienne), il était élu par 123 voix (198 votants, 231 inscrits), contre 74 à M. de Miremont.

Augustin Perier opta pour Grenoble : il fut rem-

---

(1) Augustin Perier perdit successivement trois filles, plusieurs de ses frères et de nombreux amis.

placé le 21 avril 1828, dans le deuxième arrondissement, par M. Sappey et, dans le quatrième, par M. Faure.

« Parvenu à la Chambre, dit Villemain, dans un âge déjà mûr, avec une longue expérience des affaires et des hommes, M. A. Perier recherche peu les succès de tribune. » Il alla s'asseoir au Centre-Gauche, dans les rangs de l'opposition, à côté de son frère Casimir. De décision prompte, de clairvoyance précise, il apporta dans les questions parlementaires, dans la défense des libertés acquises, toute la générosité et toute l'ardeur de son caractère.

Dès les premières séances, il dénonça, à propos de la vérification des pouvoirs, les actes arbitraires des préfets. Il répondait à l'apologie des préfets faite par M. d'Haussez, ancien préfet de l'Isère, qu'il eut plus tard comme concurrent électoral : les luttes précédentes, où il n'avait été vaincu que par la mauvaise foi et la pression officielle, lui avaient permis de juger les agissements de ces représentants du gouvernement.

Lors de la discussion de l'adresse des 221, qu'il signa, il apostropha durement M. Alexis de Noailles, en lui disant qu'il ne pouvait être à la fois courtisan et député.

Les connaissances économiques — fortifiées encore par une expérience de longues années — lui permirent de prendre brillamment part aux débats de la loi des finances. Il s'exprimait d'ailleurs avec chaleur et facilité, mais avec une vivacité de débit difficile à suivre.

Réélu, le 23 juin 1830, par 295 voix (416 votants, 459 inscrits) contre 115 à M. d'Haussez, quelques-uns de ses collègues voulurent l'élever à la présidence de la Chambre : il obtint 108 voix, mais ne fut pas élu.

Après la Révolution de Juillet, Augustin se rangea aux côtés de son frère Casimir Perier, premier ministre, et de M. de Lafayette, son parent. La rapidité de la Révolution, la crainte que celle-ci put s'étendre et s'aggraver le décidèrent à accepter le changement politique. « Il pensa que c'était aux anciens opposants pour la liberté qu'il appartenait d'être les premiers défenseurs du pouvoir et il convertit toute son ardeur en modération et en amour de l'ordre. »

Il ne continua pas moins à prendre une part très sérieuse aux débats parlementaires : il s'opposa en particulier à l'abaissement du cens électoral à 200 francs et discuta, avec ardeur, les lois municipales et départementales. Les journaux de l'opposition ont prétendu qu'il avait discipliné les centres qui, sur un signe de lui, votaient à son gré. Ce n'est là probablement qu'une preuve de sa prépondérance et de la confiance qu'on avait en sa certitude de jugement.

Le 15 juillet 1831, Augustin Perier échoua aux élections dans le premier arrondissement de l'Isère (Grenoble). Il obtint 172 voix contre 208 à M. Réal. C'était un de ces retours d'opinion incompréhensibles parfois, mais qui tiennent à la liberté même. Louis-Philippe ne voulut pas laisser méconnus les services que l'ancien député de l'Isère avait rendus et à son gouvernement et à son pays. Le 16 mai, en même temps qu'il annonçait la mort du premier ministre Casimir

Perier, le *Moniteur Universel* publiait l'ordonnance qui appelait Augustin à la Pairie :

« Louis-Philippe, roi des Français.

« Considérant les services rendus à l'Etat par M. Augustin Perier, ancien membre de la Chambre des députés et membre du Conseil général du département de l'Isère,

« Nous avons ordonné et ordonnons ce qui suit :

« M. Augustin Perier..... est élu à la dignité de pair de France. »

La réception d'Augustin à la Chambre des Pairs eut lieu le 21 novembre 1832.

Il présidait en même temps le Conseil général de l'Isère, assemblée dont il faisait partie depuis le 18 avril 1816 et dont il dirigea les débats depuis 1831 jusqu'à sa mort. Il fut encore, à côté du général Bugeaud, de Dupin et d'autres, membre de la Commission des colonies agricoles intérieures.

Le 2 décembre 1833, une attaque d'apoplexie le foudroya dans sa propriété de Frémigny (Seine-et-Oise). Son corps fut enseveli au cimetière du Père-Lachaise.

M. le baron de Gérando, son ami d'enfance, prononça un discours d'adieu sur sa tombe. « Personne, dit le *Moniteur Universel*, plus que M. de Gérando, n'était capable de louer dignement les vertus privées et publiques de l'homme de bien qui manque aujourd'hui à la Chambre des Pairs. » Quelques fragments de ce discours éclaireront la physionomie et l'âme d'Augustin Perier :

« L'amitié, dans cette cruelle circonstance, éprouve

6

du moins quelque soulagement en venant rendre ici un témoignage fidèle et sincère à cette vie si honorable et si pure. Il lui est permis d'attester, à ce moment solennel, qu'il n'y eut pas dans la carrière d'Augustin Perier une action qui ne fut louable, dans son âme une pensée qui ne fut noble, un sentiment qui ne fut généreux.

« Sa jeunesse déjà promettait et l'homme de bien et l'homme distingué; elle fut consacrée à la fois par la vertu, par l'étude, par le patriotisme, par l'enthousiasme du bien auxquels il a été constamment fidèle.

. . . .

« C'est en servant le pays dans les intérêts locaux, dans les applications immédiates et pratiques qu'il se prépara à le servir dignement un jour sur un plus vaste théâtre. Il rendit à sa ville natale, au département de l'Isère, des services aussi utiles, aussi constants que désintéressés.....

« Envoyé en 1827 par trois collèges électoraux du département de l'Isère à la Chambre des députés, où il siégea dans les circonstances les plus difficiles et les plus graves, nommé en 1832 à la Chambre des Pairs par un choix que confirma l'opinion générale et l'accueil de cette Chambre elle-même, il offrit à l'une et à l'autre la réunion de toutes les qualités qui caractérisent l'homme public et surtout la première de toutes, un sentiment profond, une observation rigoureuse des devoirs que cette haute mission impose.....

« Il porta dans la discussion des affaires publiques une longue expérience, des connaissances aussi étendues que variées, la netteté des idées, la rectitude de l'esprit, une logique puissante. Il était l'homme des délibérations sérieuses et positives.

« ..... C'est au sein de l'intimité qu'il était réservé de découvrir tout ce qu'il y avait de trésors dans cette âme. Il est remarquable qu'avec une sensibilité vive, une disposition à l'entraînement, un caractère qui paraissait quelquefois impétueux, il observa toujours une mesure parfaite dans sa conduite, une grande modération dans ses opinions, une sagesse impartiale dans ses jugements. C'est qu'une moralité profonde était empreinte dans son caractère. La délicatesse de sa conscience allait chez lui jusqu'au scrupule. Il fut vrai en tout. »

De son côté, M. Villemain prononça, le 22 février 1834, à la Chambre des Pairs, l'éloge funèbre de son collègue. Nous avons, au cours de cette notice, donné quelques extraits de son discours qui se terminait ainsi :

« Appelé par le Roi à la Chambre des Pairs, il y porta les mêmes principes et le même dévouement au pays, sans irritation et sans regret.

« C'est là, Messieurs, que plusieurs d'entre vous l'ont connu pour la première fois, que tous l'ont estimé. Honnête homme dans toute l'énergie de ce mot, homme de bien dans la vie publique par la franchise et le courage, comme il l'était dans la vie privée par les vertus domestiques et la bonté; ami de la liberté et sachant la comprendre, M. A. Perier a rempli une utile et noble carrière. La mort si soudaine qui l'a frappé n'a pas dû prendre au dépourvu ce cœur droit devant Dieu et devant les hommes. Sa vie, qu'il eut honorée par quelques travaux de plus, était pleine cependant; et sa mémoire, justement estimée, se conservera dans cette enceinte comme le nom de Casimir Perier vivra dans l'histoire politique de notre pays. »

L'œuvre parlementaire d'Augustin Perier est importante. Parmi ses nombreux travaux — dont quelques-uns sont des modèles proposés aux législateurs, nous retiendrons les plus saillants :

En 1828, rapport sur les élections de l'Aude.

Travaux de la Commission chargée de l'examen du projet de loi portant règlement définitif du budget de 1826.

Discours sur une pétition des habitants de l'Isère.

Discours sur le projet de loi relatif à l'imposition extraordinaire du département de l'Isère.

Discours sur l'article 16 du projet de loi sur la revision des listes électorales.

Rapport au nom de la Commission des Comptes sur le projet de loi relatif au règlement définitif du budget de 1826.

Réponse à M. Lepelletier d'Aulnay dans la discussion du projet relatif au crédit supplémentaire à accorder au ministère des finances.

Discussion des divers articles du budget des dépenses de 1829.

Augustin Perier, fit, en outre, partie de la Commission chargée de la revision de la charte de 1814. A la Chambre des Pairs, il fit le rapport de la Commission chargée de l'examen du projet de loi relatif aux deux douzièmes provisoires, il combattit l'amendement de la Commission dans la discussion du projet de loi sur l'expropriation forcée, parla au sujet du projet de loi relatif à l'organisation départementale, fit le rapport de la Commission chargée de l'examen du projet de loi pour les recettes de 1834....

Pendant les vacances que laissaient à ses collègues de Chambre, les travaux législatifs, Augustin Perier résidait à Vizille où de nombreuses occupations exigeaient sa présence et entretenaient l'activité de son esprit, cet amour du travail qu'il apporta dans toutes ses fonctions. Il y laissa, comme à la Chambre, comme à la Pairie, comme partout où il vécut, le souvenir d'un homme d'affaires habile, d'un financier capable, — l'exemple d'une vie de labeur, de haute intégrité et de bienveillante générosité.

CHAPITRE VII

Alexandre-Jacques **PERIER**

L E second fils (1) de Claude Perier avait acquis une
grande situation à Montargis où il s'était installé
et où il avait créé une manufacture. Elu, le 20 novembre 1817, député du grand collège du Loiret, par 638
voix, sur 726 votants et 1520 inscrits, il fit aux ministres du roi une opposition silencieuse (2). Réélu en
1822, il échoua le 25 février 1824, contre M. de Longuève. Mais le 17 novembre 1827 et le 12 juillet 1830,
il battit M. le comte de l'Estrade.

Enfin, le 9 mai 1832, il est élu à Gien, contre
M. Henri de Longuève. Il quitta peu après la vie
politique active.

---

(1) Il était en réalité le cinquième enfant et le troisième fils,
mais il était devenu le second, par suite de la mort de Jacques-
Prosper (chapitre 11, Généalogie).

(2) *Dictionnaire des Parlementaires français*, Bourloton, éditeur,
Paris.

Maire de Montargis, le 23 juin 1819, il fut ensuite membre et président du Conseil général du Loiret en 1841, 42 et 43. De 1840 jusqu'à sa mort, le 14 décembre 1846, il exerça les fonctions de maire de Montargis.

Il avait voté les deux lois d'exception, la nouvelle loi électorale et repoussé l'Adresse des 221.

CHAPITRE VIII

Antoine-Scipion **PERIER**

Un homme de bien nous est enlevé, s'écriait M. Odier, président de la Chambre de commerce de Paris, le 4 avril 1821, dans son discours sur la tombe du troisième fils de Claude Perier. « La mort nous le ravit au milieu de son honorable carrière ; il n'était âgé que de 45 ans. Il emporte les regrets et l'estime du commerce parisien, dont il fut si souvent le défenseur et l'appui. Dans tous les lieux où les négociants se rassemblent, on se disait : « Scipion Perier n'est plus ! » La douleur était peinte sur tous les visages et les regrets étaient exprimés de la manière la plus touchante. »

L'exorde ému de cette oraison funèbre démontre, mieux que nous ne saurions le faire, la confiance dont jouissait ce citoyen. Et il nous suffira, à présent, de rappeler succinctement sa vie toute d'activité, de travail et de dévoûment à la chose publique.

Après avoir fait ses études chez les Oratoriens de

Lyon, il voulut se préparer pour entrer à l'Ecole Polytechnique, mais une maladie des yeux que lui causèrent ses études trop assidues et que les secours de l'art ne purent jamais dissiper entièrement, vint lui interdire cette carrière. Il s'attacha dès lors aux branches des connaissances humaines qui exigent moins de lecture, telles que la physique, la chimie et l'anatomie. Ses progrès y furent des plus rapides; bientôt l'occasion se présenta de passer de la théorie à l'application. « Son père, dit M. Rochas, lui ayant cédé les biens qu'il possédait dans le département de l'Isère, à Laval, il s'occupa, à l'âge de 21 ans, de traiter d'une manière mieux entendue les minerais de fer, et essaya le premier d'introduire en Dauphiné les forges à la catalane. En 1801, devenu avec sa famille possesseur d'une part considérable dans les mines de houille d'Anzin, il fut appelé au nombre des administrateurs de ce grand établissement. Les réformes et les améliorations qu'il y introduisit sont nombreuses; il y fit adopter l'usage des machines à vapeur et un système mieux entendu pour les travaux des puits, qui mettait les ouvriers à l'abri d'une partie des dangers auxquels ils étaient auparavant exposés; par une sage organisation, il imprima l'unité à tous les mouvements de cette immense exploitation et porta l'ordre le plus régulier dans ses moindres détails. »

En cette même année 1801, Scipion Perier s'était associé avec son frère Casimir pour la fondation et la direction de la banque Perier, dans laquelle ils créèrent d'importantes affaires financières et industrielles. Ils devinrent propriétaires de deux raffineries de sucre à Choisy et à Paris ; de deux filatures de coton et de laine, d'une distillerie, d'une fonderie à Chaillot. Scipion Perier s'occupait spécialement de la direction et de l'administration de ces établissements : il y appliqua tous les procédés de perfectionnement dont on est redevable aux découvertes de la mécanique et de la chimie. Il s'occupa aussi de l'introduction en France de l'éclairage au gaz ; il fut l'un des promoteurs de la compagnie qui se forma pour essayer en grand ce procédé. L'un des premiers souscripteurs de la Société d'Encouragement, il fut nommé membre du comité des arts chimiques. La juste réputation que lui avaient acquise ses grandes connaissances sur l'application de la chimie et de la mécanique, le fit appeler comme membre honoraire du Comité consultatif des arts et manufactures près le ministère de l'intérieur. Il siégea aussi dans le jury des deux premières expositions des produits de l'industrie, en 1802 et 1806 ; il fut enfin appelé au Conseil général des manufactures dès son institution. Il était sans cesse occupé de rechercher et d'introduire dans l'industrie les procédés nouveaux et économiques.

En 1803, il rédigea pour le Conseil général de l'agriculture, arts et commerce, une instruction pour prévenir les habitants des campagnes contre le méphitisme des marnières, fosses, mines, etc. (1).

Membre du Conseil général du commerce le 23 août 1819, il fut nommé, le 26 novembre de la

---

(1) *Moniteur universel* du 5 juin 1803.

même année, membre du Conseil de perfectionnement du Conservatoire des arts et métiers. A cette époque, il était depuis trois ans directeur de la première compagnie d'assurances maritimes qu'il avait aidé à créer.

En 1818, il fut nommé l'un des directeurs de la Caisse d'épargne et de prévoyance ; puis, en cette même année, à la mort de M. Cordier, les suffrages unanimes du commerce le firent nommer régent de la Banque de France. Au moment où il fut saisi de la maladie de langueur qui devait l'emporter (1), il s'occupait activement de l'organisation d'une société par actions, pour accélérer et achever en France la construction des canaux dont le projet avait été tracé par le directeur des ponts et chaussées, Becquey. La mort ne lui permit pas de mettre ce vaste projet à exécution ; il succomba à Paris, le 2 avril 1821.

M. de Gérando, qui prononça son éloge au nom de la Société d'Encouragement, dans sa séance du 18 avril 1821, parle longuement de ses vertus publiques et privées (2).

Il fut accompagné à sa dernière demeure par un grand nombre de personnes qui lui étaient unies par les liens de l'amitié et de la reconnaissance.

Voici de courts extraits du discours de M. Odier :

---

(1) Il mourut dans les bras de son frère Casimir.

(2) Paris, imp. Vve Huzard, in-4° de 10 p. *Bulletin de la Société d'Encouragement*, avril 1821, n° 202, 20° année, page 117. — Scipion Perier a donné plusieurs articles aux *Annales de chimie*.

« Celui qui fut si constamment appelé dans tous les conseils où les intérêts du commerce sont agités ; celui dont les lumières furent si utiles dans le Conseil général du commerce et des manufactures, et dans la Chambre de commerce ; celui qu'on a toujours remarqué parmi les fondateurs des établissements utiles ? Il n'est plus ; il a quitté la vie, alors qu'on sentait le mieux l'utilité de son existence.

« La Banque de France perd un de ses régents les plus éclairés, la Caisse d'épargne et de prévoyance un de ses fondateurs, et toutes les sociétés de bienfaisance un de leurs appuis.

« Le bel établissement des mines d'Anzin, la fonderie de Chaillot, des filatures de coton et de laine, des raffineries de sucre dont l'activité était entretenue et fécondée par ses soins ; tels sont les titres qu'il laisse à la reconnaissance de l'industrie manufacturière.

« Il n'est plus, ce digne ami, ce frère si affectionné, cet époux et ce père si tendrement chéri ; la tombe va renfermer ses dépouilles mortelles, mais sa mémoire ne périra point ; elle sera un titre d'honneur pour ses enfants, pour ses amis, et, pour le commerce, un objet éternel de regrets. »

CHAPITRE IX

Casimir-Pierre PERIER

L E premier des Perier qui joua un rôle actif et prépondérant dans la politique, naquit à Grenoble, le 11 octobre 1777 (1), quelques années avant la

---

(1) Quelques biographes assignent la date du 21 octobre, à la naissance de Casimir Perier. Nous rétablissons ici la véritable date. Voici du reste le texte de l'extrait de baptême tel que nous l'avons relevé sur les registres de l'église paroissiale Saint-Louis. (Etat civil de Grenoble) :

« Le douzième octobre mil sept cent soixante-dix-sept, j'ai baptisé Casimir-Pierre, né hier, fils légitime de Claude Perier, négociant en cette ville, et de dame Marie-Charlotte Pascal, mariés. Le parrain a été M. Pierre Duchaine, avocat consistorial au Parlement, représenté par Antoine Dupuy, bourgeois et consul de Grenoble, et la marraine dame Marie-Charlotte Carié, épouse de Augustin Perier, aussi négociant, représentée par dame Elisabeth Dupuy, épouse de Jacques Perier. En présence des soussignés avec le père et les représentants. Signé : Dupin, Dupuy, Perrier, Claude Perier, Jacquemet, Girard, Perier, Charmeil, prêtre et chanoine. »

Révolution dont les Etats de Vizille devaient donner le premier signal. Trois de ses frères étaient déjà chez les Oratoriens de Lyon, quand on l'y envoya lui-même commencer ses études. La Révolution ferma le collège de l'Oratoire.

Le père de Casimir Perier, déjà fixé à Paris, y appela son fils, et celui-ci fut témoin des scènes sanglantes qui ont marqué la grande tourmente sur laquelle allait s'ouvrir le dix-neuvième siècle. On connaissait déjà, à l'élève des Oratoriens, un caractère ardent, une nature droite, un esprit amoureux de controverses mais incapable de dissimulation. Peut-être, le spectacle des excès déplorables, mais inévitables de la Terreur, l'ivresse farouche d'un peuple longtemps opprimé et qui, tout à coup, se ruait à la liberté, tel un fleuve qui se précipite impétueusement hors de ses digues naturelles, eurent-ils une influence décisive sur sa carrière. Les biographes de Casimir Perier n'ont pas assez, à notre avis, insisté sur ce fait. Ils se sont bornés à signaler la contradiction entre l'opposition si véhémente de Casimir Perier député, et l'attitude réfléchie et autoritaire de Casimir Perier ministre. La contradiction cependant était plus apparente que réelle.

Le futur ministre de la Monarchie de Juillet se distingua toujours par une passion profonde pour l'ordre public, par un besoin impérieux d'autorité, et ce n'est assurément pas lui qui aurait dit, avec le poète Alfred de Vigny, que le meilleur des gouvernements est celui qui se fait le moins sentir. Il n'est pas douteux, en tout cas, que l'école de la Révolution fut pour lui pleine d'enseignements, et que, dès son adolescence, il acquit cette conviction que les destinées d'une grande nation doivent être dirigées par des mains fermes, sous peine de dévier, d'amener mille bouleversements, pour aboutir aux horreurs de la guerre civile et aux excès qui en sont le naturel et logique épilogue.

Sur la jeunesse même de Casimir Perier, les biographes sont très peu prodigues de détails. Nous savons qu'il termina ses études en 1795 et que, touché par la conscription, en l'an VII, il fut envoyé à l'armée d'Italie avec le colonel Veyron-Lacroix (1). Il servit d'abord comme garde des fortifications. Un peu plus tard, il était adjoint à l'Etat-Major du génie. Il se comporta toujours avec le plus grand courage. Soldat, il était ce qu'il devait être plus tard dans l'opposition parlementaire : brave parfois jusqu'à la témérité. Les annales militaires nous ont conservé un témoignage de sa belle conduite sous les murs de Mantoue, au combat de San-Guiliano.

Il rentra en France après le traité de Campo-Formio. Son père mourut quelques années après. C'est alors que Casimir Perier fonda la maison de banque qui devait assurer sa fortune (2). Il eut d'abord pour collaborateurs, son frère, Antoine-Scipion, et

_____

(1) Le colonel Veyron-Lacroix fut, plus tard, conseiller de préfecture à Grenoble.

(2) La part de Casimir Perier, dans la succession, était de 375.000 francs.

M. Flory, de Grenoble, qui avait été l'associé de son père. La raison sociale de l'entreprise était *Perier frères et Flory*. Mais le nom de ce dernier ne tarda pas à disparaître.

D'importantes spéculations avaient eu lieu dès le début; la plus audacieuse de ses affaires fut celle qu'il conclut, de compte avec M. Urquin, de Versailles, en achetant, passif et actif, la succession de la maison Villeroy. Avec son sens des affaires et la promptitude de ses décisions, il avait jugé qu'il y avait là un véritable coup de fortune. L'événement ne le démentit pas. Sa richesse était triplée, du jour au lendemain pour ainsi dire. C'est alors que Casimir Perier se maria à Lyon, avec la petite-fille de l'architecte Toussaint Ponthus-Loyer, qui lui apportait 25.000 livres de rente. A la tête, dès ce moment-là, d'une fortune de deux millions, il rompit avec M. Flory, gardant son seul frère comme associé.

Les circonstances étaient particulièrement heureuses; la France, profondément ébranlée dans son crédit par la longue secousse révolutionnaire et par les incessantes campagnes de Napoléon, reprenait goût aux affaires. La paix générale de 1814, l'écroulement de l'Empire devait être, à ce point de vue, comme une résurrection. L'activité de la maison Perier frères en fut décuplée, et Casimir Perier était bientôt l'un des banquiers les plus puissants et les plus riches de la capitale. Ses rares facultés l'avaient servi autant et même plus que les événements. « Tout était de son ressort, dit un biographe; il faisait tout, embrassait tout : armements maritimes, banque, spéculation sur

propriétés, créances publiques et particulières, manufacture, fonderie de métaux, verrerie, raffinerie de
sucre, fabrique de savon, mouture ; le tout sur une
grande échelle. Tout lui a réussi, à l'exception de la
mouture à la vapeur, qu'il avait établie aux Bons-
Hommes, malgré les représentations des experts dans
le métier ; mais il s'en défit bien vite et oublia sa perte
dans de nouvelles spéculations. Cette perte fut répa-
rée dans une seule affaire... En juin, il acheta des
exploitations du Morvan, 70.000 cordes de bois, et
en novembre suivant, il vendit trente francs, ce qui
lui en avait coûté treize » (1).

Tous les obstacles s'abaissaient devant ses tentatives et sa notoriété grandissait avec sa prospérité. Il
pouvait dès lors être légitimement ambitieux. Préparé
à la vie publique par un long maniement des affaires,
contemporain d'événements qui avaient bouleversé et
renouvelé la France et profondément secoué l'Europe
entière, ayant appris à connaître les hommes dans
une de ces périodes qui débrident tous les instincts et
mettent, pour ainsi dire, les âmes à nu, il pouvait
jeter un regard de conquête sur la scène politique et
y réclamer un des premiers rôles. Il était juge au tribunal de commerce de Paris, membre de la Chambre
de commerce et régent de la Banque de France. En
cette dernière qualité, il s'était montré d'une excessive
sévérité sur la question des escomptes ; il organisa
même un comité d'enquête sur la solvabilité des com-

---

(1) Notice de M. Fleury-Bourget.

merçants. Les enquêtes, ainsi poursuivies, étaient des plus rigoureuses. Le biographe, que nous citions plus haut, observe à ce sujet avec plus de malice que d'impartialité que « en cela il se servait lui-même, car il faisait beaucoup d'escomptes. » Le caractère même de Casimir Perier le défend contre cette accusation, comme sa probité et son sens des affaires le mettaient au-dessus d'un calcul pareil.

Il ne lui manquait donc qu'un mandat politique ; il ne devait pas tarder à être élu député de Paris. Trois ans après la paix générale, en 1817, le gouvernement de la Restauration décrétait un emprunt destiné à payer aux alliés une partie de la rançon de la France, c'est-à-dire à la libération du territoire. L'emprunt devait être conclu à l'étranger, sans concurrence et à des conditions ruineuses pour le Trésor déjà si appauvri. C'est alors qu'on entendit pour la première fois la voix de Casimir Perier. Dans trois brochures retentissantes (1), il fit le procès du projet du gouvernement au point de vue politique et patriotique. Il était servi par ses connaissances pratiques si solides, et cela seul aurait suffi à attirer l'attention sur sa personnalité. Mais ce qui séduisit surtout le public, dans les brochures de Casimir Perier, ce fut l'esprit d'opposition dont elles étaient animées.

---

(1) *Réflexions sur le projet d'emprunt de 16 millions*, par M. Casimir Perier, banquier (1817) ; *Réflexions sur le projet d'emprunt de 16 millions*, par M. Casimir Perier (1818) ; *Dernières réflexions sur le projet d'emprunt*, par M. Casimir Perier.

La bourgeoisie tenait par dessus tout aux libertés que la Révolution lui avait octroyées ; elle n'avait été, jusqu'en 1789, qu'une expression ; elle était maintenant une classe riche et puissante, ayant voix au chapitre, et, si elle était respectueuse de la Charte, elle exigeait que le pouvoir le fut autant et même plus qu'elle. Tout de suite donc, elle fut conquise et dominée par l'attitude courageuse de Casimir Périer qui disait, en son nom personnel, ce que d'autres, plus timides et aussi moins compétents, se contentaient de penser. Les électeurs du 3ᵉ arrondissement de Paris, par 3,736 suffrages, envoyèrent Casimir Perier à la Chambre des députés ; il y prit place au côté gauche, dans les rangs du parti monarchique constitutionnel, place qu'il devait occuper jusqu'à 1830, c'est-à-dire jusqu'au moment où Louis-Philippe l'appela à faire partie du ministère (1).

II

Nous avons vu déjà, à quelques traits, que Casimir Périer était de caractère brusque, voire impétueux. Son tempérament devait faire de lui, dans l'opposition, un adversaire des plus redoutables. M. de Villèle l'apprit plus tard à ses dépens. Ses amis eux-mêmes

---

(1) Antoine-Scipion, son frère, mourut en 1821. Casimir Périer, par une pieuse pensée, s'était entendu avec sa famille pour conserver à sa maison la raison sociale : *Perier frères*.

firent plus d'une fois l'expérience que s'il était prompt à l'attaque, avec l'imprudence d'un soldat irrégulier, il avait aussi la décision du chef qui ne fait donner ses troupes qu'au bon moment. Faut-il en fournir une preuve et rappeler l'incident parlementaire souvent cité où on le vit faire rentrer si véhémentement M. d'Argout dans le rang ?

M. d'Argout était alors son collègue au ministère. Il avait à répondre à une interpellation et se levait déjà de son banc. Mais Casimir Perier, craignant une maladresse, le rappela de ces mots qui firent fortune et alimentèrent pendant longtemps la chronique des petits journaux, au grand désespoir de l'interpellé lui-même : « Ici ! d'Argout, ici ! »

Sa virulente apostrophe à M. de Montalivet n'est pas moins instructive. Elle montre l'extraordinaire ardeur de son caractère.

« M. de Montalivet, jeune ministre de 25 ans, défendait devant les députés les intérêts de la couronne dans la discussion de la loi sur la liste civile. Soit qu'il eut été entraîné par la chaleur de l'improvisation, soit qu'il eut voulu introduire dans le langage parlementaire, un terme consacré par l'étiquette des cours, il prononça le mot « sujet » en opposition au mot « souverain ». — Des excuses à la Chambre ! le ministre à l'ordre ! s'écriaient, au milieu d'un désordre inexprimable, les libéraux de la gauche. M. de Montalivet ne faiblissait pas ; mais les opposants, passant graduellement des interruptions aux insultes, envahissaient les abords de la tribune. — « Montalivet, s'écria alors Casimir Perier, les poings crispés, Montalivet, tenez bon, et le premier qui vous insulte, f...- lui votre verre d'eau sucrée à la figure » (1).

Ces deux anecdotes se rapportent à Casimir Perier ministre, et nous n'en sommes encore qu'aux débuts de Casimir Perier député. Mais cette parenthèse était utile ; les deux traits de caractère que nous venons d'évoquer ne jettent-ils pas, en effet, une vive lueur sur la personnalité de l'homme politique nouveau qui attirait l'attention de la bourgeoisie libérale en 1818 ?

Cette bourgeoisie put croire un instant qu'elle s'était trompée. Pendant les premières années de sa carrière parlementaire, Casimir Perier se révéla comme un financier expérimenté et habile, mais il ne laissa pas deviner l'orateur passionné et âpre qu'il devait être. Il était satisfait de la marche générale des affaires et de la loyale observation de la Charte. Son intervention s'exerça surtout en matière de finances. Son discours sur le budget de 1818 fut très remarqué ; et ce document a une importance d'autant plus grande, qu'il y formula le programme politique qui devait être celui de toute sa vie. C'est encore là un détail qu'il faut souligner. On pourrait supposer, en effet, étant donnée l'extrême vivacité de Casimir Perier, que son ardeur devait l'entraîner souvent plus loin que ne l'aurait voulu sa pensée, et que l'impétuosité de son éloquence n'avait d'égale que la mobilité de ses sen-

---

(1) *Casimir Perier*, par Hippolyte Castille, p. 46 et 47.

timents. C'est là une erreur où il ne faut pas tomber. Jamais caractère ne fut plus réfléchi et plus fidèle à la doctrine une fois pour toutes adoptée. C'est, d'ailleurs, un trait commun à tous les polémistes — et Casimir Perier fut dans l'opposition un polémiste singulièrement remarquable, les expressions toujours fortes et si souvent caustiques dont sont émaillés ses discours le démontrent — il semble qu'ils sont d'autant plus redoutables et violents que leurs convictions sont plus solides et plus profondes. Il n'y a pas que l'indignation qui rende éloquent: la foi aussi.

Dans son discours sur le budget de 1818, Casimir Perier s'élevait notamment contre l'augmentation des dépenses et il signalait parmi d'autres économies, celle qui devait résulter du renvoi des troupes dont l'existence lui semblait « une insulte à 30 millions de sujets fidèles, à 30.000 hommes de garde royale et à toute l'armée. » Ayant ensuite invité le gouvernement à demander aux puissances étrangères l'évacuation immédiate sous le cautionnement de propriétaires, de capitalistes et de négociants qui souscriraient des effets commerciaux aux intermédiaires des puissances, jusqu'à concurrence des sommes stipulées dans les traités, il concluait : « L'état de la France est rassurant; elle aime son monarque, elle est attachée à sa constitution, elle ne médite aucune entreprise contre la paix de l'Europe. Les souverains alliés, rassurés sous tous les rapports, ne lui disputent plus le rang qui lui appartient parmi les nations. Ils ont déclaré dans une circonstance solennelle que la France devait être *puissante et heureuse* (1); ils ne voudront pas démentir une déclaration aussi conforme à nos vœux qu'aux véritables intérêts de la grande confédération européenne » (2).

Déjà apparaissent les deux idées maîtresses de la politique de Casimir Perier et qui sont à la vérité les bases de toute politique populaire : l'attachement aux institutions, c'est-à-dire, l'ordre public à l'intérieur, la paix au dehors, mais une paix honorable qui sauvegarde la dignité de la nation et la maintient à son rang légitime. Le jeune député venait de formuler là, en quelque sorte, son programme ministériel. La gauche libérale l'applaudit, sentant confusément qu'elle avait désormais en lui un précieux auxiliaire. La bourgeoisie fit de même; elle retrouvait, dans ce discours de début, les qualités au nom desquelles elle avait désigné Casimir Perier pour la représenter et la défendre.

Royer-Collard, dans l'éloge funèbre qu'il fit au Père-Lachaise de celui qui avait été son ami politique et un peu son disciple, s'exprimait en ces termes : « Comment M. Perier s'est-il élevé tout d'un coup au premier rang des hommes d'État ? A-t-il gagné des batailles, ou bien avait-il lentement illustré sa vie par d'importants travaux ? Non; mais il avait reçu de la

---

(1) Allusion à la déclaration de l'empereur Alexandre au nom de ses alliés, le 31 mars 1814.

(2) *Opinions et Discours de Casimir Perier*, par Lesieur, Paris, 1838.

nature la plus éclatante des supériorités et la moins contestée, un caractère énergique jusqu'à l'héroïsme, avec un esprit doué de ces instincts merveilleux qui sont comme la partie divine de l'art de gouvener » (1). Son caractère énergique, voilà surtout celle de ses qualités qu'on vantera. Et on ne parlera jamais de sa finesse, ni de sa souplesse. Il ne sera pas un homme d'Etat, plein de ruse et de bons mots comme Talleyrand; il ne mettra pas au service de sa mission la malice sceptique et l'observation perspicace d'un Benjamin Constant; toute sa vertu sera dans son énergie. Et c'est pourquoi il préluda à sa carrière de ministre par une admirable et longue campagne d'opposition.

Cette campagne devait commencer réellement avec l'avènement du ministère Villèle; mais Casimir Perier n'avait pas manqué de la préparer par de nombreuses escarmouches. Ses discours d'alors sont pleins de ces phrases où l'on ne voit qu'une vaine exagération le lendemain du jour où elles ont été prononcées, mais qui ont leur influence décisive au moment où on les prononce, et qui sont une des caractéristiques de son éloquence. Se plaint-il de la préférence accordée aux banquiers étrangers pour l'emprunt de 24 millions, il s'écrie : « Si cette préférence est un effet de la volonté de leurs souverains (les souverains des banquiers étrangers), que ne nous a-t-on avertis que l'épée de

---

(1) *Moniteur* du 19 mai 1832.

Brennus pesait encore dans la balance? » Reproche-t-il
au ministère sa tendance à ne voir que des conspira-
teurs et des révoltés dans les quatre-vingts membres
qui forment alors l'opposition (1821), il déclare renoncer pour son compte à l'inviolabilité parlementaire et
demande qu'on leur fasse un procès. Puis il ajoute :
« Nos têtes vous font-elles plaisir? faites-les tomber,
mais que ce soit devant la loi. » Il admet la violence, mais à la condition que la loi la sanctionne
et lui enlève son caractère. C'est presque le cri superbe d'Hernani :

> ..... Oui, nos têtes, ô Roi !
> Ont le droit de tomber couvertes devant toi !

Remarquons, en passant, qu'aux journées de juin
1820, sa voiture, dans laquelle il se trouvait de compagnie avec Benjamin Constant, avait été assaillie par
des jeunes gens armés de triques. Il se plaignit vivement de l'inaction de la police, et s'étonna de l'impunité accordée aux provocateurs. Son amour de l'ordre
se manifestait ainsi de deux manières bien différentes.
Il voulait, en haut, l'observation loyale du droit constitutionnel, en bas, le respect du droit et de la liberté
des citoyens. De son côté, Charles X n'était pas san-
guinaire au point de vouloir les têtes des députés de
l'opposition, et Casimir Perier put commencer son infatigable campagne contre le ministère de Villèle. L'opposition d'alors était représentée par des orateurs et
des hommes politiques de premier ordre. Faut-il citer
les noms de Benjamin Constant, de Thiers, de Guizot,
de Royer-Collard, de Manuel, de Foy? Au milieu de

ce bataillon actif et résolu, Casimir Perier était vraiment à sa place, et ce fut souvent lui qui porta les plus
rudes coups aux ministres de Charles X.

« Parmi ces quelques champions de la France, dit
un biographe, un surtout brillait par l'ardeur, l'impétuosité et l'indomptable persévérance de ses attaques...
Vaincu sur la question, il se retranchait derrière un,
deux, trois amendements. Vaincu sur les amendements, il parlait contre la clôture; vaincu sur la clôture, il retournait à son banc pour recommencer le
lendemain » (1).

Lors de l'expulsion de Manuel, Casimir Perier encouragea son éloquent collègue à la résistance, et il
fut de ceux qui exaltèrent la conduite du sergent Mercier. Il signa la protestation des 64 et ne reparut plus
dans la salle des séances jusqu'à la fin de la session. Réélu (2) après la dissolution, malgré les manœuvres ministérielles, avec seize de ses collègues, il
monta à la tribune, au début de la session de 1824,
pour protester contre les illégalités commises au cours
de la période électorale. La lutte qu'il avait entreprise
contre le ministère Villèle ne se ralentit plus. Il était
infatigable. Il fit, grâce à ses efforts acharnés, échouer
le projet de loi tendant à la réduction ou au rembour-

_____

(1) *Galerie des Hommes illustres,* par un Homme de rien.
(2) Il avait déjà été réélu le 9 mai 1822, dans ce même 3ᵉ arrondissement de Paris, par 824 voix contre 478 à M. Outrequin;
il obtenait, le 17 novembre 1824, 679 voix contre 615 au même
concurrent.

sement des dettes publiques. La loi, modifiée d'ailleurs, fut votée plus tard, malgré une nouvelle intervention de Casimir Perier. Il livra une nouvelle
bataille au ministère sur le budget de 1826, et, la
même année, sur le projet des douanes.

Les limites de cette étude ne nous permettent malheureusement pas d'entreprendre une analyse détail-
lée de ses discours. L'activité de son rôle parlementaire fut telle, que cette analyse nous entraînerait trop
loin. Nous nous bornerons à dire que ses discours
sur les matières financières étaient des modèles de
clarté et de bon sens. « A la tribune, a dit Guizot, il
était ni souvent éloquent, ni toujours adroit, mais
toujours efficace et puissant. Il inspirait confiance à
ses partisans, malgré leurs doutes, et il imposait à
ses adversaires au milieu de leur irritation. C'était la
puissance de l'homme bien supérieure à celle de l'orateur. »

Signalons encore, pendant cette session de 1826, sa
déclaration sur la nécessité de donner à l'instruction
publique une organisation légale; il réclama aussi la
suppression du jeu de la loterie. Quand le garde des
sceaux d'alors présenta la fameuse loi dite loi d'amour,
Casimir Perier émit la boutade fameuse : « L'imprimerie est supprimée en France au profit de la Belgique. » On s'attendit dès lors à une opposition énergique de sa part. Mais les prévisions de ses amis furent
démenties. Il ne prit presque aucune part à la discussion, sauf pour déposer un amendement qui fût repoussé.

En 1828, aux élections générales, Casimir Perier

fut nommé à Paris et à Troyes (1). Le ministère Martignac avait succédé au ministère Villèle quand s'ouvrit la session. Le nouveau député de Troyes ne prit qu'une faible part aux travaux de la Chambre. Il n'avait plus en face de lui M. de Villèle qui avait le don d'exciter sa verve, et on crut franchement que c'était là la seule cause de son silence. Il y en avait une autre : il s'était rendu compte, lui à qui on reprochait de n'être pas un tacticien, qu'en observant une prudente neutralité à l'égard du ministère Martignac, il affaiblissait les chances d'un retour offensif du parti de M. de Villèle.

C'était d'un politique avisé et prudent. Malheureusement, la Restauration n'était pas elle-même assez sagace pour tirer un bénéfice quelconque des dispositions conciliantes de Casimir Perier et de quelques-uns des hommes de son parti. Déjà l'agitation grandissait dans le pays, et la Chambre offrait le spectacle des plus profondes divisions. Grâce à l'alliance du côté et du centre gauches avec une fraction du centre droit, Casimir Perier obtint 155 voix pour la présidence de la Chambre. La session s'écoula presque tout entière sans qu'on le vit à la tribune. Il n'y monta qu'une fois ; ce fut pour amener le ministère à s'expliquer sur la facilité avec laquelle il avait, sans

---

(1) A Paris, il avait réuni 1,117 suffrages sur 1,208 votants. En même temps, le 1er arrondissement électoral de l'Aube (Troyes) lui donnait 197 voix sur 324 votants, contre 106 à M. Masson. Il opta alors pour Troyes.

l'assentiment des Chambres, consenti à réduire à
80 millions la créance de l'Espagne. Le ministère ne
parvint pas à se justifier et la Chambre lui donna tort.
On a dit qu'à ce moment-là, Perier s'était rapproché de
la Cour, et que Charles X lui avait promis le ministère
des finances. Ce qu'il y a de certain, c'est qu'il ne
rêvait nullement la chute de la monarchie des Bourbons. Tout en lui protestait contre une révolution,
dût-elle être toute pacifique et n'amener aucun excès.
Il avait dit que la France n'avait soif que d'ordre légal,
et c'était à l'ordre et à la légalité seulement qu'il voulait demander les réformes qu'il jugeait nécessaires.
Mais les événements devaient être plus forts que lui.
Le ministère Martignac avait atteint, en peu de temps,
le comble de l'impopularité. Charles X, mécontent de
voir ainsi accueillie la concession qu'il avait cru
devoir faire aux libéraux, aigri par l'hostilité persis-
tante de la Chambre, mal conseillé et incapable lui-
même de donner à la politique une impulsion qui eut
pu sauver la couronne, ne sut pas comprendre qu'il
consolidait le trône, en persistant dans la voie où il
s'était engagé. Il aima mieux préparer l'avènement
de la Monarchie de Juillet en agissant suivant ses
vues et ses préférences personnelles ; il appela le
prince de Polignac à la direction des affaires. C'était
un défi aux libéraux et au pays. La session s'ouvrit
dans ces circonstances critiques. On sait qu'elle fut
presque tout entière remplie par la discussion de la
fameuse adresse des 221, adresse dont Casimir Perier qui avait été, comme dans la précédente session,
le second candidat pour la présidence, fut l'un des

signataires. Mais il ne prit aucune part au débat. C'est là encore un des côtés curieux de ce caractère inquiet et parfois agressif. Son opposition n'avait pas désarmé pendant des années ; à cette heure suprême et dans une circonstance solennelle, à la veille même d'événements graves, il se tenait silencieux à son siège. Cette attitude réservée qu'il devait garder pendant les journées de Juillet, alors que se débattait le sort des Bourbons, marque sa politique d'un trait essentiel. Demander des concessions au trône par une lutte ininterrompue sur le terrain constitutionnel, tant que l'on voudrait. Il était pour cette œuvre toujours debout et toujours vaillant. Mais il lui répugnait par dessus tout de travailler à déchaîner l'émeute, cette émeute dût-elle avoir le caractère sacré des Trois Glorieuses, et l'émeute, une fois déchaînée, de la diriger. Et, pourtant, c'était le même homme qui, quelques années auparavant, avait jeté à la majorité une apostrophe fameuse. Il venait de soutenir une pétition ; on avait demandé l'ordre du jour. Quelques membres du côté gauche se levèrent. Ils étaient peu nombreux ; un enfant terrible — il y en a dans toute les Chambres — les compta et s'exclama ironiquement : « Ils ne sont que six ! » Casimir Perier répartit d'une voix tonnante : « Il y a en France trente millions d'hommes qui se lèveraient avec nous ! » On doit à la vérité d'ajouter que Casimir Perier s'expliqua le lendemain spontanément sur le véritable sens qu'il convenait d'attribuer à cette furieuse sortie.

La Chambre prorogée, de nombreuses réunions révolutionnaires eurent lieu. Casimir Perier ne prit part à aucune. Il se tint complètement en dehors du mouvement qui emportait les esprits vers un changement de régime. Au fond, il était conservateur et, outre que le désordre lui répugnait et qu'il avait la guerre civile en sainte horreur, il ne se souciait pas d'entraîner son parti dans une aventure qui pouvait n'être qu'un saut dans l'inconnu. Cependant les élections avaient eu lieu et Casimir Perier avait été de nouveau élu par le collège de l'arrondissement de Troyes (1). Un événement considérable allait se produire qui devait précipiter le changement de régime appelé par les vœux de la majorité. Charles X promulguait les ordonnances de juillet qui supprimaient la liberté de la presse, érigeaient un nouveau système électoral et prononçaient la dissolution de la nouvelle Chambre avant même qu'elle se fut réunie. Le petit-fils de Louis XV n'avait pas prévu l'effet désastreux de sa décision. Immédiatement presque les députés se réunissaient pour examiner de concert les mesures qu'il convenait de prendre. Les plus passionnés voulaient la révolution sur-le-champ; les autres, se plaçant sur le terrain de la légalité, voulaient encore temporiser, estimant qu'on obtiendrait certainement des satisfactions d'une opposition qui n'emprunterait rien à la violence. Casimir Perier était de ce dernier parti. Il avait fait valoir, dès le début, que la Cham-

---

(1) Il avait obtenu le 12 juillet 1830, 239 voix contre 98 à M. le baron de Wismes. — Réélu le 21 octobre, par 241 voix sur 325 inscrits.

bre était dissoute et avait combattu l'idée d'une protestation contre les ordonnances. Dans une seconde
réunion qui fut tenue en son hôtel de la rue Neuve-du-
Luxembourg, il blâma avec force les exaltés, insistant
sur l'inégalité de la lutte qu'on aurait à soutenir
contre le gouvernement. Il semble toutefois qu'en
cette circonstance, il ne se soit pas rendu exactement
compte de l'état d'esprit de la population et que, ne
partageant point la fièvre générale, il ne l'ait pas
constatée chez les autres. Ou bien ne voulait-il pas se
départir d'une attitude qui lui paraissait la seule
raisonnable et qui avait été celle de toute sa vie? Des
historiens trop sévères lui ont reproché de manquer
de cette vision de l'avenir par où se reconnaissent les
véritables hommes d'Etat. Il est pourtant difficile
d'admettre qu'ayant vécu seulement quelques heures
dans ce foyer qui couvait la révolution, il n'ait pas
discerné que l'incendie allait éclater et qu'aucune
force humaine n'était maintenant capable de le
conjurer.

Comment, d'ailleurs, oser reprocher sa modération
à Casimir Perier au milieu d'aussi graves événements?
Tout son passé politique, sa situation prépondérante, l'énergie dont il avait fait preuve dans le combat qu'il avait soutenu contre les ministres de
Charles X, sa situation de fortune même, appelaient
l'attention sur lui et le désignaient non seulement aux
suffrages populaires, mais encore à ceux de ses pairs.
Il était alors dans la force de l'âge, et sa santé qui
devait être si rapidement ébranlée, était florissante. Sa
grande distinction, ses manières élégantes — Char-

CASIMIR-PIERRE PERIER

Premier Ministre de Louis-Philippe.

les X s'était exclamé en le voyant : « Mais il est *né*, cet homme-là ! » et plusieurs de ses contemporains le comparent à un patricien de Venise — n'étaient pas étrangères à l'espèce de fascination qu'il exerçait sur son entourage. Mais, en ces jours troublés, c'était surtout sa démarche hautaine, son verbe fier et fait en quelque sorte pour le commandement, son regard ardent, où se lisaient la décision et la fermeté; en un mot c'était son extérieur physique qui devait imposer.

Hippolyte Castille nous a laissé de lui le portrait suivant :

« Ce redoutable bourgeois, doué d'une très grande mine, l'air mâle et intelligent, haut de taille et sec, l'œil plein du feu de l'ambition et de la domination, pénétrant et rusé comme un homme habitué au maniement des écus, les traits creusés, labourés par je ne sais quelle colère intérieure qu'il portait avec lui comme un démon familier, était, dans ses actes politiques, froid, prudent, circonspect, homme de transactions. »

De son côté, C. de Rémusat le peint ainsi : « Il était d'une très grande taille; sa figure mâle et régulière offrait une expression de pénétration et de finesse qui contrastait avec l'énergie imposante qui l'animait par instant. Sa démarche, son air, son geste, avaient quelque chose de prompt et d'impérieux, et il disait lui-même en riant : « Comment veut-on que je cède avec la taille que j'ai ? » (1).

---

(1) On possède un portrait de Casimir Perier, peint par Hersent et un médaillon sculpté par David d'Angers. Deux copies se trouvent au Musée-Bibliothèque de Grenoble.

A ce moment-là, il donna pourtant quelque désillusion à son parti. Les conséquences possibles d'une révolution l'effrayaient beaucoup, et nul autre moins que lui ne voulait s'engager à la légère dans cette voie redoutable. On lui a beaucoup reproché le fait suivant : La jeunesse studieuse d'alors, si libérale, si enthousiaste, si éprise de nobles idées, était venue manifester sous ses fenêtres. Un groupe d'étudiants l'acclamait et l'applaudissait avec amour, lorsque les gendarmes les chargèrent avec fureur. Les portes de son hôtel ne s'ouvrirent pas pour donner asile à la troupe imprudente que les gendarmes poursuivaient avec une intrépidité digne d'un autre champ de bataille et d'autres adversaires.

Selon C. de Rémusat, ce fut ce douloureux incident qui décida Perier à entrer dans les vues de ses collègues plus résolus que lui à aider de toute leur influence le mouvement révolutionnaire : « Le second jour se leva tout chargé de nuages, écrit-il, et Paris, dès le matin, donna mille signes menaçants. Les députés libéraux délibérèrent chez M. Perier. Vers le soir, des jeunes gens se rendaient auprès de lui pour demander un ordre du jour, un signal, un drapeau. Que voulez-vous, répondait-il ? Pensez-vous qu'un gouvernement qui tente une chose pareille n'ait pas la force prête ? et nous, disposons-nous de la foudre pour le frapper ? Pendant ce temps, et à cette heure même, quelques nobles enfants tranchaient la question et se faisaient tuer sans trop savoir où serait la victoire, ni quel en serait le prix. Leur sang cria guerre, la nuit fut une prise d'armes, et le matin,

M. Casimir Perier nous disait : C'en est fait ! Après
ce que vient de commencer la population de Paris,
dussions-nous y jouer mille fois nos têtes, nous sommes déshonorés si nous ne nous mettons pas avec elle.
Et sa voix émue et puissante prenait cet accent de
commandement qui ne l'a pas quittée depuis. »

Il y a lieu de tenir M. de Rémusat pour un témoin
fidèle. Ce qu'il y a de certain, au surplus, c'est que le
lendemain Perier était résolu à la lutte. La réunion
des députés présents à Paris décida l'envoi au duc de
Raguse, commandant de la capitale, d'une délégation
qui devait lui demander la cessation des hostilités.
Casimir Perier faisait partie de cette députation dont
la démarche fut couronnée d'un insuccès complet. Lui
qui avait jusque-là déconseillé la résistance et qui
avait, pour ainsi dire, tout fait pour l'énerver, se rallia
à ceux de ses collègues que la perspective d'une révolution n'effrayait pas. Il prit nettement parti pour la
population contre la garde royale et permit qu'on
usât de son nom et de son crédit (1). C'était pour la
cause populaire un appui considérable.

Le gouvernement de la Restauration, en refusant de
souscrire aux doléances de la délégation des députés
libéraux, avait couronné par une faute irréparable
toute une série d'erreurs successives. Elle ne devait
plus s'arrêter sur la pente où elle glissait et au bas de
laquelle devait se briser le trône de la Monarchie légitime. Bientôt le Louvre était abandonné et les trou-

---

(1) *Biographie Universelle* de Michaud.

pes se retiraient devant la nation en armes. La bourgeoisie libérale était victorieuse. Une nouvelle réunion eut lieu chez Laffitte ; une commission provisoire y fut nommée qui se constitua sur-le-champ à l'Hôtel-de-Ville. Casimir Perier en faisait partie, avec le général Lobau, et MM. de Schonen, Mauguin et Puiraveau. Cette commission reçut les délégués de Charles X : MM. de Sénonville, d'Argout et de Vitrolles, venant lui annoncer le retrait des ordonnances et la constitution d'un nouveau ministère dans lequel on avait réservé à Casimir Perier le département de l'intérieur. Ainsi, Charles X finissait par où il aurait dû commencer. Mais cette satisfaction donnée à l'opinion était trop tardive pour le sauver. La volonté populaire n'écoutait plus rien. Casimir Perier discuta avec les négociateurs et leur objecta qu'ils n'étaient munis d'aucun pouvoir écrit. On se sépara donc sans rien conclure. Perier n'assistait point à la séance du lendemain, dans laquelle Collin de Sussy remit de la part du duc de Mortemart les ordonnances aux commissaires. Cette absence fut très diversement interprétée surtout quand il refusa de signer la proclamation de la commission municipale déclarant la déchéance du roi Charles X. Dans l'état de surexcitation où étaient les esprits, on ne pouvait qu'accuser Perier de pactiser secrètement avec ceux qu'il avait jusqu'alors attaqués avec tant d'opiniâtreté. C'est ce qu'on fit. Plusieurs historiens ont même accueilli le bruit suivant lequel, quand on sut que Casimir Perier avait reçu le général de Labourdonnaye, envoyé par le roi, un mandat d'arrêt aurait été lancé contre lui. Vraie ou non, cette décision n'eut pas de suites. Quant à Perier, en refusant de signer l'acte de déchéance, il ne faisait que confirmer sa conduite antérieure ; il ne reconnaissait pas à la commission les pouvoirs nécessaires pour prononcer la déchéance de Charles X, et il lui répugnait, on l'a vu, de donner le moindre gage à la révolution, en vertu d'un amour de la légalité, peut-être excessif dans la circonstance. Quoi qu'il en soit, s'il est un reproche qu'on puisse adresser à sa mémoire, ce n'est pas celui d'avoir montré trop d'hésitation à cette heure importante de sa vie publique. Et pour un tempérament aussi fortement trempé que le sien, pour une âme aussi vibrante dans la lutte — à ce point que la lutte semble avoir été son besoin dominant — le conflit intérieur dut être terrible, à cette minute suprême, où, près de consacrer et de justifier sa longue opposition par une victoire définitive, il refusait de livrer bataille, parce qu'il ne pouvait pas oublier son ardente passion pour la légalité qu'il mettait au-dessus de ses vues et de ses penchants personnels (1).

Un politique prévoyant et sagace n'eut pas manqué de tirer parti d'une telle disposition d'esprit chez un de ses principaux adversaires. Charles X semble avoir voulu le faire ; mais il s'y prit un peu tard. Quand il lui offrit le portefeuille de l'intérieur, comp-

---

(1) Remarquons qu'il n'était pas le seul homme politique à observer cette attitude. Thiers et Mignet furent comme lui ; on le leur a beaucoup moins reproché.

tant par là désarmer la résistance et souligner la concession qu'il faisait à l'opposition en retirant les ordonnances et en appelant aux affaires l'homme qui
s'était le plus acharné contre ses ministres, la monarchie des Bourbons était virtuellement morte. L'enté-
tement du roi avait paralysé l'action de Casimir Perier
sur les esprits, action qui eût pu être efficace et décisive, si le roi, plus avisé et mieux conseillé, avait
daigné se rendre compte de la gravité de la tempête
au milieu de laquelle il avait délibérément aventuré
le vaisseau de la royauté légitime. Fragilité des institutions qui semblent les plus durables! En dehors de
Casimir Perier qui n'était nullement décidé à sanc-
tionner, encore moins à seconder des actes révolutionnaires, les députés les plus résolus à la résistance,
ceux-là mêmes qui ne voyaient d'issue que dans le
triomphe d'un mouvement populaire, escomptaient le
résultat de ce mouvement sans s'y être préparés le
moins du monde. Un fait rapporté par l'historien
A. Pépin le démontre. C'était pendant la dernière
des trois journées. Les députés étaient réunis chez
Laffitte. Le colonel Heymès, ancien aide-de-camp du
maréchal Ney, alla de la part de la réunion essayer de
convertir à la cause du peuple les 52ᵉ et 53ᵉ régiments
d'infanterie rassemblés place Vendôme. Il y réussit et
les deux régiments quittèrent leur poste pour venir
auprès de l'hôtel Laffitte. Les officiers supérieurs
pénétrèrent dans l'hôtel où ils furent reçus par le
général Gérard qui les harangua. « Ce fut une véri-
« table capitulation, ajoute M. A. Pépin, avec ses
« conditions et ses garanties. Le colonel du 53ᵉ est in-

« troduit dans l'assemblée. Les larmes aux yeux, il té-
« moigne du regret qu'aurait son régiment d'être dans
« la nécessité de tirer sur les citoyens, mais il ajoute
« qu'il ne pourrait pas davantage se résoudre à com-
« battre contre les autres régiments. Il demande donc
« à faire connaître sa neutralité plutôt qu'à se rendre.
« Sa proposition est acceptée; il présente la main à
« M. Laffitte, il l'embrasse et va immédiatement annon-
« cer à son régiment qui s'était formé dans la cour et
« dans les rues l'issue de la négociation. Aussitôt, les
« soldats, en signe de leur adhésion, déchargent
« leurs fusils en l'air. Le bruit des détonations arrive
« jusque dans la salle des délibérations. Une terreur
« s'empare de tous les députés ; ils se croient cernés
« par la garde royale et prêts à être faits prisonniers.
« En un clin d'œil, le jardin de l'hôtel est rempli de
« fuyards. M. Laffitte seul — resté immobile dans son
« fauteuil (il y était resté à cause d'une entorse qu'il
« avait au pied) — reçoit sa femme qui s'évanouit.
« Cette terreur ne dura qu'un moment, mais on eut
« beaucoup de peine à faire comprendre à quelques-
« uns que la garde royale ne songeait pas à eux, et
« qu'ils avaient trop facilement cédé à un sentiment
« qu'ils n'auraient pas dû connaître dans la position
« élevée et décisive qu'ils avaient volontairement
« choisie » (1).

Il faut voir évidemment quelque exagération dans

---

(1) *Deux ans de règne.* A. Pépin, p. 424.

ce récit. Comment y ajouter une foi entière, quand on songe qu'on en était à la troisième journée de la révolution, c'est-à-dire à un moment où les députés avaient tenu déjà de nombreuses réunions, s'exposant par là aux représailles du pouvoir chancelant, et où les régiments, chargés de défendre ce pouvoir, l'abandonnaient si volontiers pour faire cause commune avec la nation ? Cependant, il est constant qu'à cette heure encore, la révolution pouvait être vaincue. C'était l'opinion de Casimir Perier lui-même. On rapporte, en effet, que quelque temps après les journées de Juillet, un de ses amis, le comte du Bouchage, lui rendait visite. On s'entretint naturellement des événements récents ; Perier les déplora en toute franchise ; puis il ajouta : « Vous êtes de singulières gens ! On vous a envoyé à Rambouillet toute l'émeute désarmée, et vous l'avez laissée revenir ! »

Cependant Charles X prenait le chemin de l'exil, et le duc d'Orléans, le prince citoyen, était sur le point de devenir Louis-Philippe Iᵉʳ, non plus roi de France, mais roi des Français. Casimir Perier ne se rendit pas aux délibérations préparatoires auxquelles cet événement donna lieu. Il refusa le ministère de l'intérieur, alors que son nom était déjà au *Moniteur*. Il n'avait encore donné aucun gage au nouveau régime. Ce fut à la suite de son élévation à la présidence de la Chambre qu'il formula une adhésion qui ne pouvait plus être ajournée. Il était prêt à employer ses forces, disait-il, « à consolider un pouvoir national dans les mains du prince citoyen, que les acclamations et les nécessités publiques avaient appelé à venir assurer le règne

des lois et le maintien des droits de la nation. » Sa
qualité de président lui valut de présenter, à l'acceptation du nouveau roi, la charte modifiée par l'Assemblée. Un peu plus tard, le 11 août, il était nommé
ministre sans portefeuille. Pour la première fois, après
treize ans de présence ininterrompue à la Chambre
des députés, il arrivait au pouvoir. Mais sa véritable
carrière ne commençait pas encore. Cependant, lui
qui avait fait si longtemps partie de l'opposition et qui
avait été pour M. de Villèle un adversaire si tenace,
eut une première occasion de faire tête à l'opposition.
Il le fit avec sa véhémence et sa netteté ordinaires.
On discutait une proposition d'enquête sur la politique du cabinet. Un orateur, M. Mauguin, venait de
prendre la parole et de formuler l'accusation. Ce fut
pour Perier une occasion de donner un gage formel à
la Monarchie. Il justifia en pleine Chambre la Révolution et tint ce langage :

« Que disions-nous depuis dix ans ? s'écria-t-il.
« Que la question s'agitait entre trente-deux millions
« d'hommes et une faible coterie. L'événement n'a-
« t-il pas justifié ces paroles ? Nous ne devons point
« voir dans notre glorieuse révolution une usurpa-
« tion qui amène avec elle des intérêts tout à fait
« nouveaux. La légalité violée avait été le point de
« départ de la révolution ; nous avons pensé que
« la légalité rétablie devait être son point de repos.
« Les hommes d'Etat qui veulent honorer et affermir
« la victoire ne doivent frapper les vaincus que d'im-
« puissance.

« Le gouvernement est stationnaire, dit-on. Que

« veut dire cela ? Ne l'est-il pas plutôt, l'orateur (1) qui
« emploie aujourd'hui à l'égard des ministres de
« Louis-Philippe, les mêmes formules, les mêmes
« expressions dont il eut fait usage, il y a trois
« années encore, contre les ministres de la Monarchie
« déchue ? Les ennemis de nos libertés nous ont
« dès longtemps défiés de rien fonder avec nos doc-
« trines. Démentons leur joie et leurs présages, prou-
« vons-leur par un accord dont les partis ne don-
« nent malheureusement l'exemple que dans leur
« défaite ; prouvons-leur que s'ils n'ont pas su avec
« du pouvoir faire de la liberté, nous, avec de la
« liberté, et dans son intérêt, nous saurons faire du
« pouvoir ! »

Il ramassait avec un rare bonheur, dans cette dernière et brève formule, ce qui devait être son programme un peu plus tard, ce programme au service
duquel il devait dépenser toute son énergie et toutes
ses facultés. Déjà le ministère était travaillé de dis-
sentiments profonds, et il se retira en novembre 1830.
Laffitte, ayant été appelé à la présidence du Conseil,
ce fut Perier qui le remplaça à la présidence de la
Chambre.

Le cabinet Laffitte dura peu. Au mois de février le
service funèbre célébré à Saint-Germain-l'Auxerrois
à la mémoire du duc de Berri fut le signal de troubles
graves. Casimir Perier eut au sujet de la conduite du
roi dans cette circonstance un mot qui semblait devoir

(1) M. Mauguin.

le faire tomber en disgrâce. Louis-Philippe s'était décidé à effacer les fleurs de lis de ses armoiries. Perier lui avait conseillé de le faire au lendemain même de la Révolution. Le conseil n'avait pas été suivi ; c'est alors que le président de la Chambre dit : « Maintenant que l'émeute passe sous ses fenêtres, il jette son écusson dans la rue ! » Mais on ne fit pas attention à la nouvelle sortie de cet Alceste politique. Les troubles avaient achevé de décourager Laffitte, touché déjà de la défiance où la Cour le tenait. Il donna sa démission, et alors tout le monde se souvint de la parole de Casimir Perier : « S'ils n'ont pas su avec du pouvoir faire de la liberté, nous avec de la liberté, et dans son intérêt, nous saurons faire du pouvoir. » Le roi fit appeler Casimir Perier et lui confia le portefeuille de l'intérieur avec la présidence du Conseil. La carrière ministérielle de Casimir Perier commençait réellement.

III

Casimir Perier avait pour collègues MM. Soult, d'Argout, Montalivet, le baron Louis et l'amiral de Rigny. Le choix de Louis-Philippe fut loin d'être accueilli avec faveur. On n'avait pas oublié le rôle de Casimir Perier pendant les journées de Juillet et les efforts qu'il avait faits pour empêcher la catastrophe dans laquelle le trône de Charles X avait été emporté. Les partis ne raisonnent pas ; ils ne voulurent pas examiner la conduite de Casimir Perier sous son véritable jour, ni lui tenir compte que ce n'était pas par amour de la Monarchie légitime, mais par respect pour l'ordre établi, qu'il s'était montré hésitant et sans enthousiasme à l'endroit de la Révolution. Ils ne virent dans son élévation qu'un démenti à cette dernière. Et celui qui avait été un des plus infatigables soldats de l'opposition eut presque aussitôt contre lui une opposition formidable ; il avait des adversaires partout, et la Cour elle-même, qui l'avait appelé, lui témoignait une froideur non dissimulée, comme pour lui bien marquer qu'elle ne l'avait désigné au roi qu'à son corps défendant.

« Le lendemain du jour où il avait saisi le pouvoir, dit un historien, s'étant rendu au château, il fut frappé de n'y rencontrer que des visages où se lisait le mécontentement et la défiance. Les courtisans chuchotaient sur son passage d'une manière injurieuse ; on le suivait avec des regards de haine.

« Il arrive dans le salon où l'attendait la famille royale. Le roi est souriant, la reine polie et grave ; mais Mᵐᵉ Adélaïde affecte un maintien glacé, et le duc d'Orléans laisse percer dans son attitude la répugnance que lui inspire le nouveau ministre. A cette vue Casimir Perier frémit, et le front pâle, les lèvres contractées, il s'approche du monarque et lui demande quelques moments d'entretien secret. On passe dans une pièce voisine ; alors Perier d'une voix brusque : « Sire, je vous donne ma démission ! » Le roi se récrie, interdit et troublé ; mais Perier, continuant : « Des ennemis dans les clubs, à la Cour, c'est trop, Sire, c'est trop ; faire face à tant de haines à la fois est

impossible. » Le roi l'écoutait avec anxiété. Il sentait
bien qu'un pareil ministre serait un instrument indo-
cile, si même il n'aspirait à l'empire ; et, d'un autre
côté, quels moyens de repousser les brûlants services
de cet homme ? Comment affronter l'éclat de son ini-
mitié et le scandale de sa démission, qu'on appren-
drait avec la nouvelle de son avènement ? Le roi, se
répandant en paroles bienveillantes, essaya d'adoucir
Perier. Le trouvant inflexible, il appela sa sœur et son
fils, leur dit l'irritation de son ministre, ce qu'il est
convenable de faire pour le calmer. Casimir Perier
attendait, jouissant déjà de son triomphe. Il consentit
à rester ministre, mais il ne quitta le Palais que satisfait et vengé » (1).

On voit par là que Perier, s'il avait désiré le pouvoir, n'était nullement d'humeur à le conserver au
prix de compromissions et d'humiliations. Sa fierté
ne s'abaissait même pas devant le roi ; et il aurait
abandonné son portefeuille sans regret plutôt que de
le devoir à de perpétuelles capitulations de conscience. Le trait suivant, rapporté par plusieurs historiens, prouve à quel degré il avait le sentiment de sa
dignité personnelle. A l'ouverture des Chambres, en
juillet 1831, on remarqua que pendant que le roi lisait
le discours de la Couronne, le ministre, sans aucun
souci d'être vu, suivait sur un manuscrit la lecture du
discours convenu. Son caractère altier le portait ainsi
parfois à se montrer ombrageux à l'excès. Mais le sen-

---

(1) *Deux ans de règne*, p. 529.

timent de la dignité nationale était chez lui aussi puissant et aussi élevé (1). Louis Blanc raconte une anecdote qui le démontre surabondamment. Un ex-député, M. Milleret, était allé le voir. Il le trouva en conférence avec l'ambassadeur de Russie. M. Milleret se trouvait dans le salon d'attente, lorsque Pozzo di Borgo sortit, ému jusqu'au trouble. L'ex-député apprit un moment après de la bouche même du ministre que l'ambassadeur s'était, au cours de l'audience, servi de cette expression : « L'Empereur, mon maître, ne veut pas. » C'est alors que, rendu furieux et perdant toute contenance, Casimir Perier avait donné à l'ambassadeur cette fière leçon : « Dites à votre Maître que la France n'a pas d'ordres à recevoir et que tant que Casimir Perier sera vivant, elle ne prendra conseil pour agir que d'elle-même et de son honneur. »

Il ne devait pas se montrer plus docile envers la Chambre qu'il ne l'avait été envers le roi. Quand il exposa son programme politique, à l'occasion de la discussion du projet de loi, sur les douzièmes provisoires, il le fit avec une fermeté presque farouche. « Le principe de la Révolution de Juillet, et par conséquent le gouvernement qui en découle, s'écria-t-il, ce n'est pas l'insurrection, c'est la résistance à l'agression du pouvoir. On a provoqué la France, on l'a défiée;

---

(1) « Il avait peu de confiance habituelle et constante, dit Rémusat. En général, il jugeait rigoureusement les hommes et son langage était sans indulgence, quoique son cœur n'eût aucune haine. »

elle s'est défendue, et sa victoire est celle du bon droit justement outragé ! La Révolution de Juillet a fondé un gouvernement et non pas inauguré l'anarchie. Elle n'a point bouleversé l'ordre social, elle n'a touché qu'à l'ordre politique. Elle a eu pour but l'établissement d'un gouvernement libre, mais régulier. Ainsi la violence ne doit être ni au dedans ni au dehors le caractère de notre gouvernement. Au dedans tout appel à la force, au dehors toute provocation à l'insurrection populaire est une violation de son principe. Voilà la pensée, voilà la règle de notre politique intérieure et de notre politique étrangère. » Et plus loin, après avoir fait appel à la concorde entre les cœurs, afin que le sentiment de la sécurité pût renaître dans les esprits, il ajoutait ce commentaire de la politique extérieure qu'il comptait pratiquer fidèlement: « Nous soutiendrons le principe de la non intervention en tout lieu, par la voie des négociations. Mais l'intérêt et la dignité de la France pourraient seuls nous faire prendre les armes. Nous ne concédons à aucun peuple le droit de nous forcer à combattre pour sa cause, et le sang des Français n'appartient qu'à la France. » Dans la bouche de Casimir Perier les programmes ne constituaient pas précisément de vaines paroles faites pour endormir les impatiences des uns et pour donner aux autres l'illusion qu'ils trouveraient désormais un appui inébranlable dans le pouvoir. On peut reprocher à Perier d'avoir manqué de cette vertu si nécessaire aux politiques : la souplesse. Mais il avait, comme on dit, les qualités de ses défauts, et s'il ne jetait pas un regard bien profond sur l'avenir, du moins se rendait-il un compte exact des nécessités du présent. Ce programme, formulé avec tant de franchise, il fit tout pour l'appliquer, et il l'appliqua dans la mesure où les événements permettent à l'homme de faire ce qu'il croit être utile et bon pour ses semblables.

Son premier soin fut de rétablir l'ordre à l'intérieur, en un temps où les manifestations étaient si fréquentes et où les conciliabules des partis avaient presque toujours un vague parfum de conspiration. La Chambre, d'ailleurs, ne tarda pas à devenir entre ses mains un instrument docile. Elle lui savait réellement gré de sa détermination d'assurer, par des mesures étudiées et successives, la force du pouvoir établi. Il demanda une loi contre les attroupements et l'obtint sans peine. Puis il s'attacha à ruiner les sociétés secrètes dans leur organisation. Il gouvernait avec énergie, et un peu, semble-t-il, sans souci de la critique. C'est ainsi qu'il demanda le rétablissement à deux cents francs du cens électoral, abaissé à cent cinquante francs par la Chambre des Pairs et, un peu plus tard, le 3 mai, la Chambre ayant été dissoute, il adressa aux préfets une circulaire dans laquelle sa politique s'affirme peut-être mieux encore que dans aucun autre de ses actes. Dans ce document, il déclarait que la volonté du Gouvernement était avant tout que les lois fussent respectées avec une rigoureuse impartialité, avec une loyauté irréprochable. La Chambre, issue de cette consultation, était favorable aux intérêts de la Révolution. Le discours de la Couronne parut la satisfaire. Néanmoins, le Cabinet ne l'emporta qu'à une majorité de cinq voix dans la lutte engagée pour la présidence et qui mettait en face Laffitte et Girod, de l'Ain. Ce n'eut pas été un échec pour un autre; Casimir Perier considéra que c'en était un pour lui, et il donna sa démission, suivi dans sa retraite par trois de ses collaborateurs.

Le Cabinet était, pour ainsi dire, virtuellement défunt, lorsqu'on apprit que l'armée hollandaise avait envahi la Belgique. Chose singulière! le ministère qui avait, par l'organe de Casimir Perier, proclamé si solennellement le droit de non-intervention, se reconstitua pour décider l'intervention de la France dans les graves événements qui se produisaient à ses portes. L'envoi de quarante mille hommes en Belgique fut décidé et le ministre justifia cette mesure, en déclarant à la tribune qu'elle n'avait été prise que dans l'intérêt même de la Belgique, menacée de tomber dans l'anarchie, et en observation stricte des décisions de la conférence de Londres. Les Hollandais reculèrent.

Le vote de l'Adresse provoqua une longue discussion qui se termina, grâce aux efforts de Casimir Perier, par une victoire pour le ministère qu'il présidait. Mais cette victoire était incertaine et sans signification précise. L'hostilité que Casimir Perier avait à vaincre ne désarmait pas, et il eut à soutenir des luttes quotidiennes et à se débattre au milieu d'incidents dont ses ennemis tiraient volontiers parti contre lui. L'affaire des fusils Gisquet est du nombre. Puis, ce furent les désastres de la Pologne qui eurent tant de retentissement en France et qui devait y provoquer un grand élan de sympathies en faveur de ce peuple. De nouveau, des troubles éclatèrent, et la voiture de Casimir Perier fut encore une fois assaillie comme elle l'avait été en juin 1820. L'opposition riait sous cape de voir le fougueux ministre aux prises avec des difficultés dont, s'il ne les avait pas suscitées, il s'était fait des armes contre les précédents ministres. Le 24 septembre, il dut soutenir à la tribune un assaut furieux. Casimir Perier s'en tira à son honneur et à celui du cabinet. Il obtint un ordre du jour motivé approuvant la politique étrangère du Gouvernement. Le cabinet eut alors un peu de crédit, et Casimir Perier put s'occuper activement de la réalisation de son programme. Mais il n'avait pas d'adversaires que dans les hommes, il en avait aussi, semble-t-il, dans les événements.

La plupart des députés avaient accepté des électeurs (1) mandat de voter l'abolition de la pairie héréditaire. Les électeurs étaient dans la logique même des faits. Après les journées de juillet, après l'avènement du prince citoyen, l'hérédité de la pairie était un anachronisme et un non sens. La Chambre était, en majorité, favorable à cette réforme qui était elle-même conforme à l'esprit de la Révolution et sa

(1) Aux élections du 5 juillet 1831, Casimir Perier fut encore réélu député : 1° à Troyes, par 239 voix ; 2° à Epernay (4e collège de la Marne), par 158 voix contre 106 à M. de Férussac ; 3° dans le 1er arrondissement de Paris, par 641. Il opta pour Troyes.

conclusion naturelle, si l'on peut dire. Comment Casimir Perier ne le comprit-il pas? C'est ce que l'on s'explique difficilement, car ni son caractère autoritaire, ni son désir prédominant d'un pouvoir fort et incontesté, ne l'empêchaient de se rendre compte des nécessités de son temps et de les accepter en les dirigeant au besoin dans la voie où il voulait conduire la jeune Monarchie.

Il faut croire qu'il craignit, en face de l'agitation du pays, de ne plus trouver aux entraînements de la Chambre des députés — émanation plus directe de l'opinion — un contrepoids suffisant dans la Chambre des pairs, institution un peu surannée mais capable, par son essence même, d'une méditation qui la défendrait contre des décisions trop brusques. Ce qu'il y a de certain, c'est qu'il tenta d'abord de résister; mais la résistance était vaine; il le comprit vite. Alors il recourut à la ruse, et c'est peut-être un des seuls incidents de sa carrière où il ne se soit pas montré l'homme carré et rude qu'il était. Il présenta un projet de loi abolissant l'hérédité de la pairie; mais dans l'exposé des motifs dont il le fit précéder, il combattit vivement cette réforme. Il concluait en demandant que la loi fut sujette à revision. On ne le lui accorda point. La situation était délicate; car il fallait demander aux pairs l'adoption d'une mesure qui équivalait, en somme, à leur condamnation à mort. Il y avait un autre moyen, c'était de se passer de l'assentiment des pairs; mais du même coup on reconnaissait à la Chambre des députés des pouvoirs excessifs. Casimir Perier se tira de cette difficulté par une habile diversion. Il nomma trente-six nouveaux pairs et présenta cette promotion comme « une respectueuse précaution contre la générosité personnelle de la Chambre » (1). Le projet fut adopté, mais les ressentiments contre le Cabinet n'en furent que plus vifs de part et d'autre.

Survint l'insurrection des ouvriers de Lyon au sujet de laquelle le président du Conseil fournit à la tribune des explications d'une très grande fermeté. Alors il se produisit un fait assez rare : le préfet du Rhône avait assisté à la séance, et il avait été froissé par certains passages du discours ministériel. A la sortie, il donna un démenti à Casimir Perier qui en laissa voir quelque découragement et se répandit en termes assez vifs sur l'impossibilité où on le mettait de gouverner.

Il présenta encore une défense de la Monarchie de juillet à l'occasion de la discussion du projet de loi sur la liste civile et, un peu plus tard, lors de la discussion du budget de 1832, il revint encore avec beaucoup de chaleur sur le principe qui était la base de sa politique étrangère, le principe de la non intervention. Cette fois encore, l'événement devait lui donner une leçon d'une déconcertante ironie. Il s'était félicité dans son discours du retrait des troupes autrichiennes des Etats du pape. De nouveaux troubles éclatèrent

---

(1) Voir dans la *Biographie universelle* l'étude sur Casimir Perier, étude à laquelle nous avons fait de nombreux emprunts en ce qui concerne les détails sur la vie du ministre de Louis-Philippe, mais sans en accepter l'esprit, bien entendu.

dans ces Etats et le pape réclama encore une fois l'intervention de l'Autriche dont une armée pénétrait à Bologne le 28 janvier.

Casimir Perier prit alors une décision qu'on lui a beaucoup reprochée. Il fit accepter par ses collègues et par le roi l'envoi d'une expédition sur Ancône. Les troupes françaises s'établirent en cette ville à la fin du mois de février 1832, au vif étonnement de l'Europe surprise par la brusquerie de cette intervention qui n'était pas pour lui plaire beaucoup... « Il contraignit la France, écrit Louis Blanc, à subir les conditions du repos européen, alors qu'il lui eut été loisible de les dicter, comme le prouva bien l'aventure imprévue d'Ancône, aventure dans laquelle il s'engagea avec une énergie de volonté que ne purent vaincre ni l'opinion de MM. Sébastiani et de Rigny, ni celle du roi lui-même. » Le grand historien n'est généralement pas tendre pour Casimir Perier ; cet éloge au sujet de l'expédition d'Ancône a donc d'autant plus de prix sous sa plume. Ce qu'il y a d'établi, c'est que cet acte vigoureux de Casimir Perier ne fut pas inutile ; il incita l'Autriche à une sage circonspection ; timidement elle retira ses troupes, et le Souverain Pontife fit à la France des concessions très honorables pour elle.

La santé de Casimir Perier s'était usée dans les luttes incessantes qu'il avait à soutenir. Il eut encore à faire face à de nombreuses difficultés, notamment les conspirations des tours Notre-Dame et de la rue des Prouvaires, et les troubles de Grenoble. Puisque nous faisons ici, en quelque sorte, de l'histoire locale, qu'on nous permette un mot sur cet incident qui a eu pour

singulier privilège d'enrichir le langage populaire
d'une locution aujourd'hui très usitée (1). Nous empruntons le récit des troubles de Grenoble (2) au savant
historien de cette ville, M. A. Prudhomme, archiviste
du département de l'Isère :

« Le premier dimanche de Carême de 1832, sur
les deux heures de l'après-midi, les bourgeois de
Grenoble étaient mis en gaieté par une bande de
masques qui paraissent avoir cherché à reproduire
l'une de ces caricatures politiques, si nombreuses
alors, dans lesquelles les journalistes de l'opposition
résumaient spirituellement leurs griefs contre le Gouvernement de Juillet. Lorsque cette bande joyeuse,
après une longue promenade autour de l'esplanade, se
présenta devant la Porte-de-France, le poste militaire
lui en interdit l'entrée. Une discussion s'engage, des
lazzis sont échangés. « Mes amis, s'écrie le conducteur
de la voiture, qui, sous un habit de paillasse et une
coiffure en forme de poire, figurait irrévérencieuse-
ment le roi Louis-Philippe, voici encore une occasion
de sauver la France ! » L'autorité municipale, avertie
de cet incident, intervient heureusement et fait ouvrir
la porte.

« Le soir, un grand bal masqué devait avoir lieu au

---

(1) Quelques historiens prétendent aussi que l'expression *Conduite de Grenoble*, remonte à l'époque où les Grenoblois chassè-
rent de leur ville Richelet, l'auteur du *Dictionnaire des rimes*, qui
avait, en maintes occasions, témoigné de son animosité contre
les habitants.

(2) *Histoire de Grenoble*, par A. Prudhomme, Grenoble, 1888.

théâtre. Le préfet, M. Maurice Duval, craignant de nouveaux exploits de la mascarade, le fit interdire. La jeunesse, irritée de se voir privée du plaisir qu'elle s'était promis, complota de se venger.

« Le lendemain 12 mars, sur les huit heures du soir, une foule nombreuse composée de jeunes gens, de femmes et d'enfants, se réunissait dans la cour de la Préfecture et la rue du Quai et donnait au préfet un charivari assourdissant. Une patrouille qui survient fait évacuer la cour de la Préfecture et fermer les portes. Comme le tapage continue dans la rue, un agent de police appréhende au collet l'un des manifestants et le conduit au poste; mais, loin de l'effrayer, cette arrestation exaspère le peuple qui réclame à grands cris l'élargissement du prisonnier.

« Pendant ce temps, le préfet avait fait prévenir l'autorité militaire, et un peloton de grenadiers arrivait au pas de charge. A cette vue, la panique saisit la foule qui cherche à s'échapper par l'autre issue de la rue; mais, là encore, elle se heurte à une seconde compagnie du 35e de ligne qui reçoit les fuyards à la pointe de la baïonnette. C'est alors une indescriptible bagarre, dans laquelle des femmes et des enfants sont blessés.

« Cet acte de brutalité sur une foule sans défense, ajoute M. Prudhomme, provoqua dans la ville une violente irritation contre le 35e de ligne et contre son protégé, le préfet Maurice Duval, qui dut chercher un refuge dans la caserne de ce régiment. » Ce dernier seul était responsable; il avait manqué d'esprit et de tact en ne fermant pas les yeux sur une simple manifestation de carnaval. Cette forme de l'opposition n'est jamais bien dangereuse, et la Révolution l'avait compris en instituant les sans-culottides et plus spécialement la fête de l'Opinion. Mais les Grenoblois associèrent dans l'impopularité, le fonctionnaire trop zélé et le 35ᵉ de ligne. On dut changer ce régiment, et ce fut le 6ᵉ de ligne qui le remplaça. Le calme était revenu, et l'on avait oublié les troubles de Grenoble, lorsqu'un beau matin le 35ᵉ de ligne reparut dans la ville. Le Gouvernement l'avait rappelé et avait fait désarmer la garde nationale. Nouvelles effervescences, nouveaux désordres, et tout cela pour une plaisanterie de carnaval! Le régiment fut reconduit jusqu'aux portes de la ville au milieu des huées et sous une pluie de projectiles variés, et c'est, comme nous l'avons dit, de cet épisode que nous est venue l'expression : « faire une conduite de Grenoble ».

Casimir Perier apportait une grande vigueur dans les actes de sa politique étrangère. Faut-il indiquer l'incident franco-portugais, les deux Français outragés par dom Miguel ? Le ministre envoya immédiatement une flotte qui força l'entrée du Tage et vint mouiller à trois cents mètres du quai de Lisbonne. Le Portugal reconnut ses torts et une légitime réparation nous fut accordée.

Et ce n'était pas tout ; il avait en même temps à se défendre contre la sourde opposition qui lui venait maintenant de la Cour, imitatrice servile en cela du roi Louis-Philippe lui-même.

Au commencement du mois d'avril 1832, le choléra éclata à Paris. La Cour décida que le duc d'Orléans visiterait les hôpitaux. Le devoir de Casimir Perier était d'accompagner le prince. Il n'hésita pas, malgré l'état critique de sa santé. Il suivit le duc d'Orléans au chevet des cholériques, leur prodiguant des consolations et des encouragements. On ne le vit pas faiblir, on ne l'entendit pas se plaindre, et pourtant il était lui-même à bout de forces, épuisé, touché aux sources vives de son être. Il rentra dans son hôtel en proie à une fièvre des plus violentes. Les plus hautes sommités médicales de l'époque se trouvaient le lendemain auprès de lui. Mais la science devait être impuissante. Il semble, d'ailleurs, qu'elle ne se soit pas montrée bien perspicace à son endroit. L'opinion générale était que le ministre était atteint du choléra, et c'est encore une opinion très répandue que c'est à cette affection qu'il a succombé. Or, la durée même de la maladie, à défaut d'autres témoignages, indiquerait qu'il y a lieu de se défier de la créance généralement admise. Les médecins se sont chargés personnellement de nous avertir sur ce point. La fin de Casimir Perier a donné lieu à une longue controverse et la *Gazette médicale de Paris*, elle-même, affirme que le ministre mourut d'une affection nerveuse. Ce fut le 16 mai 1832, qu'il rendit le dernier soupir, et la nouvelle de la catastrophe, aussitôt répandue, détermina une grande émotion dans tout le pays.

Le peuple, dans son instinct qui ne le trompe guère, s'était immédiatement rendu compte que celui qui venait de fermer ses yeux à la lumière, était un homme dans la plus large acception du mot. Seul, Louis-Philippe, qui fut parfois mieux inspiré, s'écria,

paraît-il : « Casimir Perier est mort ? Est-ce un bien ?
Est-ce un mal ? L'avenir nous le dira ! » L'avenir
répondit en 1848. Louis-Philippe, au moment d'abdiquer et de prendre le chemin de l'exil, dut se souvenir
de son ingratitude envers celui qui avait donné toutes
ses forces à la consolidation du pouvoir entre ses
mains. Malgré la boutade assez déplacée du roi, le
Moniteur payait à Casimir Perier un juste tribut
d'hommages : « La vie de Casimir Perier, disait-il,
fut celle d'un véritable homme d'Etat. Défenseur
ardent des libertés, tant que le pouvoir était oppres-
seur ; il est devenu le plus ferme appui du pouvoir
quand on voulut rendre la liberté turbulente. C'eût
été aussi le rôle du général Foy s'il avait vécu, s'il
avait continué à partager les travaux politiques de son
digne ami, qui se plaisait tant à répéter son nom. Les
partis contenus, les gages solennels de paix reçus et
donnés ; l'activité nationale reprenant son essor ; tels
étaient les résultats du système du 13 mars, si fortement dirigé par M. Perier, organe puissant de la
volonté du roi et du pays. Sans doute, ces résultats
continueront de s'affermir et de se développer ; mais
il est bien permis de déplorer la fatalité qui ravit à
l'homme d'Etat, auquel une grande partie de ce
succès appartient, le bonheur d'en jouir. »

Les obsèques de Casimir Perier eurent lieu le
19 mai. Elles furent célébrées en grande pompe. Il
serait fastidieux d'insister ici sur le cérémonial et sur
la composition du cortège. Nous rapporterons seulement quelques détails que nous avons relevés au
Moniteur. Une chapelle ardente avait été élevée dans

les premières salles du rez-de-chaussée de l'Hôtel de
l'Intérieur. Un catafalque renfermant les restes de
Perier y avait été dressé. Là devant défilèrent tous
les invités. Puis le cortège se mit en marche. Le deuil
était conduit par les deux fils du ministre, « en longs
manteaux », dit le *Moniteur*, et par ses frères. Les
troupes fermaient le cortège, et derrière elles venaient
un concours immense de gardes nationales en unifor-
me, grande tenue, mais sans autre arme que le sabre,
tous le crêpe au bras. Les soldats citoyens s'étaient
spontanément formés devant la maison de chaque
capitaine, et de là s'étaient réunis au convoi. Leur
nombre ne peut guère s'évaluer à moins de *trente
mille* hommes. Le *Moniteur* constate en outre « que
le cortège a partout traversé sur son passage les flots
pressés d'une population immense dans l'attitude
grave et silencieuse commandée par cette imposante
et douloureuse cérémonie. Cette population était
entièrement livrée à elle-même, et l'ordre le plus parfait a régné partout : dernier et éloquent hommage
rendu par la capitale entière à celui qui avait pris
pour principe unique de sa conduite politique : l'ordre public, la liberté, la loi ! » Au cimetière de l'Est
où devait avoir lieu l'inhumation, sept discours furent
prononcés par le duc de Choiseul, Bérenger, Royer-
Collard, Bignon, Dupin aîné, François Delessert et
Davillier.

Il n'est pas sans intérêt de relever l'opinion des
orateurs sur l'homme pour qui la postérité commençait. Tous insistaient sur le grand caractère de Casimir
Perier. « Ce n'est pas, s'écriait le duc de Choiseul,

dans ce lieu funèbre où toutes les passions, toutes les haines doivent s'éteindre, que l'on peut craindre de proclamer des vérités et de justes regrets ; ce n'est pas au milieu de tous les cercueils que l'on peut blâmer le ministre pacificateur qui a fait tous ses efforts pour ne pas en augmenter le nombre ; ce n'est pas ici que l'on peut déplorer le système de conservation des peuples. Vénérons, au contraire, au nom des épouses et des mères, honorons au nom de l'humanité, le ministre avare du sang des hommes, et dont la fermeté courageuse s'est défendue d'une gloire sanglante et de résultats incertains. Le jugement de la postérité a déjà commencé pour M. Perier. Eloquent défenseur depuis de longues années des libertés publiques, son inflexible fermeté n'a failli en aucune circonstance. La patrie l'avait depuis longtemps deviné, et tous les yeux se fixaient sur lui ; ses plus puissants adversaires même l'ont appelé à leur secours au moment du danger ; ils ont reconnu trop tard la puissance du caractère, celle du talent et des vertus civiques ! »

Le vice-président de la Chambre des députés, M. Bérenger, insistait sur les services rendus à la cause de la liberté par la longue et tenace opposition de Casimir Perier : « C'est cette opposition dont il fut l'un des plus éloquents organes, qui, proclamant les véritables principes de la Monarchie constitutionnelle, prépara leur triomphe ; ce fut elle qui, unissant l'amour de la patrie à l'amour de l'ordre et des lois, la modération à l'énergie, le sentiment des bienséances à la vigueur des révolutions et à la haine de l'arbitraire, anime toute la France de son esprit en exprimant fidèlement ses vœux et ses besoins. Ce fut elle enfin qui, par la puissance de l'exemple et la puissance de ses doctrines, donna à la Révolution de juillet le caractère de modération et de légalité qui la distinguera à jamais de toutes les autres révolutions ! »

Mais ce fut Royer-Collard qui trouva les accents les plus éloquents pour définir le rôle politique de Casimir Perier : « D'orateur de la liberté constitutionnelle devenu, dit-il, homme d'Etat et chef du cabinet dans une révolution qu'il n'avait point appelée, il l'a souvent dit et je l'en honore, sa probité généreuse et la justesse de son esprit qui font aussitôt comprendre que, si l'ordre est la dette de tout gouvernement, c'est surtout la dette de tout gouvernement nouveau, parce que l'ordre est la garantie la plus efficace de sa sûreté au dehors comme de son affermissement au dedans. L'ordre est donc la pensée de M. Perier ; la paix en sera le prix ; il se dévoue à cette grande pensée. Je dis, Messieurs, qu'il se dévoue : là est l'héroïsme. A tout risque, il veut sauver l'ordre, sans considérer qu'il se perd lui-même, sans trop compter sur le succès, sans détourner son regard vers la gloire qui devait être sa récompense. Dans cette noble carrière, soutenu par les vœux, par la confiance, par les acclamations presque unanimes de son pays, il a combattu jusqu'au dernier jour avec une intrépidité qui ne s'est jamais démentie ; quand ses forces ont été vaincues, son âme ne l'a point été. La gloire de M. Perier est pure et inattaquable ; sortie comme un météore de ces jours nébuleux où il semble qu'autour de nous tout s'obscurcisse et s'affaisse, elle sera durable ; car elle n'est point l'œuvre artificielle et passagère d'un parti qu'il ait servi ; il n'a servi que la cause de la justice, de la civilisation, de la vraie liberté dans le monde entier. Il a succombé trop tôt ; que les bons citoyens, que les amis de l'humanité qu'il avait ralliés achèvent son ouvrage. Élevons sur sa tombe le drapeau de l'ordre ; ce sera le plus digne hommage que nous puissions rendre à sa mémoire ! »

Bignon, qui avait été de l'opposition avec Casimir Perier et qui, plus tard, n'avait pas toujours partagé les idées du ministre, rendit hommage au désintéressement et à la pureté des intentions du défunt : « Adversaires de tribune, tout en combattant le ministre, ils étaient encore les amis de l'homme, les amis du bon citoyen », déclara-t-il au nom de ceux qui s'étaient séparés de Casimir Perier dans les dernières années de sa vie.

« Il voulut le bien public, constata Dupin aîné, avec cette chaleur de sentiment qui l'inspire et cette intrépidité qui assure le succès des grandes révolutions. Il nous l'a dit lui-même avec un accent de sensibilité uni à la grandeur : « Entré aux affaires en homme de cœur, je n'aspire à en sortir qu'en homme d'honneur. » Il a tenu parole. Il y est entré avec courage ; il y a laissé sa vie. »

M. François Delessert parla des bienfaits que le commerce de Paris devait à l'administration du grand mort : « Le commerce de Paris se glorifie d'avoir vu sortir de son sein le grand citoyen qui, placé à la tête du gouvernement, avait pris pour sa devise : « La Charte et la paix », et avait ainsi établi l'administration qu'il dirige sur des bases indispensables à la prospérité du commerce, l'ordre dans l'intérieur par le règne des lois, et la sécurité dans les rapports avec l'étranger. »

Enfin, le baron Davillier, pair de France et doyen des régents de la Banque de France, après avoir vanté la compétence et les lumières dont Casimir Perier avait donné la mesure dans les diverses fonctions qu'il avait exercées, ajoutait : « Pour tout homme public, l'instant de la mort est celui de la justice. Il est venu pour toi, Casimir Perier. Repose en paix, courageux défenseur des lois, vertueux citoyen, grand orateur, homme de bien, de paix et de conscience ; la reconnaissance publique ne manquera pas à ta mémoire, et le titre si beau, si rare de ministre patriote, consacrera ton nom dans la postérité. »

IV

Cependant, la disparition si brusque de Casimir Perier avait provoqué dans toute la France des regrets profonds. A Grenoble, sa ville natale, témoigne une correspondance du temps, l'impression avait été particulièrement douloureuse. « On regrette vivement la perte de cet homme d'Etat, dont le patriotisme n'était révoqué en doute par personne », dit l'auteur de cette correspondance (1).

_____

(1) Casimir Perier, s'il n'avait jamais représenté sa ville natale à la Chambre des députés, n'en avait pas moins gardé un vif attachement pour la cité grenobloise et pour ses habitants. En

Une souscription était immédiatement ouverte dans
la capitale du Dauphiné pour l'érection d'un monument à la mémoire du ministre défunt. De nombreuses villes suivaient cet exemple : Lisieux, Bar-
sur-Aube ; sur tous les points du territoire cette idée
de perpétuer par un monument durable le souvenir
du grand homme d'Etat était accueillie avec enthousiasme. On en a la preuve dans les lignes suivantes
que nous trouvons dans le *Mémorial bordelais* du
2 juin 1832 : « Nous voulons témoigner par cet acte
notre reconnaissance pour l'homme d'Etat que la
France vient de perdre ; pour cet homme d'Etat, illustre émule de Manuel, de Foy, qui, par l'énergie de sa
volonté courageuse, a défendu les libertés parlementaires que la Révolution de Juillet a reçu pour mission
de faire triompher et non pas de combattre ; de consolider et non pas de détruire. En dirigeant le pouvoir dans la véritable carrière constitutionnelle, en
maintenant dans l'Europe entière l'ascendant pacifique de la France, M. Perier a fait pour le bonheur et
la liberté de la patrie, tout ce que l'homme le plus
fort et le plus dévoué pouvait faire dans les circonstances difficiles que nous avons traversées. Le pays
lui doit la conservation de ses droits ; les propriétaires, la conservation de l'ordre social si vivement
attaqué ; le commerce, la conservation de la paix

1825, il donna, à Grenoble, savoir : 1,000 francs à l'hospice ;
500 francs à chacun des quatre curés de la ville ; 500 francs au
pasteur protestant, et 500 francs à l'œuvre des Orphelines.

MONUMENT DE CASIMIR PERIER

AU PÈRE-LACHAISE

Photographie prise d'après une gravure de la Bibliothèque de Grenoble.

générale. Qu'un monument soit élevé aux cendres vénérées de ce grand citoyen ! Qu'une inscription austère et simple y retrace la date et les faits de sa carrière politique, et que nos descendants, destinés à vivre heureux et libres, apprennent ainsi que la patrie n'est point ingrate pour ceux de ses enfants qui vivent, travaillent et meurent en défendant la sainte cause de la liberté ! »

Cette idée d'une souscription nationale destinée à honorer l'illustre mort avait été émise par M. Choppain, au lendemain même des funérailles. Nous venons de voir qu'elle rencontrait partout une grande faveur. Un Genevois, M. Eynard, faisait suivre sa souscription personnelle des lignes suivantes : « La mort de Perier est une perte européenne : il y aura unanimité de regret chez les Français et chez les étrangers ; à ce dernier titre, je souscris avec empressement pour 500 francs au monument que les amis de M. Perier élèveront à ce vertueux citoyen. »

Cependant, il serait contraire à la vérité de dire qu'il y eût unanimité dans le jugement rendu, dès les premiers jours qui suivirent sa mort, sur la carrière et les mérites de Casimir Perier. Les passions politiques ne désarment pas volontiers ; les partis n'ont pas la notion de la justice et ils ont rarement le sentiment de l'équité. Les adversaires de Casimir Perier avaient pu dire que, s'il y avait eu tant de monde sur le passage de son convoi, il fallait l'attribuer surtout à la complicité du beau temps. Quand la souscription pour le monument fut ouverte, on évoqua le souvenir d'un collègue de Casimir Perier dans l'opposition,

descendu dans la tombe avant lui, et on mit au défi
les promoteurs de cette idée de recueillir le million
qu'un peuple enthousiaste avait apporté à la souscription du général Foy. On ne tenait pas compte que
les circonstances n'avaient rien de semblable. La
souscription du général Foy, en effet, n'était pas destinée seulement à l'érection d'un monument, mais
aussi à assurer le sort de sa veuve et de ses enfants.
Pour Casimir Perier, rien de pareil, puisqu'il était
mort riche. N'importe! on fit ce raisonnement; ce
sont là des disputes bien vaines et toujours regrettables autour d'une tombe à peine fermée. Casimir
Perier avait, du reste, autant d'admirateurs que de
détracteurs, et ceux-ci n'étaient pas moins passionnés que ceux-là. La souscription représenta bientôt
une somme considérable, et l'exécution du monument
fut confiée à l'architecte Achille Leclerc et au sculpteur Cortot. C'est une des œuvres les plus imposantes
que renferme le cimetière du Père-Lachaise. Elevé
au centre même de la vaste nécropole où reposent tant
de morts glorieux, sur un terrain offert par la ville de
Paris, le mausolée est orné de bas-reliefs personni-
fiant l'Eloquence, la Justice et la Force; il est dominé
par la statue en pied de Casimir Perier.

Terminons ces détails rapides sur les hommages
rendus à Casimir Perier après sa mort, par un oubli
d'autant plus regrettable qu'il s'est produit dans sa
ville natale elle-même. Nous avons sous les yeux
une petite brochure qui a pour auteur M. Pilot de
Thorey, l'ancien et érudit archiviste du département
de l'Isère, et pour titre : *Hommage rendu à la mémoire*

d'illustres citoyens. Cet opuscule renferme une lettre
de M. Pilot de Thorey, datée du 26 août 1836 et
adressée à M. Berriat, alors maire de Grenoble. L'auteur demandait au conseil municipal de consacrer le
souvenir des Dauphinois célèbres au moyen de plaques commémoratives apposées sur la maison où ils
étaient nés ou qu'ils avaient habitée et faisait connaître, avec des détails historiques et biographiques, les
maisons où sont nés les Dauphinois illustres du siècle
dernier. Vocanson et non Vaucanson, rue Chenoise,
22; Mably, rue des Clercs, 10; Condillac, Grande-Rue,
ancienne maison Bernon; Mounier, également Grande-
Rue, 6; Barnave, rue Pérollerie, 11. M. de Thorey
aurait voulu que le conseil municipal rappelât aussi
que Guy Pape, Cornélius Agrippa et Rabelais
avaient fini leurs jours à Grenoble. Enfin, il voulait
rappeler que Bayart habitait la maison située à l'angle des rues des Prêtres et Bayart.

Cette pieuse idée fut en partie prise en considération par la municipalité. Voici, en effet, ce qu'on lit
dans un journal de l'époque : « Dans la dernière
séance de sa session d'août, le conseil municipal décida qu'une tablette en marbre avec inscription en
lettres d'or serait placée à la façade extérieure des
maisons où sont nés Vaucanson, Mably, Condillac,
Mounier et Barnave. Cette décision a été prise sur
la proposition de M. le maire Berriat, qui a donné
connaissance au conseil municipal d'une lettre dans
laquelle un de nos érudits compatriotes, M. Pilot de
Thorey, a résumé ses recherches sur les hommes
célèbres qui sont nés à Grenoble ou qui l'ont habitée.

Le conseil a décidé, en outre, que la lettre de M. Pilot de Thorey serait déposée aux archives pour être ultérieurement délibéré sur le surplus des propositions qu'elle renferme » (1).

Or, personne n'ignore, à Grenoble, que Casimir Perier est né Grande-Rue, autrefois rue Portetraine et du Grand-Puits (voir chapitre spécial sur Jacques Perier). Les concitoyens de l'éloquent député de l'opposition s'honoreraient donc en faisant pour lui ce qui a été fait pour ceux dont nous avons cité plus haut les noms, c'est-à-dire en plaçant sur la façade de cette maison une plaque rappelant le souvenir de cet homme d'État, grand-père de M. le Président de la République.

V

Si les jugements les plus contradictoires ont été portés sur les actes de Casimir Perier, il n'en est pas de même en ce qui concerne ses facultés et son caractère. Nous avons déjà vu, au cours de cette étude, que tout le monde rendait hommage à son indomptable énergie. M. de Rémusat, dans la notice qu'il lui a consacrée en tête des *Opinions et Discours* (2), en fait le portrait suivant : « En lui luttaient sans cesse une raison froide et une nature passionnée. C'est là ce qui faisait une partie de sa puissance. Toujours fortement

---

(1) *Patriote des Alpes*, 13 septembre 1836.
(2) Par M. A. Lesieur, Paris, Paulin, 1834, 4 volumes in-8°.

ému, il réagissait énergiquement sur les autres, tantôt les soumettant par la force, tantôt les troublant par son émotion. Sa pensée se présentait à son esprit comme une illumination soudaine ; elle s'emparait de lui avec tant de véhémence qu'elle l'emportait, pour ainsi dire, et sa parole brève et pressée avait peine à la suivre. Cependant son idée était si nette, et son impression si vive, qu'il était sur-le-champ compris et qu'il étendait autour de lui l'ébranlement qu'il éprouvait. C'est par là surtout qu'à la tribune il influait sur les assemblées, et c'est de lui plus que de tout autre qu'on aurait pu dire que l'éloquence est toute d'action et que la parole est l'homme même... L'esprit de Casimir Perier devait plus à l'expérience qu'à l'étude et puisait dans son activité propre des ressources qu'il exploitait habilement. Il se refusait au travail méthodique et ne pouvait supporter le désœuvrement ; il voulait agir, mais en agissant, il réfléchissait toujours ; il revenait incessamment sur lui-même, tournait et retournait sa pensée comme pour s'assurer dans sa croyance et consolider sa conviction. Peu curieux des théories, il procédait toujours par quelques idées générales qu'il saisissait d'instinct et auxquelles il rattachait tout. »

Louis Blanc, qui le juge avec une sévérité souvent excessive, se sert, pour le peindre, de traits presque identiques.

Ouvrons maintenant les Mémoires de Guizot : « Sa gravité, écrit-il, n'était ni celle de l'austérité banale ni celle de la méditation intellectuelle, mais celle d'un esprit solide et ferme, pénétré d'une idée et d'une passion forte et incessamment préoccupé d'un but qu'il jugeait à la fois très difficile et indispensable d'atteindre. Ardent et inquiet, il avait toujours l'air de défier ses adversaires et de mettre à ses amis le marché à la main. Il recevait un jour des députés, membres de la majorité, qui venaient lui présenter des objections contre je ne sais quelle mesure et lui faire pressentir, à ce sujet, l'abandon d'une partie de ses amis. Pour toute réponse, il s'écria en les regardant d'un œil de feu : « Je me moque bien de mes amis quand j'ai raison, c'est quand j'ai tort qu'il faut qu'ils me soutiennent. » Et il rentra dans son cabinet. Dans les conversations particulières, il écoutait froidement, discutait peu et se montrait presque toujours décidé d'avance. »

M. Victor Duruy émet sur sa politique le jugement qui suit : « On trouvait la politique de Louis-Philippe trop prudente. Casimir Perier lui donna un moment de grandeur par l'énergie qu'il mit au service de cette modération. Il déclara nettement deux choses : qu'il voulait l'ordre légal, et par conséquent qu'il combattait à outrance les ennemis du gouvernement, qu'il ne jetterait pas la France dans une politique universelle et par conséquent qu'il ferait à la paix du monde tous les sacrifices compatibles avec l'honneur du pays. Ce langage semblait fier ; les actes le soutinrent. »

Ces jugements portés par des hommes considérables nous livrent le caractère de Casimir Perier de définitive façon. Son impétuosité était la meilleure de ses vertus dans l'opposition ; elle n'était plus qu'un défaut quand il était au pouvoir. Et c'est là, sans doute, qu'il faut chercher la prévention que la Cour avait contre lui. C'est là peut-être aussi qu'il faut voir l'explication des paroles que sa mort arracha au roi, paroles qui n'en restent pas moins fort légères et très injustifiées. Mais Casimir Perier paraît avoir inspiré de la crainte même à ses amis. Il était comme ces généraux si rudes à leurs soldats que devant eux leurs soldats tremblent. Le tort de Casimir Perier, devenu ministre, fut de ne pas savoir dépouiller le vieil homme, le vaillant tribun de l'opposition.

Il était né pour l'action. M. de Rémusat nous indique une particularité essentielle de son tempérament, quand il nous dit qu'il ne pouvait supporter le désœuvrement. Il n'était bien que dans la bataille et son génie ne s'affirmait véritablement que là. Cependant, il n'est pas contestable qu'il y avait en lui un politique de race. Cela est visible à certaines de ses décisions, par exemple, la diversion heureuse dont il usa dans l'incident relatif à la suppression de l'hérédité de la pairie. Et n'y a-t-il pas, d'autre part, beaucoup de malice dans l'emportement qui lui dicta la réponse que rapporte Guizot : « Je me moque bien de mes amis quand j'ai raison, c'est quand j'ai tort qu'il faut qu'ils me soutiennent. »

Malgré quoi il est évident que Casimir Perier compta beaucoup plus sur sa force que sur sa ruse. Il faut même admettre que la ruse lui répugnait. Quand il faisait partie du groupe de l'opposition, ce n'est pas précisément sur la tactique de ses amis, mais bien sur l'énergie dont il était capable qu'il comptait. Il s'engageait toujours de front, avec une vigueur et une

brusquerie qui faisaient impression sur les assiégés.
Il ne cherchait pas à fatiguer l'adversaire par des attaques feintes. Il ne fallait pas lui demander d'ironiques
exordes et de savantes préparations dans les discours.
Il n'aimait pas les vains artifices de langage. La pro-
fondeur de sa conviction éclatait dès les premiers mots. Avec lui, pas de rhétorique inutile. Il
disait ce qu'il pensait sans autre souci que de le dire
nettement et vite, et l'on sent, à la simple lecture de
ses discours, qu'il dut trouver parfois que sa parole
était bien lente au train où allait sa pensée.

Son éloquence y a gagné une saveur très spéciale.
Certains des morceaux qu'il nous a laissés sont incom-
parables pour la franchise et la netteté de vues qui
s'y affirme. Le discours, tel qu'il l'a pratiqué, vaut
surtout par ces qualités, et aussi par un don que
Casimir Perier possédait à un très haut degré, celui
de ramasser, dans une formule heureuse et courte, ce
qu'un autre orateur, élevé à l'école de l'éloquence
classique, eut employé plusieurs pages à exprimer.
Casimir Perier était un homme impérieux et pressé
d'aboutir; son éloquence s'en ressent. Il savait le
prix du temps. Ses harangues sont brèves et rapides,
sauf quelques-unes dans lesquelles les questions de
finances qu'il traitait l'ont entraîné à des développe-
ments inusités. Il discutait cependant, mais en homme
d'action et non pas en avocat, encore moins en rhéteur.
Nous venons de dire qu'il connaissait le prix du temps.
Nous empruntons, à ce sujet, encore une anecdote à
Hippolyte Castille, qui n'est pas suspect de tendresse
à son égard. « Il avait ordonné, raconte l'auteur des

Portraits Historiques, qu'un secours fût accordé à une veuve, et, de sa main, lui en avait donné l'avis. La pauvre femme vint le remercier, mais, en même temps, elle se plaignait des lenteurs des bureaux, faisant entendre qu'elle n'avait pas touché la faible somme qui lui était allouée : — Détrompez-vous, lui dit le ministre, j'ai par devers moi vos fonds, et c'est par un oubli impardonnable que vous ne les avez pas reçus. — Et il les donna de ses propres deniers. » Hippolyte Castille ajoute que jamais les affaires courantes ne furent plus promptement expédiées que sous son ministère.

Ce trait-là confirme que Casimir Perier était né pour l'action. Et, certes, il était plus dans son rôle et mieux à sa place dans les rangs de l'opposition que dans un ministère. Au moins eut-il, au pouvoir, une carrière passablement orageuse et lui fût-il donné souvent l'occasion de réveiller le vieux lutteur qui était en lui. A la tribune, pendant toute la durée de son passage aux affaires et toutes les fois qu'il eut l'occasion d'intervenir, il se montra plein de fougue et de résolution continues. Il apporta la même opiniâtreté à l'exécution de son programme qu'il avait formulé dans une phrase lapidaire dont il avait fait sa devise : « La Charte et la paix. »

Ce qu'il voulait, il le voulait bien, et ce n'est pas lui qui se serait complu dans les songes creux d'une vaine idéologie. On doit lui rendre aujourd'hui cette justice qu'il assura la paix à l'extérieur et à l'intérieur. Il fit pour la pacification des esprits tout ce qu'il était humainement possible de faire, et s'il eut parfois la main un peu rude, il ne faut pas oublier que la France, agitée par tant de fièvres, secouée par tant de révolutions, désorientée par tant de changements successifs de régimes, avait, à l'époque où il exerça le pouvoir, un égal désir d'ordre et d'agitation. Il fut le médecin choisi pour réduire ce malaise qui ne se serait pas prolongé sans de graves périls. Il avait un tel besoin de mener à bien la tâche qu'il avait acceptée, qu'il la remplit parfois avec passion. Mais le respect de la vérité oblige à dire qu'il y apporta un noble désintéressement et qu'il ne lui en coûta rien de sacrifier son intérêt personnel, sa santé, sa tranquillité aux destinées de la patrie. N'y a-t-il pas un mâle héroïsme dans la facilité avec laquelle il s'acquitta de cette visite aux cholériques des hôpitaux, alors qu'il était lui-même déjà profondément usé, et, par conséquent, plus exposé que personne aux coups sournois de l'épidémie ?

La plupart de ceux qui furent ses contemporains l'ont jugé sévèrement, parce qu'ils n'ont pas voulu reconnaître qu'il avait été au pouvoir sous Louis-Philippe, le même homme qui, sous Charles X, combattait le pouvoir avec une ardeur qui ne se démentit pas. Rémusat a bien mis en lumière cette unité de la carrière politique de Perier : « Il s'est toujours fait gloire, écrit-il, du rôle qu'il avait rempli dans ses rangs (les rangs de l'opposition); il a toujours pensé avec raison que son opposition avait été l'antécédent légitime de son administration et qu'il était dans le pouvoir ce qu'il eut voulu ce que fût le pouvoir alors qu'il le combattait. » Après avoir voulu la liberté fanatiquement, il comprit qu'il fallait l'empêcher de tomber dans la licence, sous peine de la perdre. Double tâche plus difficile qu'on ne croit et pour laquelle on ne désigne pas volontiers le même citoyen. Ce qu'on a le plus reproché au ministre de la Monarchie de Juillet, c'est d'avoir manqué de souplesse. On a peut-être, ce faisant, trop volontiers regardé l'homme et pas suffisamment les circonstances au milieu desquelles il devait accomplir sa lourde mission. Une main trop souple à cette époque eut tôt fait de devenir, dans l'esprit de la nation, une main débile. Et il n'est peut-être pas trop aventureux de dire que Casimir Perier, en essayant de les contenir et de les diriger, fut le meilleur auxiliaire des idées de la Révolution. Hippolyte Castille qui voyait juste, quand l'esprit de parti ne l'aveuglait pas, l'a constaté lui-même. N'est-ce pas lui qui a écrit que Casimir Perier fut « regretté de la Révolution elle-même quand ses successeurs eurent donné la mesure de leur politique ! »

⁂

Comme documents complémentaires de cette étude, nous donnons ci-après la liste des écrits de Casimir Perier :

I. *Développement de la proposition de M. Casimir Perier, sur l'exécution de l'article 115 de la loi de finances du 28 avril 1816.* (Séance du 16 mars 1815). Paris, imp. Lebel, 1815, in-8° de 16 p. (*France littéraire* de Quérard.)

II. *Réflexions sur le projet d'emprunt.* (Imp. Bailleul) (1817), in-8° de 23 p. — Autre édit. sous le titre de *Réflexions sur l'emprunt de 16 millions.* Paris, Imp. d'A. Bailleul, 1818, in-8°.

Ces *réflexions* donnèrent lieu à l'écrit suivant : *Un mot sur l'écrit intitulé : Réflexions sur le projet d'emprunt.* (Imp. Bailleul) (1er février 1817), in-8° de 15 p. Signé à la fin, *Victor Cassas, syndic des courtiers de commerce.*

III. *Dernières réflexions sur le projet d'emprunt, ou réponse à un anonyme du Moniteur.* (Imp. Bailleul), in-8° de 37 p. « Cet écrit et le précédent ont été réimprimés à la suite d'un discours de Laffitte sous ce titre : *Opinion de M. Laffitte... sur le budget de 1817, prononcée dans la séance du 10 février 1817; et premières et dernières réflexions de M. Casimir Perier, banquier, sur le projet d'emprunt.* Paris, A. Eymery, 1817, in-8°.

IV. *Opinion sur la liberté de la presse, prononcée dans la séance du 13 décembre 1817.* Paris, Plancher, 1818, in-8° de 8 p.

V. *Réflexions sur l'emprunt de seize millions.* Paris, imp. Bailleul, 1818, in-8° de 16 p.

VI. *Discours de M. Casimir Perier.* (Séance du 11 mai). Paris, imp. Baudouin, 1819, in-fol. de 2 p.

VII. *Seconde opinion sur le projet de loi relatif à la fixation des comptes des années 1815, 1816, 1817 et 1818.* (Séance du 13 mai 1819). (Paris, imp. Hacquart), in-8° de 22 p.

VIII. *Opinion sur le budget du ministère des finances.* (Séance du 14 juin 1819). (Imp. Hacquart), in-8° de 13 p.

IX. *Discours sur le projet de loi relatif aux reconnaissances de liquidation; prononcé dans la séance du 12 février 1821.* (Imp. Vᶜ Agasse), in-8° de 16 p.

X. *Opinion sur le projet de loi relatif au remboursement et à la réduction des rentes cinq pour cent, prononcée dans la séance du 28 avril 1824.* Paris, imp. Lachevardière, 1824, in-8° de 32 p.

XI. *Opinion sur l'article 5 du projet de loi relatif à l'indemnité, prononcée dans la séance du 7 mars 1825.* Paris, imp. de Lebel, 1825, in-8° de 20 p.

XII. *Discours prononcé à la séance du 12 mai 1826, en développement de sa proposition sur l'amortissement.* Paris, imp. de Tastu, 1826, in-8° de 64 p.

XIII. *Opinion prononcée dans la discussion sur le projet d'adresse à Sa Majesté.* (Séance du 28 décembre 1826). Paris, imp. David, 1827, in-8° de 13 p.

XIV. *Discours de l'évêque d'Hermopolis sur l'existence de la congrégation des Jésuites en France. Suivi de la réfutation de M. Casimir Perier.* Paris, Janson, 1826, in-32.

XV. *Discours prononcés dans le comité secret du 31 janvier 1831, par MM. Manuel, le général Sébastiani, Chauvelin, Camille Jordan, B. Constant, le comte Alexandre de Lameth, le général Foy, Stanislas de Girardin, le général Demarçay, Casimir Perier.* Paris, Brissot-Thivais, 1821, in-8°.

XVI. *Communication du gouvernement au sujet des événements de Lyon, présentée à la Chambre des députés, dans la séance du 17 décembre 1831, par M. le président du conseil des ministres.* (Paris), imp. de E. Duverger (s. d.), in-8°.

XVII. *Discours pour la formation des réserves; ordonnance du roi pour organiser dans toute la France trois cent mille hommes de garde nationale mobile.* (Séance du 7 novembre 1831), imp. Chassaignon (s. d.), in-4°.

XVIII. *Nouvelles politiques du matin.* — *Discours prononcé par M. Casimir Perier à la Chambre des Pairs, dans la séance du 25 décembre (1831), sur le projet de loi pour l'hérédité.* — *Jugements intéressants extraits de la Gazette des Tribunaux.* Nantes, imp. de Mellinet (s. d.), in-8°.

XIX. *Discours et opinions parlementaires de M. Casimir Perier, précédés d'une notice sur sa vie politique, et accompagnés de documents et de notes pour servir à l'histoire de notre temps.* Par J. Lingay, secrétaire du président du conseil depuis le 13 mars. (Imp. Fournier, 1832) in-8°. C'est lè prospectus d'un recueil de ses œuvres qui devait former 2 vol. in-8°; nous ignorons s'il a paru.

XX. *Opinions et discours de M. Casimir Perier, publiés par sa famille, recueillis et mis en ordre par M. A. Lesieur, et précédés d'une Notice historique par M. Ch. de Rémusat.* Paris, Paulin, 1834, 4 vol. in-8°

CHAPITRE X

Camille-Joseph PERIER

A CÔTÉ de son frère aîné Casimir, Camille Perier sut se créer un rôle brillant et rendre aussi d'importants services au pays. On comprend ce qu'avait d'écrasant pour ses collaborateurs, au Parlement, la grande figure du premier Ministre. Camille Perier ne s'y signala pas moins par une activité jamais lasse, par une expérience consommée des finances et des affaires. L'homme d'Etat qui domina le règne de Louis-Philippe eut souvent recours aux lumières de son cadet qui, entré dans la carrière politique avant lui, y avait apporté une haute conscience de travailleur, une vision nette et prompte, un dévouement désintéressé.

Après avoir fait ses études au collège de Tournon, Camille-Joseph Perier devint, en 1799, élève de l'Ecole Polytechnique, puis, un an après (an IX), entra un des premiers à l'Ecole des Mines. En 1806, il est surnuméraire au Ministère de l'Intérieur, et en 1809 (12 février), auditeur au Conseil d'Etat. Six mois plus tard, il était envoyé comme intendant à Salzbourg. Dans ce poste que les circonstances rendaient difficile, il sut, par une administration sage et, malgré le tumulte des armes, faire aimer et respecter le nom français.

Le 12 février 1810, il fut nommé préfet de la Corrèze, et chevalier de la Légion d'honneur en 1811. Il fut encore préfet de ce même département le 6 avril 1815. Il quitta l'administration, et sous la Restauration il fut, le 10 février 1819, choisi comme préfet de la Meuse. Dans ce dernier département, ses travaux importants et les mesures administratives d'une haute portée qu'il sut prendre ont laissé des traces de sa sollicitude éclairée pour le bien-être des populations et la prospérité du pays. Il démissionna volontairement en 1822, mais, selon le *Messager*, il fut frappé par la Restauration d'une honorable destitution.

Elu en 1828, en remplacement de Dupin aîné, député de la Sarthe, par l'arrondissement de Mamers, il fut réélu en 1830 et 1831. En 1834, il fut remplacé par M. Garnier-Pagès. Le collège électoral d'Ussel (Corrèze), le désigna comme député en 1835 ; et, le 4 octobre 1837, il était nommé pair de France. Lorsqu'il mourut, il était depuis douze ans environ, maire de Chatou (Seine-et-Oise).

Comme député, il siégea à gauche, vota pour le ministère Martignac et figura parmi les 221 contre le ministère de Polignac. C'est en 1830 qu'il avait adopté les opinions de son frère Casimir, et était devenu l'un des partisans les plus actifs de la résistance : il fut l'un des protestataires contre les ordonnances du 25 juillet 1830. Il s'associa aux premiers députés présents à Paris pour s'élever énergiquement contre la violation de la foi jurée. Il prêta à son illustre frère, avec un dévouement modeste, le plus actif et le plus zélé concours. Pair de France, il ne se plaça pas dans la Chambre Haute au premier rang des orateurs, mais il s'y fit distinguer par la plus active coopération à tout ce qui réclamait des vues pratiques, une expérience consommée dans les questions de finances et de comptabilité.

Dans la *Biographie universelle*, M. D. de la Roquette dit que Camille Perier avait acquis dans la Chambre des Pairs la réputation d'un homme de cœur et de bien aussi éclairé que consciencieux. Parmi ses travaux les plus remarquables, on cite ses rapports sur le budget de la guerre de 1833, le règlement des comptes de 1831, les règlements des grandes voiries, la responsabilité des capitaines de navire, les crédits supplémentaires de l'exercice 1843, etc....

Malgré tant de fonctions éminentes qu'il avait remplies, il était encore simple chevalier de la Légion d'honneur, à l'époque de sa mort, le 14 septembre 1844.

Il succomba à une courte et douloureuse maladie; il n'avait que 63 ans, et sa forte constitution semblait lui promettre encore de longues années. Sa perte fut vivement sentie par la Chambre des Pairs, où ses travaux consciencieux et la droiture de son caractère lui avaient fait prendre une place distinguée. Sa vie tout

entière avait été consacrée aux études administratives (1).

« Si la mort de l'homme public doit exciter de justes regrets, disait le *Messager* du 16 septembre 1844,
il nous serait difficile d'exprimer ceux que l'homme
privé inspire à ses nombreux amis. Avec des sentiments si élevés, un cœur si droit et si dévoué à ses
devoirs, il est impossible d'être froidement aimé ;
aussi la perte de M. Camille Perier laisse-t-elle
dans sa famille et chez tous ceux qui l'ont connu un
vide immense et une sincère et profonde douleur. »

---

(1) Plusieurs de ses discours et rapports à la Chambre des
Pairs ont été imprimés séparément. On connaît les suivants, selon
M. Rochas : I. Rapport au nom d'une commission spéciale chargée de l'examen du projet de loi relatif à l'ouverture des crédits
extraordinaires pour le service des possessions françaises dans le
nord de l'Afrique. (Séance du 3 juillet 1838.) Imp. Crapelet, in-8°
de 18 p. — II. Rapport au nom d'une commission spéciale chargée de l'examen du projet de loi relatif à l'ouverture des crédits
supplémentaires et extraordinaires pour les dépenses des exercices
1838 et 1839 et des exercices clos. (Séance du 22 juillet 1839.)
Imp. Crapelet, in-8° de 8 p. — III. Rapport au nom d'une commission spéciale chargée de l'examen du projet de loi relatif à la
fixation du budget des recettes pour 1841. (Séance du 9 juillet
1840.) Imp. Crapelet, in-8° de 27 p. — IV. Rapport au nom
d'une commission spéciale chargée de l'examen du projet de loi
relatif à l'ouverture d'un crédit de 7,000.000 fr. pour secours aux
étrangers réfugiés en France. (Séance du 31 décembre 1840.)
Imp. Crapelet, in-8° de 11 p.

CHAPITRE XI

Alphonse PERIER

APRÈS avoir fait ses études au collège de Tournon, Alphonse Perier, septième fils de Claude, entra dans la maison de commerce de son frère Augustin, auquel il s'associa en 1804.

Maire d'Eybens (Isère), de 1811 à 1831, juge au tribunal de commerce de Grenoble, capitaine de la garde nationale de cette ville en 1813, chevalier de la Légion d'honneur (1814), il refusa de l'Empereur, aux Cent-Jours, le grade de colonel, et accepta de Louis XVIII, quelque temps après, les fonctions plus modestes de commandant (1).

Le 21 juin 1834, il fut élu député par le premier collège de l'Isère (Grenoble) contre M. Saint-Romain.

---

(1) *Dictionnaire des Parlementaires Français.* — Bourloton, éditeur, Paris, 1891.

Il fut réélu, le 4 novembre 1837, contre M. Dupont de l'Eure et siégea encore jusqu'en 1846 parmi les ministériels. Il vota pour le recensement, contre l'adjonction des capacités, pour les incompatibilités et pour l'indemnité Pritchard. Il fit partie de la commission du budget, fut deux fois président de son bureau, et ayant échoué aux élections du 1ᵉʳ août 1846, contre M. Roger, il ne brigua plus, pour le Parlement, les suffrages de ses concitoyens.

Conseiller général de l'Isère pour le canton du Bourg-d'Oisans, il remplaça, le 23 novembre 1839, son frère Augustin, décédé. Il fit partie de cette assemblée jusqu'en 1848.

Lors de la reconstitution du Prêt charitable de Grenoble, en 1824, M. Alphonse Perier fut l'un des principaux bienfaiteurs de cette œuvre. Il était administrateur des hospices en 1830 (1), membre du Conseil académique, administrateur de la Banque de France et vice-président de la Caisse d'épargne.

---

(1) Il fit, le 1ᵉʳ mars 1853, un don de 6000 fr. à cet établissement.

CHAPITRE XII

André-Jean-Joseph **PERIER**

Comme ses frères, le neuvième fils de Claude et son douzième enfant, joua un rôle politique ; moins en vue que Casimir et Augustin, il sut néanmoins se créer une situation assez considérable. Nommé, en 1811, auditeur au Conseil d'Etat, il fut, en cette qualité, placé à la direction générale des Ponts et Chaussées ; la même année, il fut envoyé comme sous-préfet à Oldenbourg. Au début de la campagne d'Allemagne, en 1813, nous le trouvons attaché à la personne du comte Daru, intendant général de la Grande Armée. Après la prise de Dresde et l'entrée de l'armée française en Silésie, il fut choisi comme intendant du cercle de Crossen, et, plus tard, comme receveur général de la Grande Armée. Rentré en France, après la bataille de Leipsick, il fut envoyé à Lille, auprès du sénateur comte de Villemanzy, commissaire extraordinaire à la 16e division militaire. Il ne revint à Paris qu'après le retour des Bourbons, et rentra dans la vie privée après avoir été, pendant quelques années, receveur des finances du 4ᵉ arrondissement. Il est, en effet, en 1825, l'associé de son frère Casimir, dans la maison de banque Perier frères, à Paris, dont il devint plus tard le seul chef.

En 1832, le Conseil général de la Seine le nomma membre de la commission chargée de l'examen de divers projets de l'Entrepôt réel à Paris. Par ordonnance du 7 juin 1832, il fut désigné comme membre du Conseil supérieur du commerce; et, le 15 novembre suivant, le quatrième collège électoral de la Marne (Epernay) le choisissait comme député par 106 voix sur 168 votants et 331 inscrits, en remplacement de M. le baron Louis, qui avait opté pour un autre collège. M. Perier avait été préféré à M. de Salvandy, qui n'avait obtenu que 61 voix. Il siégea toujours au milieu de la majorité conservatrice et fut réélu, le 21 juin 1834, contre M. de Férussac; puis, le 4 novembre 1837, par 156 voix. Il soutint la politique de Guizot qu'il suivit dans son opposition contre le ministère Molé. Il fut encore réélu le 23 mars 1839, le 9 juillet 1842 et le 1ᵉʳ août 1846. Il se prononça pour l'indemnité Pritchard et contre les motions de l'opposition. Il cessa, en 1848, de faire de la politique, fut désigné comme vice-président du comité central d'instruction primaire. Successivement commissaire de surveillance de la Caisse d'amortissement et de celle des Dépôts et Consignations, il mourut, à Paris, le 18 décembre 1868.

CHAPITRE XIII

Auguste CASIMIR-PERIER

AUGUSTE-VICTOR-LAURENT CASIMIR-PERIER naquit à Paris, le 20 août 1811. Son éducation et celle de son frère Paul furent faites par M. J.-B. Froussard, chef d'institution à Grenoble, qui devint, en 1848, député de l'Isère, puis commissaire général du gouvernement pour l'Isère, la Drôme et les Hautes-Alpes. M. Casimir-Perier, qui avait reconnu les éminentes qualités de M. Froussard, l'avait appelé à Paris auprès de ses jeunes enfants.

Fils aîné du grand ministre de Louis-Philippe, Auguste Casimir-Perier embrassa d'abord la carrière diplomatique. Il débuta comme troisième secrétaire d'ambassade à Londres en octobre 1832. Cette même année, il avait adressé au *Moniteur universel*, une protestation très ferme contre une allégation erronée, que M. Garnier-Pagès avait portée à la tribune, l'accusant d'avoir fait partie d'un comité destiné à soutenir l'insurrection d'Espagne.

« Vers les premiers jours d'août 1830, écrivait-il, M. Viardot, membre du comité, et que je connaissais déjà, vint me voir et me proposa de m'adjoindre à une société dont le but était de procurer des secours aux réfugiés espagnols.

« J'affirme que rien ne me fut dit de plus, et que le comité ne se donnait pas alors la qualité que M. Garnier-Pagès lui applique aujourd'hui.

« J'acceptai sans hésiter, heureux de pouvoir profiter de ma position pour soulager les étrangers malheureux. Je signai dès lors collectivement, avec ces Messieurs, des demandes de fonds adressées aux correspondants du comité dans les départements. Ce n'est qu'à quelques jours de là que, pour la première et unique fois, j'assistai à une séance du comité. Je pus me convaincre facilement, dans le cours de la discussion, que le but de la société était tout autre que celui qu'on m'avait indiqué ; qu'au lieu de distribuer des secours aux réfugiés, elle destinait le produit de ses collectes à les armer et à les diriger contre le gouvernement espagnol. J'avais mis de l'empressement à secourir l'infortune ; mais ennemi de toute propagande, je m'abstins, à dater de ce jour, de paraître au comité, je ne signai plus rien, n'eus plus de rapports politiques avec ses membres ; je reçus encore deux ou trois convocations, et enfin je n'entendis plus parler de rien.

« Voilà les faits dans toute leur vérité... »

L'assertion de Garnier-Pagès, si clairement et si nettement combattue, ne fut plus reproduite.

La carrière diplomatique d'Auguste Casimir-Perier

fut rapide et brillante : élevé à la seconde classe de secrétaire d'ambassade, puis secrétaire de légation à Bruxelles, le 5 mars 1833, nommé premier secrétaire en Russie, le 25 novembre 1839, il fut désigné comme chargé d'affaires à Naples, dans la même année, et occupa le poste de ministre plénipotentiaire en Hanovre en 1843.

Malgré ses fonctions qui le tenaient à l'écart des luttes politiques, il dut encore, en 1838, faire acte public et poursuivre, d'accord avec son frère Charles-Paul, banquier à Paris, comme diffamateurs, le *National*, l'*Europe* et le *Corsaire*. Ces journaux avaient prétendu que Casimir-Perier, lorsqu'il n'était que ministre d'Etat sans portefeuille, avait procuré, en 1830, à M. Gisquet, négociant, et depuis préfet de police, la fourniture d'une quantité considérable de fusils. Auguste Casimir-Perier ne voulut pas laisser ternir la mémoire de son père et releva devant les tribunaux la diffamation produite.

Il fut nommé Grand-Officier de la Légion d'honneur, le 27 avril 1846. Cette même année, le premier collège électoral de la Seine le choisissait comme député; il donna alors sa démission de ministre plénipotentiaire. Il alla siéger au centre-droit et suivit la ligne politique de Guizot, en se consacrant surtout au travail des bureaux et sans prendre une part compromettante aux agitations du mouvement.

Après la Révolution de 1848, il se retira dans ses propriétés de l'Aube. Ce département, le 13 mai 1849, le fit entrer à l'Assemblée législative ; il fut élu le deuxième sur cinq, par 30.392 voix sur 60.618 votants.

Il se rallia à la majorité. Son rôle pourtant, pendant cette période, fut secondaire; il semble entravé dans son élan, incertain de son but, parmi le factice de cette République de Louis-Bonaparte; il semble mal à l'aise dans ce déchaînement d'ambitions et d'appétits. Nous retiendrons pourtant quelques-uns de ses actes. Il fut, le 17 juillet 1849, le rapporteur de l'élection de M. de Lamartine, élu par le département de Saône-et-Loire; il fit et discuta, les 16 et 31 janvier 1850, le rapport au nom de la commission chargée d'examiner le projet de traité de navigation et de commerce conclu entre la France et la Belgique; il fut rapporteur, les 25 et 27 février, du projet de loi relatif à l'emprunt grec; dans les séances des 11 et 12 juillet, il déposa et développa un amendement dans la discussion du projet de loi relatif au cautionnement et au timbre des journaux périodiques; à la fin de cette même année 1850, il fut rapporteur du traité de commerce entre la France et la Sardaigne.

Au commencement de 1851, le 9 janvier, Auguste Casimir-Perier déposait une proposition de loi tendant à introduire dans le règlement de l'Assemblée que désormais, les traités conclus avec les puissances étrangères seraient soumis à la sanction législative. Dans ce projet, le député de l'Aube essayait de concilier la dignité de nos rapports avec les nations étrangères et la sécurité de nos relations, tout en ménageant les susceptibilités extérieures, en donnant même une confiance réciproque — qui manquait — à nos ententes internationales. Voici les grandes lignes de ce projet :

« La France doit prouver au monde qu'au milieu des épreuves qu'elle subit, et lors même qu'elle modifie le plus profondément ses propres lois, elle reste fidèle aux traditions sur le respect desquelles repose le droit international.

« Il importe à la dignité de nos rapports avec les puissances étrangères et au succès de nos alliances que notre diplomatie conserve toujours sa vieille renommée de loyauté. L'accord du pouvoir exécutif et de la représentation nationale, pour préparer les traités avec prudence et pour les discuter avec sagesse, peut seul épargner à nos agents, discrédités par la défiance et paralysés par le doute, les désaveux et les échecs qui conduisent à l'impuissance. »

La Commission conclut à l'unanimité à l'adoption de la proposition, mais, soumise à l'Assemblée, dans sa séance du 11 mars, elle fut écartée après une discussion très vive.

Lors de l'attentat du 2 Décembre, M. Casimir-Perier, déjà séparé de la politique présidentielle, fut au nombre des députés qui protestèrent vivement contre ce coup de force. Il fut arrêté et, quelques jours, enfermé au Mont-Valérien.

Rentré dans la vie privée, il écrivit de nombreuses publications sur les finances et l'économie politique. Éloigné de la vie publique, il s'occupa de grands travaux agricoles et regarda passer les événements, évoluant, devant le spectacle du despotisme impérial, vers des idées plus libérales, vers une conception républicaine devenue plus tard une conviction fermement réfléchie.

Les ouvrages qu'il publia, à cette époque, furent nombreux ; en voici les principaux :

Le *Traité avec l'Angleterre*, 2e édition, revue et augmentée. Paris, Michel Lévy, 1860, in-8° de 143 p.

La *Protection agricole et les Lois sur les Céréales*. Paris. Amyot, 1859, in-8° de 162 p.

Dans cet écrit, M. Casimir-Perier préconise le système des droits variables et s'élève vivement contre celui des droits fixes.

« Trois systèmes sont en présence : celui de l'échelle « mobile, celui des droits fixes, celui de la liberté des « transactions. — Ce sont ces trois systèmes qu'il « examine et conclut ainsi : qu'on choisisse donc entre « la liberté absolue ou les droits variables. Le troi- « sième n'est ni un moyen terme, ni un palliatif, c'est « une négation.

« En fait de droit fixe, c'est l'absence de toute pro- « tection, c'est une taxe purement fiscale et, par con- « séquent, injustifiable sur le pain ; c'est le régime « de l'imprévu et des exceptions à jamais consacré ; « c'est un retour prochain inévitable à un système « bâtard sous lequel l'agriculture ne peut que lan- « guir. »

Les Finances de l'Empire. Paris, Michel Lévy, 1861, in-8°, 160 p.

La Réforme financière. Paris, J. Claye, 1862, in-8°, 32 p. (Extrait de la *Revue des Deux-Mondes* du 15 février 1862.)

Le Budget de 1863. Paris, Michel Lévy, 1862, in-8°, 30 p.

Exposé de la situation de l'Empire, 1861-1862.

Les Finances et la politique. De l'influence des institutions politiques et de la législation financière sur la
fortune publique. Paris, Michel Lévy, 1863, in-8°,
359 p.

*Quelques réflexions à propos de la prochaine session
des Conseils généraux.* Paris, Dentu, 1864, in-8°, 7 p.

Les Sociétés de coopération. La consommation, le
crédit, la production, l'amélioration morale et intellectuelle par l'association. Paris, Dentu, 1864.

Casimir-Perier fait dans cet opuscule le plus grand
éloge de l'Association alimentaire de Grenoble, sur le
fonctionnement de laquelle il s'étend longuement.

*Des Sociétés de coopération et de leur constitution
légale.* Paris, Guillaumin, 1865.

Les Sociétés coopératives et la législation. Troyes,
Dufour-Bougnot, 1865.

Casimir-Perier fut toujours un actif promoteur des
sociétés de coopération, dans la constitution desquelles il n'envisageait que le bien-être des classes
laborieuses.

En 1864, il collabora au *Dictionnaire général de la
politique*, de Maurice Block, et rédigea entre autres
les articles : *Impôt sur le revenu* et *Pondération des
pouvoirs*.

Enquête agricole. — Rapport présenté au Conseil
général de l'Aube au nom d'une Commission spéciale
dans la session de 1866. Troyes, Dufour-Bouquet,
1866, in-8° de 32 p.

*L'article 75 de la Constitution de l'an VIII sous le
régime de la Constitution de 1852.* Paris, Harmand Le
Chevalier, 1867, in-8°, 167 p.

Cet opuscule, dirigé contre le gouvernement impérial, est écrit avec beaucoup de finesse d'esprit. On
s'en convaincra par ces premières lignes :

« Je dois peut-être quelques explications à ceux que
pourrait surprendre, au premier regard jeté sur cet
écrit, un luxe inusité de marges et de feuilles blanches. Je les supplie de croire que ce n'est point, de
ma part, une fantaisie.

« En vertu de l'article 2 du sénatus-consulte du
18 juillet 1866, quiconque veut écrire sur la Constitution ou parler de la Constitution dans un écrit, non
pas seulement pour le critiquer, mais encore pour
examiner les améliorations, et, par conséquent, les
modifications dont elle est susceptible, est tenu d'employer au moins dix feuilles d'impression, ayant de
25 à 32 décimètres carrés chacune.

« C'est là un des derniers changements apportés
aux institutions qui nous régissent. J'ignore si les
auteurs de ce changement l'ont destiné à préparer *le
Couronnement de l'édifice* et à faire présager ce que,
dans leur pensée, doit être ce couronnement.

« J'avais à choisir entre trois partis : délayer mes
réflexions et les allonger jusqu'à la mesure voulue ;
faire imprimer n'importe quoi, sous forme d'appen-
dice ou, sous prétexte de vides, laisser du papier
blanc.

« J'ai pris le dernier parti et je crois que c'était le
meilleur. »

M. Casimir-Perier termine ainsi sa brochure :

« Nos grandes humiliations ne sont pas au dehors.
« Ce qu'il y a de moins digne d'une nation, c'est

« d'abdiquer ses droits, de ne pas savoir où on la
« mène et d'abandonner la conduite de ses destinées
« à un pouvoir unique, à peu près sans limites, dont
« la vague responsabilité ne saurait trouver de sanc-
« tion dans l'exercice régulier des droits constitution-
« nels du pays. »

L'article 75 valut à Casimir-Perier toute l'animosité
du pouvoir impérial.

Outre les publications politiques ci-dessus, Casimir-
Perier ne dédaigna point de s'adonner quelquefois à
la littérature. Il publia dans la *Revue des Deux-
Mondes* :

1° *Notice sur Charlotte Corday.*

2° *Souvenirs d'un diplomate anglais.* — I. Berlin et
Varsovie avant le premier partage de la Pologne.
II. La Suède et Gustave. III. Le partage de la Polo-
gne et Frédéric II. (Livraison du 15 août 1863).

Nous nous sommes laissé devancer par les dates,
dans l'énumération des œuvres de Casimir-Perier.
En 1861, il était déjà rentré dans l'arène politique, et
réélu membre du Conseil général de l'Aube pour le
canton de Nogent-sur-Seine qu'il avait déjà représenté de 1841 à 1851.

En 1863, il se présentait à la députation dans la
première circonscription électorale de Grenoble. En
même temps, dans divers autres départements,
étaient portés : Berryer, Thiers, Picard, E. Olivier,
Jules Favre, Jules Simon, Eugène Pelletan, Hénon,
Plichon, Lambrecht, Darimon, Kolb-Bernard. L'Empereur vit dans ces candidatures la menace d'un éveil
d'un esprit plus libéral, et, avec l'aide du duc de Per-

signy, ministre de l'Intérieur, mit tout en œuvre pour les faire échouer.

La lutte de Casimir-Perier dans l'Isère eut un immense retentissement dans toute la France. On nous permettra d'en retenir les divers incidents et de résumer, en quelques pages, cette campagne électorale, encore présente à la mémoire d'un très grand nombre de républicains de ce département.

I

La Campagne électorale de 1863.

M. Auguste Casimir-Perier avait pour concurrent M. Casimir Royer, frère du premier président de la Cour d'appel, lui-même premier président honoraire ; la famille Royer — détail curieux — était originaire du hameau de St-Pancrasse, commune de Saint-Baudille-et-Pipet, d'où est sortie la famille Perier.

Dès le 30 avril 1863, M. Dufaure, dans une lettre datée de Paris, recommande chaudement la candidature d'Auguste Casimir-Perier.

« Je tiens à vous exprimer ma ferme conviction que, dans la lutte actuelle, personne ne peut être plus fortement enrôlé dans le camp parlementaire que M. Casimir-Perier. Je puise ma confiance dans ses traditions de famille, dans son éducation libérale, dans son passé politique, dans les remarquables écrits qu'il a publiés. »

Quelques jours plus tard, Casimir-Perier adressait une longue circulaire à ses électeurs :

Vizille, le 8 mai 1863.

Messieurs,

Le nom que je porte, les souvenirs que je trouve au milieu de vous, les liens nouveaux qui m'attachent au département de l'Isère, ce que j'ai pour devoir de vous dire de moi-même après avoir longtemps vécu loin de vous ; tout me servira mieux et vaudra plus à vos yeux que des protestations et des professions de foi.

Entouré dès ma jeunesse d'exemples d'honneur, de dignité nationale, d'attachement à la liberté, c'est de ces exemples que j'ai reçu mes premiers enseignements.

Après avoir retracé, en quelques lignes, l'œuvre de son père, M. Casimir-Perier reprend :

Au moment où mon père succombait victime de son dévouement, je venais d'entrer dans la diplomatie. Pendant seize ans, secrétaire d'ambassade, chargé d'affaires, ministre plénipotentiaire, j'ai servi et représenté la France à l'étranger. Nommé député en 1846, par le premier arrondissement de Paris, je n'hésitai pas, pour mieux remplir mes nouveaux devoirs, à sacrifier ma carrière dont j'avais, jeune encore, atteint les premiers rangs, et, quoique rien alors ne m'y obligeât, je donnai ma démission de mes fonctions diplomatiques. La Révolution de 1848 brisa mon mandat, que me rendait un peu plus tard le département de l'Aube en m'envoyant siéger à l'Assemblée législative. J'y soutins loyalement le gouvernement du président de la République, et je prouvais que je savais me soumettre sans arrière-pensée à la volonté nationale.

Rentré dans la vie privée après le 2 Décembre, je n'ai point cherché jusqu'à ce jour à prendre place au Corps législatif. Mes résolutions à cet égard n'ont été changées que le jour où le décret du 24 novembre 1860 a permis à la voix des représentants de la nation d'arriver directement jusqu'à vous, le jour où une

AUGUSTE CASIMIR-PERIER
Député de l'Aube, Ministre de Thiers.

Photographie de MM. Martinotto frères, à Grenoble, et d'après
une gravure du Musée-Bibliothèque de cette ville.

première concession a pu faire espérer le développement des
libertés qui nous sont encore si étroitement mesurées. Mais ces
années de retraite n'ont pas été pour moi des années d'indiffé-
rence et d'oisiveté. Aux travaux agricoles, j'ai mêlé les études
politiques, économiques et financières. Je me suis efforcé, dans
divers écrits, comme je le ferais de ma parole au Corps législatif,
de combattre l'entraînement des dépenses, qui se résument en
emprunts et en impôts, de démontrer la nécessité du contrôle et
les avantages de la libre discussion.

. . . .

Il parle ensuite de la dette publique et termine
ainsi :

Ce ne sera pas davantage méconnaître vos intérêts que de blâmer la multiplicité des entreprises qui font appeler, tous les ans,
cent mille hommes sous les drapeaux ; que de demander l'allè-
gement des taxes et l'extension des libertés municipales.

Toutefois, Messieurs, la véritable indépendance n'admet pas plus
l'opposition systématique que la soumission complaisante, et le
député consciencieux, en combattant la politique qu'il croit mauvaise, n'hésite jamais à donner son appui aux mesures utiles.
Aussi, vous n'attendez pas de moi que j'engage à l'avance mes
résolutions et mes votes. Les mandats impératifs, de quelque
part qu'ils viennent, ne sont pas seulement contraires à la dignité
du mandataire, ils sont la destruction d'une représentation libre
de la nation.

Je resterai fidèle aux obligations qui me sont imposées à tant
de titres et que votre confiance rendrait plus étroites encore. Le
lieu d'où je m'adresse à vous me les rappellerait si je pouvais les
oublier, car le nom seul de Vizille est pour moi comme une devise de famille que je ne puis trahir. Il me semble que j'entends
encore la voix des hommes énergiques que réunissait ici la courageuse hospitalité de mon grand-père. Dans les fermes, mais
respectueuses représentations adressées au Roi en 1788, par les
Trois Ordres du Dauphiné, je trouve, avec un légitime orgueil,
qui doit, Messieurs, vous être connu, le premier programme de

libertés et de garanties que désirait dès lors la France, et qu'elle serait heureuse de posséder après soixante-dix années troublées par tant de révolutions. Les droits que l'assemblée de Vizille revendiquait en 1788, et que 1789 allait consacrer, ont été tour à tour perdus et reconquis, reconnus et contestés. Ils sont inscrits au préambule de la Constitution de 1852, et si l'application en est demeurée depuis lors restreinte ou suspendue, les promesses solennelles et réitérées de l'Empereur semblent présager l'heure prochaine où les actes viendront confirmer le langage. Vous avez applaudi le langage, vous hâterez l'accomplissement des promesses si, vous servant, avec calme mais avec résolution, des voies légales pour manifester vos vœux, vous vous montrez, à la fois, impatients et dignes d'un meilleur avenir.

Celui que vous appellerez à vous représenter n'aura pas à chercher ses inspirations ailleurs que dans l'histoire du Dauphiné. Il n'est point de terre plus féconde en hommes illustres, en soldats héroïques, en courageux champions de vos luttes politiques. Cette province patriotique et fière, autrefois jalouse de ses antiques privilèges, met aujourd'hui son honneur à défendre les seuls, les magnifiques privilèges de la société moderne : l'égalité devant la loi, les libertés religieuses, civiles et politiques. Attachés à l'ordre, sans lequel n'existent ni sécurité ni prospérité durables, vous n'oublierez jamais que le Dauphiné fut le berceau de la liberté. Vous conserverez intactes nos glorieuses traditions, et, dignes de vos pères, comme eux soumis aux lois, convaincus qu'avertir et contenir le pouvoir, c'est agir en bon citoyen, vous exercerez vos droits électoraux dans la plénitude de votre indépendance.

Les sympathies ne manquèrent pas au candidat : à celle de M. Dufaure, dont nous avons déjà donné la recommandation, vinrent s'en joindre d'autres — et des plus autorisées.

M. Frédéric Farconnet, avocat, ancien représentant du peuple à l'Assemblée Constituante pour le département de l'Isère en 1848, et à l'Assemblée législative

en 1849, maire de Grenoble, en 1848, adressait à
l'*Impartial Dauphinois*, une lettre que ce journal
publia le 17 mai 1863 :

« Je crois devoir engager ceux qui avaient bien
« voulu penser à moi, à se rallier franchement, éner-
« giquement et sans arrière-pensée, au nom de
« M. Casimir-Perier.

« C'est un beau nom qui est dignement porté. Ce
« candidat, encore jeune, est imbu des principes de 89,
« pénétré des traditions de sa famille, et tous ceux
« qui le connaissent le tiennent pour un franc et loyal
« ami de la liberté.

« C'est un vaincu de Pharsale; nous n'étions pas
« dans la même légion, mais nous sommes restés sur
« le même champ de bataille.

« Si je pouvais contribuer à assurer cette élection,
« je croirais avoir payé ma dette envers un pays qui
« m'a donné deux grandes marques de confiance, et
« d'avoir dignement clos ma modeste carrière politi-
« que. »

Tous les journaux, opposés au gouvernement impérial, soutinrent énergiquement la candidature de Casimir-Perier, candidat de l'Union libérale. Citons entre
autres : l'*Opinion Nationale*, le *Siècle*, la *France*, le
Progrès de Lyon, l'*Union de l'Ouest*, le *Temps*, la
Gazette du Midi, la *France centrale*, la *Gironde*, le
Mémorial des Deux-Sèvres, l'*Echo de la Frontière*.

Le *Times*, du 13 mai, consacra un long article à la
candidature Casimir-Perier et en démontra l'importance, au point de vue de la ferme défense du droit et
de la liberté et du contrôle financier.

La *Revue des Deux-Mondes*, le 15 mai, s'exprimait
ainsi :

« Une des candidatures qui nous paraissent devoir
« exciter le plus d'intérêt est celle de M. Casimir-
« Perier, à Grenoble. M. Perier conduit sa candida-
« ture avec une application et une vigueur qui sont
« malheureusement trop rares parmi nous, et qui font
« souvenir de l'énergie civique de son illustre père.
« La circulaire de M. Perier est ferme, pratique, fran-
« che et doit parler au cœur des Dauphinois. Elle est
« datée de Vizille. C'est un beau privilège que de
« pouvoir associer ainsi aux actes de sa vie publique
« un nom auquel est resté attaché un des plus nobles
« souvenirs de la Révolution française. M. Perier
« use dignement de ce privilège..... »

L'*Union*, sous la signature Mac Sheehy :

« La famille de M. Casimir-Perier jouit à Grenoble
« et dans les environs d'une influence fondée sur les
« services rendus, et personnellement, M. Casimir-
« Perier a donné des preuves de sa haute capacité et
« de sa connaissance approfondie des affaires. Tout
« le monde connaît ses remarquables écrits sur le
« budget et sur notre situation financière. »

La candidature de Casimir Perier avait également
toutes les sympathies de la population indépendante
et de la jeunesse. Au commencement de la période
électorale, les étudiants firent, en effet, à l'ancien
ministre, une ovation éclatante. Au moment où
Auguste Casimir-Perier quittait l'hôtel de l'Europe,
où il avait un pied-à-terre, il fut accueilli par des
acclamations et sa voiture fut véritablement traînée

en triomphe à travers la place Grenette. Ceux qui ont gardé le souvenir de cette manifestation en parlent comme d'une des plus imposantes qui aient jamais été faites à un homme politique. Sa prestance, d'ailleurs, sa belle tenue d'homme de haute taille, d'une large carrure, d'une distinction élégante, impressionnaient favorablement la foule.

Il jouissait aussi, près de celle-ci, d'un renom de bonté et d'affabilité qui, au même titre que sa force de caractère, la netteté et la droiture de sa vie qu'on lisait en tout lui, conquéraient les sympathies, lui gagnaient tous les concours.

Durant un mois la lutte fut des plus vives; elle ne s'affirma pas seulement par des brutalités : affiches déchirées ou couvertes de boue, insinuations mensongères courant la population et parties on ne savait de quelle source, mais encore par des attaques de presse violentes et déloyales. Il était aussi l'objet d'une surveillance étroite et odieuse. On supprima la vente de l'*Impartial* qui le soutenait; enfin on lança cette accusation ridicule que Casimir-Perier était l'ennemi de la ganterie.

Deux journaux politiques existaient alors à Grenoble : l'*Impartial Dauphinois*, dont le secrétaire de rédaction était M. Jules Poulin de Maisonville, qui défendait la candidature Perier, — et le *Courrier de l'Isère*, dont le secrétaire de rédaction était M. P. Finont, organe de la Préfecture, qui soutenait Casimir Royer, ancien député de l'Isère de 1846 à 1848.

Il n'est pas de calomnies que le *Courrier* adressa à Casimir-Perier; on discuta tous ses votes à la Chambre et tous ses écrits; on alla même jusqu'à l'accuser d'avoir, par son influence, fait supprimer la division militaire de Grenoble. — division militaire enlevée alors que le candidat n'avait pas vingt ans, et que son père n'était pas ministre de Louis-Philippe.

Casimir-Perier répondit avec calme et dignité à toutes les attaques et adressa à cet effet de nombreuses et fort longues lettres à ce journal.

Dans une lettre du 20 mai, il termine en ces termes :

« Que le *Courrier de l'Isère* cherche dans mon passé ;
« il n'y trouvera ni une palinodie, ni une faiblesse, ni
« une injure de la veille faisant place à une adulation
« du lendemain. »

Le 22 mai, troisième lettre, où on lit :

« Non seulement nous ne professons pas les mêmes
« principes, mais nous ne parlons pas la même langue.

« Vous avez des formes de discussion qui me sont
« étrangères ; je ne les emploierai jamais, par la double
« raison que je n'ai point été élevé dans ces habitudes,
« et que je crois qu'une bonne cause ne perd rien à
« être défendue avec convenance et respect de soi-
« même...

« J'ai fait, dans ma vie, diverses circulaires électora-
« les : en 1846, sous la Monarchie ; en 1849, sous la
« République ; en 1861, lorsque je suis entré au Con-
« seil général de l'Aube ; je les tiens toutes à votre
« disposition, et vous me ferez le plus grand plaisir en
« les réimprimant. J'y mets une seule condition, c'est
« que vous publierez aussi la terrible AFFICHE ROSE, la
« CIRCULAIRE AUX ELECTEURS DE VIF et certaines haran-
« gues, parmi lesquelles on m'assure que je n'aurai
« que l'embarras du choix. »

Auguste Casimir-Perier faisait ici allusion aux circulaires de son concurrent Casimir Royer, qui, libéral en 1848, avait alors chaudement défendu la République contre l'Empire dont il était ensuite devenu un des favoris.

Le 24 mai, M. Perier envoie une nouvelle lettre au *Courrier* :

« En économie politique, je suis ce que j'ai toujours
« été en politique. Je veux la publicité et la discus-
« sion. Oui, j'ai attaqué vivement les formes dans
« lesquelles a été conclu le traité de commerce avec
« l'Angleterre. Je me suis plaint que pour un acte
« touchant aux intérêts les plus compliqués du pays,
« ni le Corps législatif, ni les chambres de commerce,
« n'aient été consultés.

« J'ai fait, à l'Assemblée législative, les rapports sur
« les traités de commerce avec la Belgique et avec
« la Sardaigne, et loin de professer, en économie
« politique, des doctrines absolues, j'ai dû me justifier
« de trop abandonner la cause des industries natio-
« nales.

« Le traité avec la Sardaigne ouvrait de nouveaux
« débouchés à nos produits agricoles et à nos vins (1).
« Nos départements du Midi et principalement ceux
« qui touchaient à la Savoie et qui touchent aujour-

---

(1) On l'avait accusé de vouloir le rétablissement des droits à la sortie des vins en France. Or, il n'y avait pas de droits. Il en existait à leur entrée en Piémont, mais c'était précisément grâce à Casimir-Perier qu'ils avaient été abaissés en 1851.

« d'hui à l'Italie en ont recueilli de sérieux avan-
« tages. »

Le 28 mai, Casimir-Perier expose dans une nouvelle
lettre à l'*Impartial* son opinion sur les traités de commerce. En même temps, il adresse à ses électeurs une
seconde circulaire :

Il est des hommes indépendants par position, par caractère,
qui ne veulent rien pour eux-mêmes, à qui l'on ne saurait rien
donner parce qu'ils n'ont rien à désirer ; ceux-là, se faisant une
loi de ne rien devoir qu'à vous, refusent de se soumettre aux
exigences de l'administration.

Il en est d'autres qu'on vous désigne avec ardeur, parce que
l'on compte sur leur concours absolu ; et il s'en trouve parmi eux
qui ont trop souvent changé de conviction pour vous offrir des
garanties d'indépendance et de fermeté.

C'est à vous de choisir.

J'appartiens, Messieurs, à une famille qui s'est élevée au milieu
de vous par le travail et par l'industrie. Le Dauphiné compte des
noms bien plus anciens et plus illustres que le mien ; il n'en compte
pas de plus vraiment dauphinois et qui répondent mieux à vos
vœux et à vos besoins.

Propriétaire, agriculteur, industriel, en même temps qu'homme
d'étude et qu'homme public, j'ai tous vos intérêts et je partage
toutes vos charges.

Je veux :

La liberté religieuse ;

La liberté civile et politique ;

Le respect de la liberté individuelle et point de mesures arbitraires ;

La répression de tous les délits de la presse restituée aux tribunaux ;

Les franchises municipales et l'obligation de choisir les maires
parmi vos élus ;

La diminution des dépenses, afin d'arriver à la réduction des
impôts, et à un emploi plus profitable de la fortune publique.

J'ai applaudi, j'applaudirai toujours à la gloire de la France; mais j'ai blâmé, je blâmerai toujours les entreprises lointaines et non nécessaires qui épuisent notre sang et notre or, qui entraînent des emprunts et des impôts nouveaux et des levées annuelles de 100.000 hommes.

Je poursuivrai, Messieurs, la réalisation de ce programme, avec une infatigable énergie, par toutes les voies légales. Je n'en emploierai jamais d'autres.

C'est à vous de voir si vous voulez nommer des députés qui défendent vos intérêts et qui sachent résister à propos; ou si, comme l'administration vous le conseille, afin de rester toute puissante, vous voulez remettre vos pouvoirs aux mains de gens disposés à tout approuver.

Quelque parti que vous preniez, votez avec pleine liberté. Nul n'a le droit de vous dicter vos votes, de les contraindre ou de les entraver. Si qui que ce soit manquait à ses devoirs, fût-ce un agent de l'autorité, vous seriez protégés et défendus.

Pendant ces discussions, durant cette lutte ouverte, la pression officielle faisait son œuvre sournoise, accomplissait son travail de mine. Le Préfet de l'Isère mettait en pratique les excellents conseils que, par sa circulaire du 8 mai, le duc de Persigny donnait à ses subordonnés. La circulaire du Ministre de l'Intérieur est, à ce propos, un modèle de genre; nous en donnons quelques passages typiques :

Monsieur le Préfet,

Les élections qui se préparent vont être pour la France une nouvelle occasion d'affirmer devant l'Europe les institutions qu'elle s'est données.

Dans cette circonstance, j'ai à peine besoin de vous rappeler les principes qui doivent vous servir de guide. Vous n'oublierez pas que l'Empire est l'expression des besoins, des sentiments, des intérêts des masses, et que, avant de rallier à lui toutes les forces vives de la nation, c'est dans la chaumière du peuple qu'il a été enfanté.

Fort de son origine providentielle, l'Elu du peuple a réalisé toutes les espérances de la France; car cette France, qu'il avait trouvée dans l'anarchie, la misère et l'abaissement, où le régime des rhéteurs l'avait jetée, il lui a suffi de quelques années pour l'élever au plus haut degré de richesse et de grandeur...

L'Empereur demande au pays une législature qui, devant terminer son mandat au moment où le Prince Impérial, le fils de la France, parviendra à la veille de sa majorité, soit aussi dévouée que les deux précédentes, et n'ait d'autre préoccupation que l'avenir de l'Empire...

Le suffrage est libre. Mais, afin que la bonne foi des populations ne puisse être trompée par des habiletés de langage ou des professions de foi équivoques, *désignez hautement*, comme dans les élections précédentes, *les candidats qui inspirent le plus de confiance au Gouvernement*. Que les populations sachent quels sont les amis ou les adversaires plus ou moins déguisés de l'Empire, et qu'elles se prononcent en toute liberté, mais en parfaite connaissance de cause...

Je terminerai, Monsieur le Préfet, en vous rappelant ces paroles solennelles que l'Empereur prononçait à l'ouverture de la dernière session : « Dites à vos concitoyens que je serai prêt « sans cesse à accepter tout ce qui est l'intérêt du plus grand « nombre; mais, s'ils ont à cœur de faciliter l'œuvre commencée, « d'éviter les conflits qui n'engendrent que le malaise, de fortifier « la Constitution qui est leur ouvrage; qu'ils envoient à la nou- « velle Chambre des hommes qui, comme vous, acceptent sans « arrière-pensée le régime actuel; qui préfèrent aux luttes stériles « les délibérations sérieuses; des hommes qui, animés de l'esprit « de l'époque et d'un véritable patriotisme, éclairent dans leur « indépendance la marche du Gouvernement, et n'hésitent jamais « à placer au-dessus d'un intérêt de parti la stabilité de l'Etat et « la grandeur de la Patrie. »

Vous connaissez maintenant, Monsieur le Préfet, la pensée tout entière du Gouvernement de l'Empereur. Suivez exactement les instructions qui précèdent, et attendez avec confiance le résultat du vote. Les populations, du 10 au 20 décembre, ne laisseront pas affaiblir dans leurs mains l'œuvre dont elles sont fières. Electrisées par leur patriotisme, elles se porteront en masse au scrutin et voudront donner une nouvelle et éclatante adhésion à l'Empire glorieux qu'elles ont fondé.

Les différents pouvoirs d'ailleurs s'entendaient à merveille pour soutenir la lutte et coopérer au triomphe du candidat agréable à l'Empereur. C'est ainsi que M. Achille Moisson, procureur général à la Cour impériale de Grenoble, adressait, le 10 mai, au Préfet la lettre personnelle suivante :

Au moment où la lutte électorale s'est ouverte, je me suis empressé d'adresser à MM. les Procureurs impériaux de votre département des instructions par lesquelles, faisant appel à leur dévouement éprouvé et à leur sentiment du devoir, je leur ai retracé et je les ai chargés de rappeler aux membres de la Compagnie dont ils font partie, ainsi qu'à leurs subordonnés, les règles de conduite qui doivent guider les magistrats dans cette grave circonstance. Je leur ai demandé la coopération loyale et absolue que le Gouvernement de l'Empereur est en droit d'attendre de quiconque appartient à l'ordre judiciaire.

Aucun d'eux, j'espère, n'oubliera qu'il doit seconder l'action de l'administration et lui venir franchement en aide.

Je viens en outre et par une dépêche spéciale de recommander à mes substituts d'échanger avec tous les juges de paix de leur arrondissement des communications très fréquentes soit verbales, soit écrites, de les diriger, de les soutenir, de les surveiller, de leur faire comprendre qu'ils doivent un concours actif à l'administration qui a la confiance de l'Empereur et aux candidats qu'elle appuie, de leur redire qu'il importe d'arriver non seulement à des succès relatifs, mais aussi et partout à ces majorités imposantes qui sont l'honneur et la force de ceux qui les constituent, aussi bien que de ceux qui les obtiennent.

L'excellent Préfet de l'Isère, ainsi conseillé, ainsi

dirigé, ne pouvait que se jeter à corps perdu dans la lutte. Son intervention fut d'abord, nous l'avons dit, plutôt sournoise. Elle n'en fut pas moins active. Le 11 mai 1863, le Préfet télégraphiait au Ministère de l'Intérieur :

« M. Casimir-Perier fait déposer à l'instant sa cir-
« culaire en placard, avec ce titre : *Candidat indépen-
« dant*, contrairement à la note du « *Moniteur* ».

« Dois-je laisser afficher? »

D'ailleurs, nous nous bornons à reproduire les documents : ils prouveront suffisamment avec quelle énergie était menée la campagne officielle.

C'est une dépêche télégraphique, en réponse au Préfet qui avait distribué son temps entre les diverses localités de la circonscription et se proposait — comme l'indiquent d'autres télégrammes — de mener une campagne dans chaque canton, d'y aller porter la bonne parole impériale... à date et heure fixées :

Paris, 19 mai 1863, 3 heures 55.

Le Ministre de l'Intérieur à Monsieur le Préfet de l'Isère, Grenoble.

J'approuve la tournée que vous faites. Tenez-moi exactement informé de ses résultats.

Le dossier officiel est vraiment captivant :

Dépêche télégraphique.

Paris, le 21 mai 1863, 4 heures.

Le Ministre de l'Instruction publique et des Cultes à Monsieur le Préfet de l'Isère, Grenoble.

J'accorde secours supplémentaire de 5.000 francs pour les écoles publiques de Grenoble.

Une subvention de 2.000 francs est encore accordée à la commune de Venosc pour le chemin intermédiaire de Venosc à Bourg-d'Oisans. Deux cents francs sont accordés à la commune de Marcieux pour la reconstruction du presbytère.

Autre lettre. L'intervention du Préfet, à l'approche du scrutin, se fait plus ouverte et plus directe :

Paris, le 21 mai 1863.

M. le Préfet, j'ai examiné la proclamation que vous vous proposez d'adresser aux électeurs de la 1re et de la 4me circonscriptions et dont vous m'avez soumis le projet par votre dépêche du 18 mai.

Je vous autorise à publier ce document à l'exception d'un passage que vous trouverez rayé au crayon rouge et que je vous engage à supprimer.

La date de l'élection approchait ; avant que fut affichée la proclamation du Préfet, le Procureur général Achille Moisson — jaloux sans doute de l'activité déployée par M. Ponsard — voulut faire aussi acte d'attachement à l'Empire.

L'*Impartial* avait publié une lettre de Casimir-Perier dont un passage fut incriminé ; le voici :

« Le nouveau système d'exonération militaire est tout à la fois un impôt déguisé et un mode d'emprunt permanent :

« On appelle 100,000 hommes ; 20 ou 25,000 se font exonérer moyennant versement de 2,000 à 2,300 francs environ. Cinquante millions sont ainsi perçus ; cette somme est en grande partie absorbée par les besoins du Trésor et consolidée en rentes. Quelques millions seulement sont consacrés aux primes de remplacements militaires. Les populations paient et le nombre d'hommes appelés n'est pas sous les drapeaux. »

Le Ministre de la Justice s'émut de cette lettre : des poursuites furent ordonnées. M. Achille Moisson écrivait, en effet, au Préfet de l'Isère le 30 mai :

Son Excellence le Ministre de l'Intérieur me communique l'extrait d'une lettre signée de M. Casimir-Perier, publiée par le journal l'*Impartial Dauphinois*. Cette lettre, dans un passage relatif à l'exonération des jeunes soldats, contient une imputation aussi fausse que diffamatoire ; elle outrage directement le gouvernement de l'Empereur.

Ordonnez que des poursuites soient immédiatement dirigées contre le journal qui s'est rendu l'interprète de M. Casimir-Perier.

J'ai en conséquence l'honneur de vous informer, Monsieur le Préfet, que je viens de donner les ordres nécessaires pour que le sieur Maisonville, gérant du journal l'*Impartial Dauphinois*, soit traduit à la plus prochaine audience devant le Tribunal de police correctionnelle de Grenoble, pour délit d'excitation à la haine et au mépris du gouvernement de l'Empereur.

Le gérant, M. Jules de Maisonville, fut en conséquence assigné à comparaître le 3 juin devant le tribunal correctionnel. Dès qu'il eut connaissance de cette poursuite, Casimir-Perier, qui voulait revendiquer sa responsabilité entière dans la publication de la lettre, écrivit au Procureur général, le 31 mai :

Monsieur le Procureur général,

Hier au soir, à mon retour à Grenoble, j'ai appris que M. Jules Maisonville était poursuivi, comme gérant du journal l'*Impartial Dauphinois*, au sujet d'un passage d'une lettre signée de moi et insérée dans ce journal.

Ce matin, j'ai vu les murs de la ville se couvrir d'affiches officielles au son de caisse et annonçant cette poursuite. De nombreux agents paraissent avoir été dépêchés cette nuit pour porter ces affiches sur tous les points de la circonscription électorale.

Il y aurait un moyen à la fois régulier, naturel et conforme à l'équité, d'exercer plus complètement le droit dont le ministère public entend user, et d'augmenter en même temps le retentissement dont on paraît tenir à entourer la poursuite. Ce serait de me mettre en cause, moi qui, s'il y a délit, en suis le principal, je puis dire le seul auteur.

M. Jules Maisonville s'est fié à ma compétence du sujet que je traitais, il est évident qu'il a agi sous ma responsabilité morale ; il est juste que ma responsabilité personnelle le couvre, ou tout au moins qu'il ne fasse que la partager.

CASIMIR-PERIER.

Le bruit fut habilement répandu de l'arrestation du *candidat indépendant* et, à la veille même de l'élection — tandis que Casimir-Perier était assigné pour comparaître devant la première chambre de la Cour d'appel, en sa qualité de Grand-Officier de la Légion d'honneur, ainsi que M. J. Maisonville, réassigné — le préfet de l'Isère tentait son dernier effort, lançait son dernier trait.

Le document vaut d'être reproduit in-extenso :

Empire Français. — Préfecture de l'Isère.

—

Elections Législatives.

—

1re Circonscription Electorale.

—

Candidat recommandé par le Gouvernement de l'Empereur
M. ROYER
ancien député
Premier président honoraire de la Cour impériale de Grenoble
Membre du Conseil Général de l'Isère.

—

Messieurs les Electeurs,
Vous êtes appelés à élire un député au Corps Législatif.
Le suffrage doit être libre. Son indépendance sera respectée.

L'importance de l'acte solennel du 4 mai n'a pas échappé à votre patriotisme.

De quoi s'agit-il en effet ?

De l'affermissement de nos institutions aujourd'hui menacées par les ennemis de l'Empereur.

Un candidat *dit* indépendant, issu de la coalition des partis déchus, vient solliciter vos suffrages.

Il promet tout..... excepté son dévouement à l'Empereur !

Journaux, libelles, pamphlets répandus à profusion, émissaires salariés et lancés sur tous les points, rien n'est épargné pour mieux tromper votre foi politique.

Et il se plaint des entraves à la liberté.....

La confiance des Dauphinois ne se laissera pas surprendre.

La France a fait l'Empire ; heureuse et fière de son œuvre, consacrée par *huit millions* de suffrages, elle saura défendre et rendre impérissable le gouvernement qui lui a rendu sa grandeur dans le monde et assuré sa prospérité intérieure.

Les efforts des partis coalisés viendront une fois de plus se briser contre la sagesse et le patriotisme des populations.

ELECTEURS DE LA Ire CIRCONSCRIPTION,

Fidèles à votre passé, fiers à juste titre de votre dévouement traditionnel à l'Empire, vous donnerez une force nouvelle à l'Empereur qui a déjà tant fait pour votre pays qu'il aime, en votant pour le candidat dévoué à sa politique et à sa dynastie.

Vous viendrez tous au scrutin remplir votre devoir d'électeur et de citoyen.

M. ROYER, que nous avons mission de recommander à votre choix, est votre compatriote ; son activité, sa haute intelligence et son attachement à vos intérêts vous sont connus. Il est digne de vos suffrages. Il a la confiance de l'Empereur.

Grenoble, le 28 mai 1863.

Le *Préfet de l'Isère*,

H. PONSARD.

Cette proclamation que les maires durent « faire afficher immédiatement à son de trompe ou de tambour » et lire « sur la place publique le dimanche

matin, avant l'ouverture du scrutin », décida sans
doute du résultat de la campagne administrative (1)
menée contre Casimir-Perier.

Ce fut néanmoins à une majorité peu importante

---

(1) Dans une lettre adressée, quelques jours après le scrutin,
par le préfet Ponsard au Ministre de l'Intérieur, nous relevons
les curieux passages suivants sur les dépenses faites par l'administration départementale :

« A plusieurs reprises j'ai fait une tournée dans l'étendue de la
circonscription pour éclairer les maires, fonctionnaires et employés de toutes classes, pour raffermir leur dévouement et m'assurer
de leur concours. J'ai dû, en outre, stimuler ou récompenser le
zèle de divers agents par des encouragements pécuniaires.

« Je n'ai nullement la pensée, je crois pouvoir me dispenser
d'insister à cet égard, de rentrer dans une partie des frais personnels résultant de ces faits.

« Mais, Monsieur le Ministre, il a été indispensable, indépen-
damment de l'envoi gratuit d'un nombre assez considérable du
journal le *Courrier de l'Isère*, de multiplier les affiches, publications
et autres impressions. J'ai dû en outre avoir recours à des agents
supplémentaires que j'ai soldés de mes deniers.

« Dans la 4me circonscription où se présentait également un
candidat dangereux, M. Brillier, en opposition à l'honorable
M. Faugier, député sortant, il a fallu aussi combattre cette candidature par de nombreuses publications et affiches.

. . . .

« La différence est par conséquent de 5,128 fr. 90.

« Votre Excellence reconnaîtra, je l'espère, que je ne dois pas
être tenu de prendre personnellement la charge de cette dernière
somme qui représente entièrement des frais exceptionnels nécessités par la violence de la lutte engagée et par l'intérêt d'ordre
public d'aviser à tous les moyens légaux de la combattre avec
succès.

« J'ai l'honneur de vous prier d'avoir la bonté, Monsieur le Mique M. Royer l'emporta sur son concurrent. Voici les résultats obtenus :

Inscrits...... 46.527

Votants 35.086

Suffrages obtenus par M. C. Royer..... 18.870

— par M. C. Perier.... 16.131

Le recensement général des votes, qui eut lieu à la salle des Concerts, donna lieu à une manifestation de sympathie pour le vaincu de la veille (2).

La salle et la tribune ont été, dit un journal, dès l'ouverture littéralement envahies.

Le bureau était composé de MM. Charmeil, Reynaud et Sestier.

Quand le dépouillement du scrutin a été terminé, M. Casimir-Perier s'est levé, et, au milieu d'un profond silence, il a lu d'une voix ferme et calme une protestation énergique contre divers faits auxquels il

---

nistre, de m'ouvrir sur les fonds de police, dont vous disposez un crédit de 5,000 fr., pour le solde des frais dont il s'agit. »

Le Ministre alloua la somme, qui comprenait en résumé :

1° Envois gratuits d'exemplaires (14.810) du journal le *Courrier de l'Isère*............................... 2.965 90

2° Affiches, proclamations et autres publications extraordinaires...................................... 1.075 »

3° Frais de rémunération d'agents.................... 1.088 »

Total....... .... 5.128 90

(2) Dans les trois cantons de Grenoble, M. Casimir-Perier avait obtenu 6,078 voix contre 4,316 à M. C. Royer. Dans celui de Vizille, le candidat officiel avait réuni 751 voix contre 2,106 à M. Perier. Ceux de La Mure et du Touvet avaient également donné la majorité à M. Perier.

attribue le résultat défavorable des opérations électorales :

Le soussigné, dit cette protestation, déclare protester contre
les opérations électorales de la première circonscription du département de l'Isère et contre leur résultat.

Il se fonde :

Sur les promesses, menaces et dons faits par l'Administration
ou en son nom; sur les entraves apportées à l'affichage et à la
distribution de ses circulaires et de ses bulletins ;

Sur les procédés illégaux de divers maires et autres agents de
l'autorité; sur l'irrégularité du scrutin dans diverses communes ;

Sur d'autres faits dont le soussigné aura comme des précédents
à faire la preuve devant le Corps législatif ;

Et principalement sur le fait inouï de l'affichage à son de
caisse, dans toutes les communes, le matin même de l'élection,
d'une annonce de poursuites dirigées contre un tiers, à l'occasion
d'une lettre du soussigné. Sans le comprendre dans les poursuites, on y mêlait son nom en des termes qu'il dédaignerait si
l'intention évidente de tout cet éclat n'avait été de détourner de
lui les votes de nombreux électeurs. Tel a été, en effet, le résultat
d'une nouvelle répandue d'une façon si insolite, expédiée partout
par exprès et accompagnée, comme elle ne pouvait manquer de
l'être, des commentaires les plus odieux et les plus mensongers.

À peine M. Casimir-Perier avait-il terminé la lecture de cette protestation qu'une explosion formidable
de bravos, à laquelle nous ne saurions comparer rien
de ce que nous avons jamais entendu, s'est instanta-
nément échappée de toutes les poitrines, comme la
chaleureuse expression d'une pensée unanime.

M. Casimir-Perier est alors sorti de la salle, suivi
de cette foule vivement impressionnée, qui l'a silen-
cieusement suivi jusqu'au seuil de son hôtel, où elle
l'a salué du cri de : Vive Casimir-Perier !

Les élections terminées, les poursuites furent abandonnées, le but étant atteint. Auguste Casimir-Perier et son gérant exigèrent que le procès fut jugé. Remis d'abord du 14 au 17 juin, il vint devant la Cour d'appel le 24 du même mois. Les prévenus avaient choisi pour défenseurs, Auguste Casimir-Perier, le célèbre Berryer, Maisonville, un avocat connu de la ville, M. Michal-Ladichère. Berryer arriva à Grenoble le 23 juin : une sympathique manifestation l'y accueillit. La cause vint le 24 juin devant un auditoire d'élite ; après la plaidoirie (1) de Berryer, Michal-Ladichère crut inutile de prendre la parole, et la Cour rendit un long arrêt dont voici les derniers considérants :

« Attendu toutefois qu'il n'est pas possible de trouver soit dans les termes du passage incriminé, soit dans l'intention qui l'a inspiré, les éléments constitutifs des deux délits d'attaque contre le respect dû aux lois et d'excitation à la haine et au mépris du gouvernement ;

« Attendu que l'article incriminé ne constituant aucun délit, le gérant responsable du journal qui l'a publié doit être relaxé ainsi que le signataire de l'article ;

« Par ces motifs...

« Relaxe Maisonville et Casimir-Perier et les renvoie de la plainte. »

---

(1) On sait que la loi interdit le compte-rendu des débats en matière de presse.

Le soir même de ce succès oratoire, Berryer assista au banquet qui lui fut offert par le Barreau de Grenoble. « Si Berryer, dit un journal de l'époque, a été reçu avec cette sympathie, cet enthousiasme, cet entrain, c'est non-seulement parce qu'il est Berryer, mais parce que la cause qu'il venait défendre était celle de M. Casimir-Perier, de la liberté de la presse, de la liberté électorale. »

L'*Union de l'Ouest* publiait également :

« Quel regret de ne pouvoir vous rendre compte, même par à peu près, de cette audience du 24 juin, où les échos du vieux palais ont dû reconnaître dans la voix inspirée du vétéran de la défense les accents généreux de Servan et de nos grands magistrats de l'ancien temps.

« La cause à plaider était une cause de liberté électorale, le client s'appelait Casimir-Perier ; on était à Grenoble dans la grand'chambre du Parlement dauphinois, à deux pas de Vizille, et l'orateur était Berryer !

« Faites avec cela la plaidoirie que nous avons entendue. »

Auguste Casimir-Perier ne se laissa pas désarmer par l'ovation populaire qui accueillit son acquittement. Elle se manifesta, à Grenoble, par les bravos de deux mille curieux, massés sur la place St-André, et à Vizille, par l'enthousiasme de toute la population, par l'illumination de toutes les maisons, le flamboiement, à tous les carrefours, des feux de joie, et par les cris de : Vive Casimir-Perier ! quand il arriva dans cette ville. Il poursuivit la lutte commencée contre une administration abusant de sa puissance, contre un despotisme dictant aux électeurs ses volontés. Sa protestation contre le vote des 31 mai et 1er juin fut examinée par la Chambre, dans sa séance du 28 novembre 1863 : M. de Guilloutet, rapporteur du 4e bureau pour la validation de l'élection de M. Casimir Royer, la combattit.

Cette protestation, rédigée en termes modérés et nets, exposant avec clarté tous les faits de pression officielle, retrace, en un style précis et limpide, toute la campagne électorale. Elle insiste en particulier sur les subventions accordées à Grenoble (200.000 fr.) et aux communes, sur le fait « inouï » — c'est le terme même d'Auguste Casimir-Perier — de l'affichage du placard préfectoral, sur la portée inqualifiable qu'on essaya de donner aux poursuites, sur la suppression des correspondances postales le jour de l'élection. Aux annexes de sa protestation, Casimir-Perier raconte ce dernier fait relatif au service des facteurs : « Les facteurs ont été, par l'ordre de M. le préfet, obligés de partir à cinq heures du matin au lieu de onze heures, pour porter des affiches officielles dans toutes les communes de la circonscription; ils n'ont porté uniquement que ces affiches... »

« Une population de 25.586 âmes répartie sur le territoire de 29 communes, a été pendant vingt-quatre heures, privée de ses communications postales, d'où pouvaient dépendre la fortune, la vie ou l'honneur de plusieurs habitants... »

L'exposé des faits qui composait cette protestation si digne se terminait ainsi :

« Combattu à outrance, non seulement par tous les moyens d'influence dont l'Administration dispose, mais par la corruption, par les abus de pouvoir, par la violation scandaleuse du droit et de la justice, traité en ennemi public, vaincu dans une lutte inégale, j'ai la confiance d'avoir fait mon devoir et j'ai obtenu, comme homme, toute la satisfaction que je pouvais désirer. Ce qui reste en question est d'intérêt public, et si des intérêts particuliers sont en jeu, ce sont les vôtres et non pas les miens. Prononcez donc, Messieurs, dites s'il peut être permis, s'il est bon, s'il est convenable qu'un de vos collègues, étranger, je l'admets, à tant d'indignités ne doive qu'à des moyens comme ceux qui viennent de vous être signalés, sa place parmi les représentants de la France. »

M. de Guilloutet s'exprimait ainsi pour combattre les arguments probants de M. Perier :

« Une protestation, dit en résumé le rapporteur, s'est produite ; elle émane de M. Casimir-Perier ; les motifs sur lesquels elle est fondée appartiennent à trois ordres d'idées différents. M. Perier se plaint d'une manière générale des circonstances au milieu desquelles la candidature de M. Royer s'est produite ; il accuse l'administration de quelques faits qualifiés par lui de corruption ; il signale enfin cette administration comme coupable de manœuvres frauduleuses, illégales et diffamatoires.

« En récriminant contre la candidature officielle de M. Royer, M. Perier se livre à des personnalités qui n'auraient pu trouver leur place dans le débat ; il attaque vivement ensuite la proclamation de M. le Préfet de l'Isère.

« Le Préfet de l'Isère n'est pas entré le premier dans l'arène ; sa proclamation est du 28 mai, elle répond en quelques lignes à des articles de journaux et surtout à deux longues circulaires des 8 et 24 dans lesquelles M. Perier n'épargne aucune de ces attaques qui peuvent égarer le jugement du public auprès duquel on les exploite. En présence des documents que le bureau a examinés, le préfet de l'Isère ne pouvait rester silencieux ; l'attaque était trop vive, il devait répondre. »

M. Larrabure combattit les conclusions du bureau. « N'est-il pas affligeant, disait-il, de voir un haut fonctionnaire chercher, au nom du Gouvernement, à abaisser nos notabilités les plus pures, à porter atteinte à la moralité et à l'honorabilité d'un candidat justement estimé de tous. Je vous propose d'annuler l'élection de la première circonscription de Grenoble. Je vous le propose comme un acte d'honorable susceptibilité, comme un acte de probité politique. J'espère que la Chambre fera bonne justice. »

Dans cette même séance, et au sujet de la validation de l'élection de M. Royer, prirent encore la parole : *pour*, MM. Creuzet et Thuillier ; *contre*, MM. Ernest Picard, Thiers, Jules Favre, E. Ollivier, Glais-Bizoin, Marquis d'Andelarre. La discussion reprit dans la séance du lendemain. Intervinrent encore dans le débat : MM. Thuillier, Jules Favre, Larrabure qui s'écriait : « Si le procureur général avait fait son devoir, le préfet de l'Isère aurait dû trembler pour sa liberté ! »

Malgré de tels défenseurs, la cause était perdue

d'avance. M. Casimir Royer fut validé par 201 voix contre 36.

II

Auguste Casimir-Perier ne fut pas découragé par cet échec ; le 24 mai 1869 (1), il se présentait de nouveau dans la première circonscription de l'Aube, qui ne lui donna que 15,195 voix contre 20,878 au député sortant, M. Argence. Il eut néanmoins quelques consolations à ces insuccès : en 1867, il avait été choisi comme membre libre de l'Académie des Sciences morales et politiques.

La guerre de 1870-71 trouva M. Perier dans ses propriétés de Pont-sur-Seine. Il y fut arrêté comme otage par les Prussiens, d'abord enfermé dans la prison de Troyes, puis envoyé à Reims à la disposition du gouverneur général prussien, jusqu'à la signature de l'armistice. Le 8 février 1871, trois départements l'envoyèrent siéger à l'Assemblée nationale : l'Aube, où il fut élu le 2e sur 5 par 38,548 voix (56,484 votants) ; les Bouches-du-Rhône, qui le nommèrent le 6e sur 11 par 48,776 voix (75,803 votants) ; l'Isère, qui l'élut le 11e sur 12 par 52,490 voix (92,816 votants). Casimir-Perier opta pour l'Aube.

---

(1) Le 27 janvier 1866, il avait prononcé un discours au huitième banquet de l'Association des anciens élèves du Lycée Bonaparte.

A Bordeaux, où se réunit d'abord l'Assemblée, il vota la paix, la déchéance de l'Empire et le transfert de la Chambre à Versailles. Dans cette dernière ville, il prit encore une part importante aux travaux de l'Assemblée.

Casimir-Perier alla d'abord siéger au centre droit : il s'y fit apprécier par son esprit modéré et conciliant et travailla à maintenir l'accord entre l'Assemblée et M. Thiers, dont il adopta la politique. Comme ce dernier, il en arriva bientôt, en considérant l'état de la France et des partis, à acquérir cette conviction que le seul gouvernement possible et durable était la République. Se rappelant les leçons du passé, il comprit que l'Assemblée se discréditerait infailliblement, si elle suivait les errements des précédentes assemblées. Son évolution s'opéra sensiblement vers le centre-gauche. Il comprit les aspirations à peine formulées de la nation, faisant preuve d'une justesse d'esprit, d'un sens politique rare. Il montra, comme dit Sainte-Beuve, « cette faculté modérée, prudente, vraiment politique, qui ne devance qu'autant qu'il est nécessaire, mais toujours prête à comprendre, à accepter sagement, à aviser et qui, après tant d'années, se retrouve sans fatigue au pas de tous les événements, si accélérés qu'ils aient pu être. »

En même temps que s'opérait en lui cette évolution, il se faisait remarquer à la Chambre par sa compétence financière. Dans la séance du 31 août 1871, il présentait, au nom de la Commission, un rapport sur le budget rectifié de l'exercice 1871. M. Casimir-Perier commençait ainsi son rapport :

« Jamais commission législative ne s'est trouvée en face d'une œuvre plus difficile que celle que vous nous avez confiée, d'un devoir plus pénible que celui que nous partageons avec vous et avec le gouvernement, le devoir d'imposer, tout d'un coup, à une nation plus de cinq cents millions de charges nouvelles.

« Hâtons-nous de dire que la France a le sentiment de la nécessité des sacrifices et nous demande, non pas de les lui épargner, mais de les lui faire supporter dans la proportion la plus équitable pour les individus et de la manière la moins dommageable pour la communauté. Il est un autre espoir qu'elle fonde sur nous, c'est que nous saurons réduire les dépenses au strict nécessaire. »

En même temps, M. Casimir-Perier était nommé rapporteur du projet de loi sur l'emprunt de 2 milliards, du projet de loi frappant d'un décime toutes les contributions, — il se prononçait contre les impôts sur les matières premières proposés par le Ministre des finances et présentait un contre-projet dans lequel l'impôt sur le revenu prenait la place du système de M. Pouyer-Quertier.

Par décret présidentiel du 11 octobre 1871, M. Casimir-Perier était nommé Ministre de l'Intérieur, en remplacement de son ami, M. Lambrecht, décédé.

En prenant possession de son portefeuille, il adressa aux préfets une circulaire, ferme et libérale.

Versailles, 16 octobre 1871.

Monsieur le Préfet,

M. le Président de la République vient d'ajouter aux marques d'estime dont il m'a toujours honoré la plus grande preuve de confiance qu'il pût me donner, en m'appelant au Ministère de l'Intérieur. Je succède à un ami bien cher dont la fin si imprévue hâtée par son dévouement au pays, laisse une douleur profonde chez ceux qui l'ont connu et partout de vifs regrets, mérités par une vie entière d'honneur et de loyauté.

Il y a quarante ans, M. le Président de la République, dès le début de sa glorieuse carrière, se plaçait aux premiers rangs de ceux qui luttaient à côté de mon père pour la défense des lois et de l'ordre par la liberté. Si j'ai accepté le lourd fardeau qui va peser sur moi, je ne crains pas d'avouer qu'au sentiment du devoir s'est joint, pour me déterminer, celui des obligations particulières que m'imposent ces souvenirs.

Les révolutions ont, depuis cette époque, changé bien des choses et les hommes qui entraient alors dans la vie publique ont pu profiter des leçons de l'expérience sans avoir rien à répudier de leur passé !

La forme actuelle du gouvernement de la France exige plus que tout autre le respect absolu de la loi. Plus les citoyens possèdent de droits, plus ils ont de devoirs ; la liberté ne peut être assurée que par la soumission de tous à la règle commune et, dans une République, la répression rigoureuse de toute attaque contre l'Etat devient d'autant plus obligatoire qu'il ne s'agit pas de défendre des intérêts de dynastie, de personnes ou de parti, mais le bien sacré de tous : la paix publique et le travail.

Les partisans éclairés et sincères de la République ne commettent pas la faute de prétendre fonder seuls une République exclusive et intolérante ; ils croient que ce n'est pas trop de l'accord de tous les hommes de bonne volonté pour prêter force à des pouvoirs réparateurs. Le salut de la France est assuré, si cet accord se maintient pendant l'œuvre si difficile de la réorganisation. Lorsqu'un pays subit une crise sociale comme celle que nous traversons, peu importent les noms et les formes de gouvernement, pourvu que triomphent les principes fondamentaux de toute morale, de toute justice et de toute liberté.

J'espère en avoir dit assez pour vous bien faire saisir ce que commande à tous la politique suivie par l'Assemblée nationale et par le Président de la République. Cette politique se manifestera de plus en plus et sera fortifiée non seulement par le concours des adhérents qu'elle se fait chaque jour, mais par les attaques même de ceux dont elle déjoue les desseins coupables.

Il me reste à caractériser votre rôle. La mission des agents du pouvoir n'est pas seulement d'administrer. Ce n'est point uniquement par les actes officiels, c'est par les rapports habituels avec les hommes, c'est par la sagesse et la franchise des relations qu'ils entretiennent avec eux que les fonctionnaires d'un gouvernement libre se fait comprendre et respecter. C'est ainsi qu'ils acquièrent l'autorité morale, la seule sur laquelle ils puissent s'appuyer dans leurs rapports avec leurs administrés, lorsqu'il s'agit de l'exercice des droits politiques des citoyens.

Dans le choix ou dans la désignation de vos auxiliaires, inspirez-vous de l'esprit qui dicte ces instructions. N'oubliez jamais qu'il faut à la France dans ses malheurs et dans ses périls, avec l'énergie et la force, l'apaisement et la conciliation. Jugez les hommes d'après leur caractère véritable, non d'après les préventions de partis et servez-vous-en suivant leurs mérites. Dans l'application de la loi, préférez toujours l'interprétation la plus large, la plus libérable, la plus généreuse. Votre parti pris, restez inflexible et ne ménagez pas plus les abus de pouvoir dont vos subordonnés se rendraient coupables que les infractions commises par les citoyens.

Voilà, Monsieur le Préfet, la ligne de conduite que mon devoir et mes convictions m'engagent à vous tracer; voilà ce que j'attends de mes collaborateurs. Ils seront certains, en restant fidèles à ces principes, d'être soutenus, défendus et toujours couverts par ma responsabilité.

Recevez, etc.

Le Ministre de l'Intérieur,

CASIMIR-PERIER.

Quelques jours après son entrée au Ministère, M. Casimir-Perier présenta au Président de la République un rapport sur l'exécution de la loi du 16 juin attribuant aux émigrants de l'Alsace et de la Lorraine, 100.000 hectares de terres en Algérie. Il s'occupa en même temps de réorganiser le Ministère de l'Intérieur, de façon à amener de nombreuses suppressions dans le personnel de l'administration centrale, une notable économie, à assurer par la concentration des services, une rapidité plus grande dans l'expédition des affaires.

Il créa quatre grandes Directions, ainsi qu'une Direction des affaires civiles de l'Algérie (1). Il suspendit aussi quelques journaux bonapartistes, appliquant strictement la loi; il voulut cependant atténuer, par un esprit plus conciliant, la sévérité de cette loi concernant la publication des fausses nouvelles et décida, le 27 décembre, que l'administration se bornerait lorsqu'il y aurait erreur, ou imprudence, à demander au journal une rectification (2). La circulaire, à l'occa-

---

(1) Rapport au Président de la République du 19 novembre 1871 sur la réorganisation intérieure des bureaux du Ministère de l'Intérieur. Par la suppression de soixante chefs ou employés et la concentration des services, il obtint une importante réduction de frais (200.000 francs environ).

(2) Rapport au Président de la République du 26 décembre 1871 pour qu'à l'avenir l'administration publie, selon le cas, dans le *Journal Officiel* adressé aux journaux, les rectifications qui lui paraissaient utiles. « Je crois, disait Casimir-Perier, qu'en exerçant ce contrôle avec discernement et sincérité, sans s'astreindre, bien entendu, à démentir tout fait inexact et sans que le silence puisse jamais être pris pour une acceptation, l'administration acquerrait le droit de se montrer plus sévère envers les publications faites de mauvaise foi ou jugées de nature à troubler la paix publique. »

sion des élections du 7 janvier 1872, ne fut pas moins remarquée que les précédentes : il y recommanda aux préfets d'éviter toute ingérence rappelant le souvenir des candidatures officielles, mais en même temps de blâmer hautement les abstentions. « Un peuple, dit-il, compromet ses destinées et perd le droit de se plaindre s'il déserte le scrutin, si, désintéressé de la chose publique, il croit trouver dans une inerte abdication de tout effort les biens qu'il n'a le droit d'acquérir qu'à force d'énergie et de patriotisme. »

Casimir-Perier remit son portefeuille le 2 février 1872 devant le vote de la Chambre, qui rejetait une proposition ayant pour objet de fixer à Paris la résidence de l'Assemblée nationale et du Gouvernement.

Complètement rallié à la République de M. Thiers, il se fit inscrire, en quittant le Ministère, parmi les membres du centre-gauche. La part qu'il prit encore aux discussions des affaires fut active et généreuse. Le 9 mars, il flétrit avec indignation du haut de la tribune, le système de virements dont M. Pouyer-Quertier, Ministre des Finances, venait de faire presque l'apologie devant la Cour d'assises dans l'affaire de M. Janvier de la Motte ; au mois de juin suivant, il se prononça pour l'impôt sur les revenus mobiliers, puis demanda une retenue de 2 pour cent sur les traitements et pensions payés par l'Etat. Dans la séance du 5 juillet 1872, à l'occasion de la discussion du projet de loi relatif à l'impôt sur le chiffre des affaires, il présenta un contre-projet. « Je suis partisan, disait-il, d'un système qui consiste à percevoir l'impôt sur le profit net de l'industrie et du commerce établi par la déclaration. »

Il soutint son projet dans la séance du 7 juillet : « Je me suis efforcé de démontrer en quoi l'impôt perçu sur les bénéfices de l'industrie et du commerce me paraissait offrir une base de perception plus précise et plus équitable que l'impôt sur le chiffre des ventes. »

Sa large participation aux discussions et aux travaux de l'Assemblée ne le détournèrent pas de son but qui était d'acquérir toutes les bonnes volontés et toutes les intelligences à la République ; il travailla à ce qui fut appelé « la conjonction des centres » et affirma maintes fois sa foi républicaine. Le 15 septembre 1872, à l'occasion d'une visite que lui fit, à Pont-sur-Seine, le comte de Paris, il répondit aux commentaires par une nette déclaration d'attachement à la forme républicaine. Il soutint vigoureusement M. Thiers lorsque l'Assemblée tenta de le renverser le 29 novembre 1872 et, le lendemain, répondant à une insinuation de M. Batbie, il lui adressa ces mots : « Je me permettrai de vous dire que, parmi ceux avec qui j'ai voté hier, il y a des conservateurs de plus vieille date et d'opinion moins variable que vous. » En janvier 1873, Casimir-Perier constitua un nouveau groupe, dit : Groupe des conservateurs de la République libérale. On considère généralement comme une faute cette scission que provoqua l'ancien Ministre de l'Intérieur ; elle lui fut conseillée par son désir de ne pas engager le pays dans une voie d'aventures ; elle eut, en tout cas, pour résultat, de créer comme un trait d'union entre cer-

Deux conditions sont indispensables pour qu'un peuple ait un gouvernement libre et jouisse d'une prospérité durable : la responsabilité et le contrôle.

La seule responsabilité qui soit efficace est celle des ministres devant les représentants du pays. "C'est une fiction constitutionnelle, a-t-on dit, et cette fiction n'a pas toujours protégé les trônes." Cela est vrai, car les révolutions ne respectent pas les lois qu'elles ont pour but de renverser, mais de bonnes lois peuvent rendre les révolutions plus rares.

Si la responsabilité du président électif d'une république offre à l'esprit une idée nette et précise, il n'en est pas de même de la responsabilité d'une monarque héréditaire, responsabilité qui peut être inscrite dans une charte sans que la nation y trouve une garantie, par l'impossibilité d'y donner une sanction.

Du contrôle de l'administration financière dépend la bonne direction de la politique. Rien, dans un état, ne se fait sans argent et si le pouvoir exécutif puise à son gré dans le trésor public il ne rencontre point de frein à ses entreprises. Les fantaisies d'un gouvernement personnel deviennent impossibles lorsque, en droit comme en fait, les représentants du peuple votent les recettes et règlent les dépenses.

Casimir Perier

AUTOGRAPHIE DE CASIMIR-PERIER

Photographie prise à la Bibliothèque de Grenoble,
par MM. Martinotto frères.

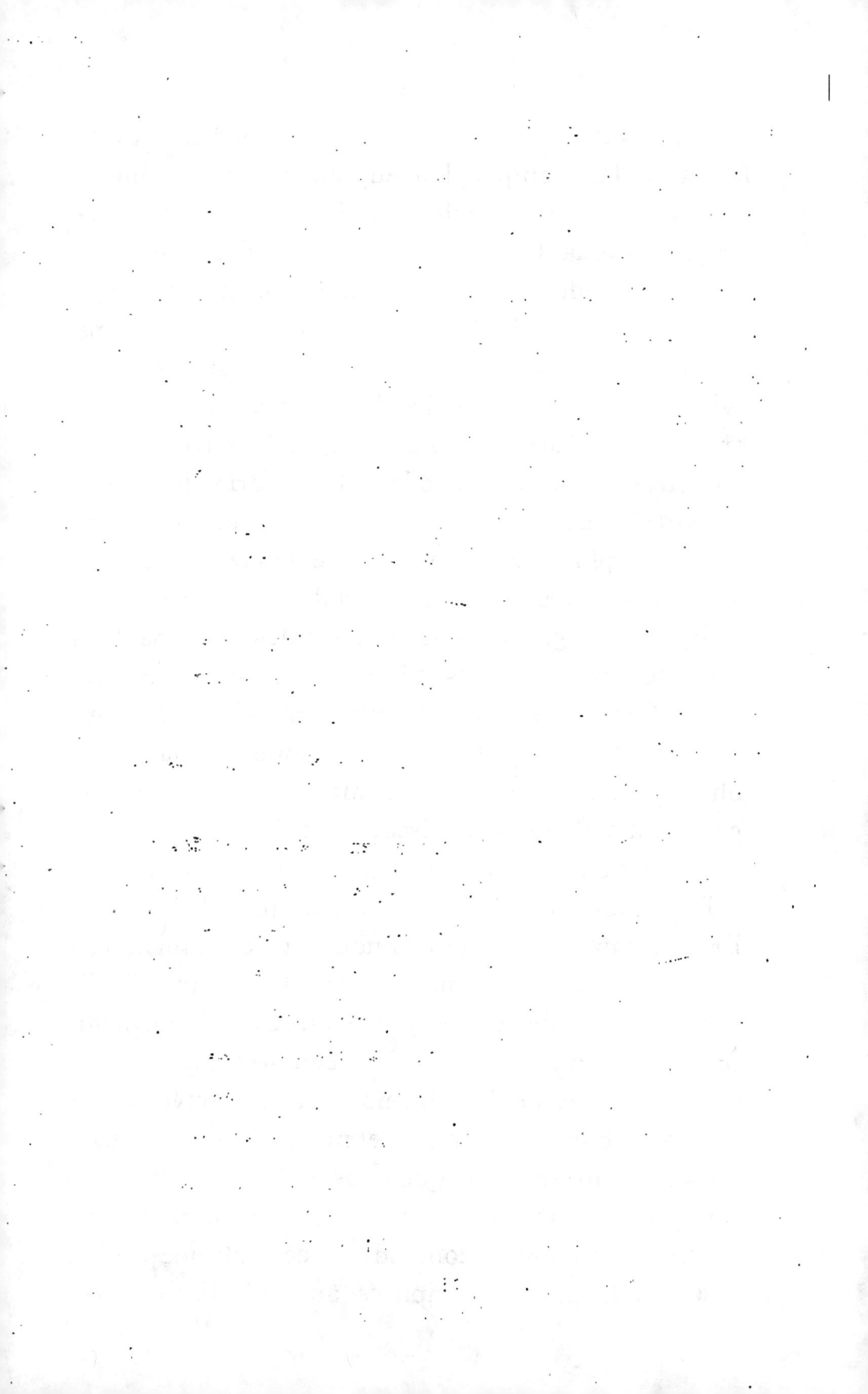

tains conservateurs encore rebelles aux idées nouvelles et la République. Il n'en continua pas moins à affirmer sa conviction ; le 17 avril 1873, après le scrutin qui donna la majorité à M. Barodet, il déclara persévérer « de plus en plus dans son attitude. » Il revint encore sur le même sujet, le 12 mai suivant, dans un banquet au concours agricole de Bar-sur-Seine.

Lorsque M. Thiers se décida à proposer à la Chambre de constituer définitivement le Gouvernement républicain, il donna dans le Cabinet formé le 18 mai, le portefeuille de l'Intérieur à M. Casimir-Perier. Six jours plus tard, le 24 mai, le Gouvernement de M. Thiers tomba, à la suite de la discussion de l'interpellation d'un grand nombre de députés concernant les dernières modifications ministérielles dont Casimir-Perier faisait partie et la politique intérieure du Gouvernement. Avant de suivre le Président de la République dans sa retraite, le Ministre de l'Intérieur prononça un éloquent discours et donna lecture du programme ministériel qu'il avait eu soin de rédiger.

Répondant aux attaques dirigées par M. le duc de Broglie contre les membres nouveaux du ministère, il termina par ces mots un discours dans lequel il faisait preuve d'une clairvoyance rare, où il prévoyait presque les événements du lendemain :

« M. le duc de Broglie ne s'est pas souvenu que l'honorable M. Waddington et moi nous avons appartenu au centre-droit, et que nous ne l'avons quitté que lorsque nous avons vu qu'une partie au moins du centre-droit allait se confondre avec l'extrême-droite.

« ..... Dupes ou complices du radicalisme, a-t-il

14

dit, et telle est la seule alternative qu'il nous laisse. Eh bien, il nous donne le droit, je dirai plus, il nous impose l'obligation de lui demander à notre tour quelles seront les dupes dans cette coalition dont il s'est fait l'organe..... Nous lui demandons de faire savoir au pays quel sera le lendemain de la victoire. Nous lui demandons de nous dire à qui appartiendra le pouvoir dans une coalition victorieuse entre les plébiscitaires, les partisans de la monarchie constitutionnelle et les partisans de la monarchie du droit absolu.....

« J'arrive aux motifs de notre entrée dans le cabinet.....

« Le programme m'appartient. J'ai voulu en prendre sur moi toute la responsabilité et j'ai pris soin de l'écrire pour être certain qu'il n'échapperait pas à l'improvisation de ces mots qui peuvent être regrettables dans des circonstances aussi solennelles. Permettez-moi de vous en donner lecture :

« Une profonde conviction domine et explique notre conduite. Il faudrait, pour prolonger le provisoire, une sagesse que n'ont eue d'aucun côté les partis, une patience difficile à attendre d'une nation comme la nôtre.

« Le provisoire est à nos yeux non pas l'unique, mais la principale cause du trouble des esprits.

« La France veut être gouvernée; elle comprend qu'elle ne peut l'être fermement par un Gouvernement précaire et contesté, dont l'existence même est mise chaque jour en question.

« La France comprend que ce Gouvernement, ferme

parce qu'il sera respecté et obéi, elle ne peut le devoir aujourd'hui qu'à la République.

« Ce besoin d'un Gouvernement est passé de l'inquiétude à l'impatience, de l'impatience au mécontentement.

« Sans doute, il y a quelque chose de trop absolu dans la logique qui ferait chercher le remède à tous maux, le terme de tous périls dans le fait seul de la reconnaissance formelle d'un Gouvernement quelconque. Mais dans l'état actuel des esprits, c'est là le point de départ inévitable. Hors de là, la marche vers la désorganisation politique et sociale est certaine...

« Aussi, malgré tout ce qui pouvait personnellement m'arrêter, malgré des sacrifices dont nul autre que moi ne peut mesurer l'étendue, lorsque j'ai été appelé à faire partie d'un Cabinet, reconstitué dans des conditions particulières d'homogénéité et d'entente sur ce qui allait être, à mes yeux, comme à ceux de tous mes collègues, la plus importante partie de notre mission, je n'ai pas hésité.

« J'ajoute que l'accord sur la nécessité d'une politique de préservation et de défense a été cimenté entre le Président de la République et son Cabinet par les plus complètes explications. Il est plus que jamais nécessaire qu'en partageant le fardeau du pouvoir, chacun en partage efficacement la responsabilité collective et que chacun revendique, envers tous, celle de ses actes personnels.

« Il faut le plein accord, l'accord concerté dans toutes les questions générales, mais il faut l'unité de direction dans tous les départements ministériels. Il n'y a pas sans cela de bon gouvernement, de bonne administration possibles. L'indécision et la contradiction sont partout funestes ; elles le seraient plus que partout ailleurs au Ministère de l'Intérieur, dont j'ai accepté la lourde charge.

« Et si après avoir lu notre programme, si après nous avoir entendus, on persiste à nous accuser d'équivoque, à nous reprocher de quêter l'appui du radicalisme et de compter sur son alliance pour gouverner, ce ne serait plus seulement notre raison, c'est notre honneur qu'on mettrait en doute.

« C'est pour combattre le radicalisme que nous voulons la République et que nous faisons appel à tous ceux pour lesquels, sans distinction de partis, l'apaisement des passions et la prospérité publique sont le premier des vœux, le premier des besoins.

« Nous leur demandons, au milieu de tant de compétitions diverses, de nous donner, contre les ennemis de tout ordre paisible et régulier, la force dont nous avons besoin pour les contenir.

« Nous demandons un Gouvernement qui ait le droit de s'appeler par son nom, afin qu'il puisse dire où il va et qu'on puisse le suivre.

« Si les conditions que nous jugeons indispensables à l'exercice du pouvoir viennent à nous être refusées, nous ferons ce que nous commandera notre devoir, comme vous croirez avoir fait le vôtre.

« Le pays nous jugera, et l'avenir fera la part des responsabilités. »

Ce programme est un des plus formels et des plus

dignes qu'on ait jamais apportés à la tribune.
M. Casimir-Perier joignait d'ailleurs à la netteté des
idées, à la volonté de les faire triompher, une crânerie loyale, une allure ardente, allant de front à l'ennemi ; sa précision de vue et sa franchise d'affirmation
se manifestaient une fois de plus dans ce discours :
c'était une proclamation de ses pensées qu'il imposa à
la Chambre, qu'il dominait de sa grave et imposante
prestance, avant de quitter le ministère.

Il alla reprendre ensuite sa place au centre, n'y
perdant pas de vue la voie qu'il s'était tracée, affirmant en toutes occasions ses préférences ; après la
nomination de Mac-Mahon comme président de la République, et sous le Gouvernement de M. de Broglie,
dont il combattit résolument la politique, il s'abstint
en diverses circonstances importantes : lors du vote
de confiance au Gouvernement du 24 mai, lors de la
loi Ernoul, etc. Le mois d'août suivant, il ne fut pas
réélu président du Conseil général de l'Aube, à la
tête duquel il était depuis le mois d'octobre 1871. Il
protesta contre les projets de restauration monarchique et déclara encore une fois que la « République
conservatrice ouverte à tous, libérale, pouvait seule
réparer nos désastres. » Quand les monarchistes virent
s'écrouler leurs espérances de restauration et qu'ils
résolurent de rétablir le Septennat en faveur du maréchal de Mac-Mahon, Casimir-Perier proposa de
lier la prorogation des pouvoirs du président aux
lois constitutionnelles. Cette proposition, acceptée
par la commission des quinze (11 novembre), fut
repoussée par l'Assemblée.

Au mois de mai 1874, il donna sa démission de conseiller général de l'Aube et contribua peu après à la chute du cabinet de Broglie ; il s'efforçait toujours d'amener l'Assemblée à se prononcer en faveur de l'établissement définitif de la République.

Au mois de juin suivant, il fut chargé de rédiger une proposition ayant pour objet de mettre en demeure les représentants d'organiser la République ; le 15 juin, il déposa cette proposition signée également par MM. Léon de Malleville, Louis La Caze, Emile Lenoël, René Brice, Achille Delorme, Robert de Massy, Léon Say et Gailly. Elle était ainsi formulée :

« L'Assemblée nationale voulant mettre un terme aux inquiétudes du pays, adopte la résolution suivante :

« La commission des lois constitutionnelles prendra pour base de ses travaux sur l'organisation et la transmission des pouvoirs publics :

« 1° L'article 1er du projet de loi déposé le 19 mai 1873 ainsi conçu : Le Gouvernement de la République française se compose de deux Chambres et d'un Président, chef du Pouvoir Exécutif ;

« 2° La loi du 20 novembre 1873 par laquelle la Présidence de la République a été confiée à M. le Maréchal de Mac-Mahon, jusqu'au 20 novembre 1880 ;

« 3° La consécration du droit de revision partielle ou totale de la Constitution dans les formes et à des époques que déterminera la loi constitutionnelle. »

M. Casimir-Perier demanda l'urgence ; la parole lui fut donnée pour exposer les motifs à l'appui de cette demande.

« Un cri, disait-il, s'élève dans toute la France :
mettez un terme au provisoire qui nous tue... C'est
quelque chose, sans doute, que d'avoir confié pour
sept ans le pouvoir exécutif à un illustre soldat... La
France, oubliant trop aisément que les hommes si
grands qu'ils soient, n'échappent pas aux lois communes de l'humanité, la France a cru trop souvent
que les hommes peuvent remplacer les institutions ;
mais le sentiment contraire, qui fait les peuples libres,
s'est développé depuis que d'immenses désastres ont
montré jusqu'à quel point la confiance d'une nation
peut être déçue.

« Voilà six mois que la France attend les lois pro-
mises le 19 novembre.

« L'Assemblée nationale a rendu de grands services
à la France, il lui reste une grande tâche à accomplir
et elle la fera. Elle ne voudra pas se séparer en laissant l'avenir livré à l'inconnu.

« Il suffit, pour écarter ces périls, que l'amour du
pays réunisse dans une action commune tous ceux,
libéraux des diverses écoles, monarchistes, républicains conservateurs ou démocrates, qui, dans un
sentiment commun, ont l'égale aversion et l'égal
dédain pour le césarisme et pour la démagogie...

« Pourquoi douter de l'efficacité d'une République
faite dans de telles conditions, reconnue, affirmée,
lorsque, précaire et contestée, mais dirigée par un
chef illustre, elle a permis à la France de faire des
prodiges pour se libérer de l'étreinte étrangère et pour
sortir victorieuse d'une guerre civile terrible où plus
d'un trône aurait péri.

« Nous avons rempli le devoir de vous dire brièvement notre pensée sur le fond même de nos propositions; nous vous demandons en ce moment de déclarer que l'examen n'en peut être différé. »

L'urgence de la proposition Casimir-Perier fut adoptée, malgré le ministère, par 345 voix contre 341. Les parents de l'orateur : MM. Arthur de Chabaud La Tour, Général baron de Chabaud La Tour, Chaper votèrent contre; MM. Paul de Rémusat, Charles de Rémusat, comte de Ségur votèrent pour.

Le projet de résolution présenté par M. Casimir-Perier et relatif aux pouvoirs publics, fut discuté dans la séance du 23 juillet. Le représentant de l'Aube développa longuement sa proposition; mais l'impuissante Assemblée la repoussa par 374 voix contre 333.

En septembre 1874, M. Thiers, tombé du pouvoir, vint, à Vizille, voir M. Casimir-Perier. Depuis plusieurs mois, M. Thiers avait parcouru une partie de la France, accueilli dans toutes les villes qu'il traversait par de sympathiques manifestations, par de véritables ovations. La visite de M. Thiers n'était qu'amicale et n'avait aucun caractère politique.

M. Thiers dut pourtant se départir du silence qu'il eût voulu s'imposer, devant l'insistance respectueuse des députés Paul Breton et Michal-Ladichère, qui lui rendirent visite, à Vizille, le 26 septembre. Ceux-ci demandèrent à l'ancien Président de la République de recevoir la députation du Commerce grenoblois que devait lui présenter le lendemain le Président du tribunal de commerce, M. Duhamel. M. Thiers dut

retarder son départ et céder aux pressantes sollicitations qui lui furent faites.

La députation, arrivée à Vizille, le 27 septembre,
fut reçue dans le grand salon du château. M. Arnaud,
avocat, prit la parole pour féliciter M. Thiers d'avoir
accompli l'œuvre de la libération du territoire et avoir
voulu, avec son hôte, M. Casimir-Perier, l'établissement définitif de la République.

M. Thiers y répondit en retraçant son rôle depuis
qu'il avait accepté de l'Assemblée de Bordeaux la
charge de négocier la paix jusqu'à son départ de la
présidence de la République. Il terminait ainsi : « J'ai
fini, Messieurs, et je vous remercie de nouveau des
sentiments dont vous m'apportez ici l'expression, je
vous remercie de me l'apporter dans cette demeure
toute pleine encore des grands souvenirs de Juillet
1788, chez un collègue, chez un ami qui m'a soutenu
et aidé dans tout ce que j'ai pu tenter de bon et
d'utile. Tout ce que vous me dites, il faut le lui dire
comme à moi, car si je le mérite, il le mérite autant
que moi. » Après M. Thiers, Casimir-Perier s'exprima
ainsi :

« La bienveillance avec laquelle votre éloquent
interprète a voulu m'associer aux efforts patriotiques
de mon hôte illustre me fait un devoir de vous remercier, quelque faible qu'ait été ma part dans ces efforts.

« Je ne mérite l'honneur que vous me faites qu'à
deux titres : la fidélité de mes sentiments personnels
à son égard, la sincérité d'une conviction commune
sur la nécessité pour la France, sans rien répudier de
ce qui a honoré le passé, de chercher, aujourd'hui,

ailleurs que dans la monarchie et les compétitions de personnes, les conditions d'un gouvernement d'ordre, de liberté, de paix intérieure et extérieure.

« Comme citoyen, je regrette que le langage qui vient d'être tenu ici ne soit pas entendu de la France entière; comme Dauphinois, je vous remercie d'avoir ajouté à l'histoire de Vizille un nouveau souvenir. »

Le passage de M. Thiers à Vizille et les discours prononcés furent l'objet des commentaires et des appréciations des journaux français et étrangers.

A cette même époque, Casimir-Perier écrivait une lettre privée, qui fut néanmoins publiée, et qui indique tout le respect qu'il a des libertés électorales.

« Vous me demandez, dit-il (et vous n'êtes pas le seul), quelle sera l'attitude de la Compagnie d'Anzin dans la prochaine élection du Nord. Il m'est d'autant plus aisé de vous répondre que la Régie des Mines d'Anzin n'aura qu'à maintenir, chez elle et pour son personnel, les règles qu'elle a précédemment posées. Elle entend et prescrit que la complète liberté de tous soit respectée et qu'aucune influence ne soit exercée en son nom, chacun de ses membres et chacun de ses agents conservant d'ailleurs ses droits individuels.

. . . .

« Leur devoir envers les associés de la Compagnie, envers leurs collègues, envers eux-mêmes, leur impose en tant que membres de la Régie, la plus stricte neutralité dans les luttes électorales. Ils ont le droit et l'obligation d'exiger qu'aucun des chefs et employés de la Compagnie ne parle et n'agisse en cette qualité dans les élections. »

Auguste Casimir-Perier vota encore à l'Assemblée nationale la proposition Malleville. Sans se laisser décourager, il continua avec activité des négociations pour amener de nouvelles adhésions à une constitution républicaine; il contribua puissamment à l'adoption de l'amendement Wallon, puis à celle de la Constitution du 25 février 1875.

Au mois de décembre de la même année, il fut porté au premier rang sur la liste des candidats des gauches pour les élections des membres inamovibles du nouveau Sénat : il fut élu, le 17e sur 75, par 347 voix sur 690 votants. Il intervint ensuite auprès de ses anciens électeurs de l'Aube lors de l'élection des sénateurs départementaux : il leur rappelle qu'il s'était complètement rallié à la République et il ajoutait : « N'accordez vos suffrages qu'à ceux qui, républicains de la veille ou du lendemain, voudront cette République irréprochable... ne séparant jamais la démocratie de la liberté, la liberté de l'ordre. Demandons aux candidats de déclarer formellement que le droit de revision est à leurs yeux un moyen d'améliorer, de consolider les institutions et non une arme pour les détruire. »

Non seulement dans l'Aube, mais dans toute la France, la majorité des électeurs se rallia aux idées de Casimir-Perier et choisit des représentants décidés à maintenir la République.

Après la chute du ministère Buffet, Casimir-Perier fut appelé par le Président de la République, le maréchal de Mac-Mahon, à former le premier Cabinet constitutionnel. Son programme consistait à modifier profondément le personnel administratif dans le sens nettement républicain : l'opposition qu'il rencontra au sommet du pouvoir lui fit renoncer à composer un nouveau ministère, et il alla siéger au centre-gauche de la Chambre Haute, où il donna un ferme appui au ministère Dufaure-Ricard.

Casimir-Perier mourut peu après, le 6 juillet 1876, d'un refroidissement. « M. Casimir-Perier, dit un journal, s'était rendu jeudi dernier au Bois de Boulogne ; arrivé à la cascade, il a pris une tasse de lait froid, cette imprudence devait avoir une suite déplorable. Rentré chez lui, M. Casimir-Perier dut s'aliter et l'état maladif dans lequel il se trouvait depuis longtemps a déterminé la catastrophe.

« L'agonie a commencé hier matin à la première heure. M. Casimir-Perier s'est éteint sans souffrances, à dix heures. »

La mort de M. Auguste Casimir-Perier fut annoncée au Sénat, dans la séance du 6 juillet 1876, par M. Martel, vice-président, qui prononça un éloge ému. M. Bersot l'annonça le lendemain à l'Institut.

M. Martel s'exprima ainsi : « Il nous était cher à tous par l'élévation de son caractère, par la sûreté de son commerce, par tous les services qu'il avait rendus à son pays, comme diplomate, comme député, comme ministre. (Très bien ! Très bien !)

« Casimir-Perier portait un grand nom et il le portait noblement. Imitant son illustre père, il aimait passionnément l'ordre et la liberté qu'il n'a jamais séparés l'un de l'autre. (Approbation.) Nous l'avons vu, dans ces dernières années, travailler avec le plus patriotique dévouement à l'œuvre constitutionnelle qui devait donner à la France un gouvernement définitif.

« Et c'est, quand cette œuvre est à peine édifiée, que la mort nous enlève ce vaillant ouvrier, cet excellent citoyen ! »

Cette mort produisit, à Paris et dans tout le pays, une vive émotion ; quelles que fussent les appréciations données sur son rôle politique, personne ne contesta que les convictions de l'homme politique n'aient été aussi sincères que ses intentions étaient honnêtes. Le *Journal des Débats* en parlait en ces termes :

« Avons-nous besoin de rappeler le grand rôle que M. Casimir-Perier a rempli depuis quelques années, le dévouement patriotique dont il a fait preuve, le bon sens qu'il a montré dans les circonstances les plus difficiles ! Ces souvenirs sont présents à tous les esprits, et personne ne se méprendra sur l'importance de la perte que vient de faire le parti libéral... »

Ed. About lui consacrait également une longue notice (1).

Un biographe écrivait aussi :

« Il y a dans la grande avenue des Champs-Elysées, à gauche, en montant à l'Arc de Triomphe, peu après le Rond-Point, une construction massive et carrée, de style incertain, mais de forte architecture... Ses lignes

---

(1) On a publié aussi : *Notice sur Casimir-Perier*, sénateur inamovible, ancien député de l'Aube, grand-officier de la Légion d'honneur, ancien ministre et membre de l'Institut. Biographie et funérailles, par Auguste Collin. Nogent-sur-Seine, Faverot, 1876, in-8°.

droites, sa brique sombre, ses murailles épaisses, tout représente et cette classe moyenne qui va croissant chaque jour, en influence comme en raison, se développant et s'établissant dans la République, et l'institution nouvelle dont elle a déjà jeté les bases, quelque chose de simple et de solide à la fois qui ne s'élèvera pas en un jour, mais qui durera des siècles. C'est l'hôtel Casimir-Perier ! »

Les obsèques de M. Casimir-Perier eurent lieu le samedi à Paris. Le cortège se mit en marche, disaient les *Débats*, au milieu d'une foule recueillie qui se découvrait respectueusement.

Le Président de la République était représenté, et, dans l'assistance, parmi les Sénateurs et Députés se trouvaient les hommes les plus considérables du parti républicain et de la politique : Gambetta, Jules Favre, Teisserenc de Bort, de Malleville, Ernest Picard, Schérer, Laurent Pichat, Jules Simon, Edmond Adam, Lanfrey, Baze, Barthélemy - Saint - Hilaire, Bérenger, Gouin, Carnot père, Crémieux; amiraux Fourichon, Jaurès, Pothuau; de Freycinet, Billot, Gauthier de Rumilly, Arnault de l'Ariège, Waddington, Léon Say, Henri Martin, Henri Germain, Jules Grévy, Emile Deschanel, Marcel Barthe, Clémenceau, Albert Christophle, Horace de Choiseul, Jules Ferry, Albert Joly, Journault, Henri Brisson, Sadi Carnot, Louis Passy, Arthur Picard, Spuller, Wilson, Victor Lefranc, de Marcère, René Brice, Paul Bert, Louis La Caze, Henri de Lacretelle, Paul Breton, Menier, Arago, de Rémusat; des membres de l'Académie française, des diverses académies, etc.

A Pont sur-Seine, la cérémonie ne fut pas moins imposante : les funérailles y eurent lieu le 10 juillet.

Derrière la famille, derrière les députations et les fonctionnaires, se pressaient une foule immense de personnes venues de Troyes, des autres villes du département et surtout des communes rurales.

Après l'office, on conduisit le corps à la chapelle qui sert de sépulture à la famille. C'est une modeste construction en forme de voûte. Au centre se dresse un autel ; à gauche, une urne de pierre renferme le cœur du grand ministre de Louis-Philippe. Les cercueils de la famille Casimir-Perier sont placés du même côté, dans des excavations prises sur l'épaisseur de la muraille.

Après l'inhumation, deux discours furent prononcés, l'un par M. Amédée Gayot, sénateur de l'Aube ; l'autre par le préfet du département, M. Develle.

Voici le passage essentiel du discours de M. Gayot :

« Les intérêts de notre département n'ont jamais eu un plus zélé défenseur. Comme député, comme conseiller général, il était toujours sur la brèche. Routes, canaux, chemins de fer, ont tour à tour attiré son attention, et, dans plus d'une question controversée, sa haute influence a fait pencher la balance en notre faveur.

« Sous le rapport politique, il s'épuisa en efforts pour nous diriger dans la voie qu'il jugeait pouvoir seule nous conduire au relèvement de la France, à la paix, à l'union, et nous éloigner des révolutions et des catastrophes nouvelles. Son exemple, ses conseils particuliers, ses discours publics tendaient tous à ce but. Sa sincère conviction, son élan patriotique portaient la persuasion dans les esprits; et, si notre pays s'est attaché si fermement à la République conservatrice, à l'ordre dans la liberté, c'est en grande partie à M. Casimir-Perier que nous le devons. »

La mort de l'ancien ministre de Thiers fut aussi vivement ressentie dans l'Isère, où il comptait d'anciens amis et de nombreux admirateurs.

M. Casimir-Perier avait trouvé à s'affirmer dans une période particulièrement difficile. D'une remarquable unité de vues, suivant étroitement la voie tracée, plus soucieux de la volonté du pays, de ses aspirations et de ses besoins que de ses intérêts et de son triomphe personnels, il avait haussé, au-dessus des ambitions du moment, au-dessus des petites intrigues, une hautaine carrure d'homme de devoir et de combat; il avait dressé une belle figure de loyauté et de crânerie.

Il semble pourtant que sa marche qu'il eût voulu plus rapide fut retenue par des entraves; il eut trop à se débattre contre des mesquineries, contre des petitesses d'esprit, envahissantes et encombrantes ! Plus à l'aise dans un milieu mieux constitué, il eût atteint la taille de son père dont il avait beaucoup des qualités; son œuvre — déjà considérable, toute inspirée des idées de 1789 et qui a déjà valu bien des progrès à la France — eût été plus définitive encore et plus belle. Telle qu'elle est cependant, elle satisferait nombre de politiciens.

CHAPITRE XIV

Charles-Paul CASIMIR-PERIER

Second fils du célèbre ministre de Louis-Philippe, Charles-Fortunat-Paul Casimir-Perier, naquit à Paris, le 10 décembre 1812. Pendant une grande partie de sa vie, il demeura étranger à la politique; mais, héritier de l'esprit d'initiative, de l'intelligence des affaires de son père, il fit d'abord, à Paris, partie d'une maison de banque, puis devint armateur au Havre.

Le seul acte public qui marqua sa carrière fut la poursuite en diffamation intentée, de concert avec son frère Auguste Casimir-Perier, à certains journaux qui portaient une accusation posthume contre l'ancien ministre de la Monarchie de Juillet au sujet de la fabrication des fusils Gisquet. Toute satisfaction fut accordée aux deux fils soucieux de faire respecter la mémoire de leur père.

En 1877, les républicains modérés du Havre, où

M. Paul Casimir-Perier (1) jouissait d'une popularité chaque jour grandissante, l'invitèrent, malgré la
réserve trop modeste qu'il avait gardée jusqu'à ce moment, à poser sa candidature dans la deuxième circonscription.

Paul Casimir-Perier ne fut pas élu au scrutin du
14 octobre ; son adversaire conservateur, M. Dubois,
bénéficiant de la pression officielle et de manœuvres
déloyales, l'emporta sur lui par 4954 suffrages contre
4502. L'élection était trop entachée d'illégalité pour
être acceptée par la Chambre ; l'élu fut invalidé quelques mois plus tard. La population havraise, qui
s'était ressaisie, élut M. Paul Casimir-Perier par
5014 voix sur 8255 votants ; le député sortant
n'avait pu réunir que 3132 suffrages.

Elu, M. Paul Casimir-Perier se fit inscrire à la
gauche-républicaine. Pendant cette première législature, il soutint le cabinet Dufaure et vota, en particulier, pour l'invalidation Blanqui et contre l'amnistie
plénière.

Aux élections suivantes du 21 août 1881, le député
sortant retrouva en face de lui son ancien adversaire
monarchiste, M. Dubois. Il sortit de nouveau vainqueur
de la lutte et fut renvoyé à la Chambre par 4477 votants.
Sa conviction républicaine, mûrement raisonnée, fermement assise, l'associa aux travaux des Cabinets
Gambetta et Jules Ferry ; il approuva les crédits pour
l'expédition du Tonkin.

(1) La signature de M. Paul Casimir-Périer porte un accent.

Le scrutin de liste affirma sa popularité parmi ses anciens électeurs ; il fut, le 14 octobre 1885, nommé le premier — sur douze — de la liste de la Seine-Inférieure, et obtint 80.940 voix sur 149.546 votants.

Il alla encore siéger au même groupe républicain et donna son appui aux Cabinets Rouvier et Tirard. Dans la dernière session, ses principaux votes, toujours déduits d'une règle de conduite solidement arrêtée, approuvent le rétablissement du scrutin d'arrondissement, l'ajournement de la revision de la Constitution, les poursuites contre les trois députés de la Ligue des Patriotes. Il vote encore pour le projet de loi Lisbonne sur la liberté de la presse et s'associe aux poursuites contre le général Boulanger.

Au renouvellement partiel du Sénat, le 4 janvier 1891, le département de la Seine-Inférieure lui donna encore un témoignage de confiance et de sympathie en l'envoyant à la Chambre-Haute. Il fut élu le second, au premier tour de scrutin, par 854 suffrages.

Il n'a pas cessé d'y siéger, apportant dans les discussions de cette assemblée, où ses avis sont très écoutés, sa compétence, sa sincérité d'opinion.

Dans sa vie, adonnée au souci des grandes affaires, avant que les intérêts du pays eussent absorbé tout son labeur, M. Paul Casimir-Perier avait trouvé quelques heures pour s'occuper de questions artistiques. On a de lui : *Un Chercheur au Salon de 1868* et les *Propos d'art à l'occasion du Salon de 1869* qui sont d'un critique éclairé et d'un connaisseur délicat.

Ces notes d'art complètent la physionomie de

l'homme politique : esprit fin, ouvert à toutes les manifestations de l'intelligence, caractère de haute probité et de haute dignité. Républicain sincère, il joint à ces rares qualités, un jugement sûr et élevé, une connaissance parfaite des hommes et des choses, un sincère souci du bien du pays. Il eût pu ambitionner une situation prépondérante, il a préféré un rôle plus modeste d'allure : il a surtout voulu être utile à la France.

CHAPITRE XV

Jean CASIMIR-PERIER

Dans le cabinet de travail du château de Vizille, sous le portrait de M. Fontenillat, il est un médaillon très simple, contenant un portrait d'enfant de dix à douze ans. C'est, dégagée du large col marin, une tête fine et délicate d'adolescent aux yeux profonds et rêveurs sous les longs cheveux blonds, au front large, à l'ovale très pur ; c'est une physionomie réfléchie, songeuse, dirait-on, d'une distinction charmante, d'une noblesse accueillante. On reconnaîtrait difficilement dans l'enfant prématurément pensif celui qui aujourd'hui représente la République française ; dans le doux visage, un peu mélancolique, on chercherait en vain les traits fiers et sévères du Chef de l'Etat. Le regard seul, peut-être, a subsisté aussi clair, aussi droit, aussi loyal, tempéré dans les yeux bleus de l'enfant par une songerie mouillée, aiguisée dans les yeux bleus du Président par la ténacité de l'effort et de la volonté.

Jean Casimir-Perier est né le 8 novembre 1847, à Paris ; ce fut pendant ses vacances d'écolier, qu'il passa quelquefois au vieux château de Lesdiguières, que fut sans doute peint le médaillon du cabinet de travail. Ce que nous savons de sa jeunesse, répond bien à l'impression qui se dégage du portrait de Vizille : elle fut grave, cette jeunesse, travailleuse, comme soucieuse aussi de la gloire de porter un nom aussi grand que celui de Perier, comme préoccupée d'être digne héritière de tels ancêtres.

Un Dauphinois très estimé, M. Ardouin-Dumazet, rédacteur au *Temps*, a bien voulu, pour nous, faire appel à ses souvenirs et nous peindre en quelques mots le Président de la République ; quoique sa lettre puisse sembler ne pas s'encadrer exactement dans cette notice, nous nous en voudrions de retrancher quelque chose des détails familiaux et des appréciations qu'elle contient :

« ... En ce temps, mon cher confrère, je vous parle de trente ou trente-cinq ans, Vizille était le centre d'industries dues à la famille Perier et aujourd'hui disparues. La prospérité de la petite ville était son œuvre ; elle remontait au milieu du siècle dernier, alors que Claude Perier transforma le château en manufactures de toiles peintes. Peu à peu, attirée à Paris, par de grandes affaires et la politique, la famille Perier avait abandonné l'exploitation des fabriques à d'autres industriels, en conservant au château un pied-à-terre.

« Le dernier qui en ait fait sa résidence habituelle fut M. Augustin Perier. Je n'ai point connu ce beau vieillard dont le souvenir est resté si vif dans la population.

« Sous l'Empire, son neveu, le futur ministre de M. Thiers, le père du président actuel, devenu propriétaire de cette majestueuse demeure, vint passer ses étés à Vizille. Il avait fait restaurer et meubler la partie avoisinant l'entrée du parc, flanquée d'une tour si pittoresque avec sa base noyée dans un grand tulipier de Virginie. Le régime impérial faisait des loisirs au fils du grand ministre de Louis-Philippe : celui-ci revenait donc volontiers au berceau de sa famille. Des courses dans le parc, la pêche dans la nappe étaient ses distractions favorites. Souvent je dus l'accompagner pour tenir l'épuisette et lui aider à ramener les truites capturées. Il faisait ainsi le tour de la vaste pièce — moi trottinant derrière lui — surveillant les pièges à loutres où, souvent, ces maraudeuses étaient prises, veillant à la bonne distribution de la nourriture aux truites et aux ombres-chevaliers dont il peuplait les eaux du parc, au moyen d'œufs venus de Huningue et éclos dans la petite cascade en des boîtes de fer blanc.

« Parfois des invités venaient au château passer quelques jours ; alors dans Vizille on chuchotait le nom d'un adversaire du Gouvernement.

« Les Perier restaient à l'écart du mouvement politique, mais leur réserve vis-à-vis de l'Empire servait pour ainsi dire de guide à l'opinion vizilloise. Jamais ce berceau de la Révolution ne fut bien impérialiste : on suivait les idées des maîtres du château. Quand Puebla fut pris, des illuminations furent ordonnées ; seuls les fonctionnaires célébrèrent cette lointaine et impopulaire victoire. On se montrait les hautes tours restées sombres et l'on s'applaudissait d'avoir manifesté ainsi.

« Les fils de M. Casimir-Perier passèrent parfois leurs vacances au château. L'aîné, le futur président de la République, avait l'allure très grave, du moins ai-je gardé cette impression. Très doux et accueillant d'ailleurs, interrompant souvent la lecture du livre dont il semblait inséparable, pour saluer le promeneur croisé dans les allées du parc où il aimait à errer. Malgré sa grande jeunesse, les vieux employés du château et le personnel de M. Revillod, alors directeur de la manufacture, avaient pour ce jeune homme une affection véritable ; on voyait en lui le chef futur de la famille à qui Vizille devait son bien-être. Eût-on pu prédire alors qu'il serait le chef respecté d'une République française ?

« ….. En remontant aussi loin, je retrouve entre les Perier et la population vizilloise d'alors des liens presque familiaux. L'éloignement a pu les relâcher, il ne les a pas rompus. Pour les Vizillois, les Perier sont restés les créateurs de leur industrie. Malgré la rareté de leurs apparitions, ce sont encore des concitoyens ; le jour où le Président reviendra dans la féodale demeure anoblie par le travail de ses ancêtres et illustrée par l'asile que Claude offrit aux Etats du Dauphiné, il se retrouvera parmi les siens, au milieu d'une population qui a conservé le souvenir des luttes communes et des services rendus.....

« Votre monographie d'une famille bourgeoise, grandie par le travail, le patriotisme et l'inébranlable dévoûment aux principes de liberté ne peut que faire aimer notre beau Dauphiné. De tels exemples sont tout à l'honneur de ce pays, les qualités de la famille Perier ne sont-elles pas celles des fils d'Allobroges que nous sommes?

« ARDOUIN-DUMAZET. »

La précoce intelligence, la studiosité éveillée de Jean Casimir-Perier lui valurent d'enviables succès scolaires. Entré en 1862 au lycée Bonaparte, il y brilla par un travail soutenu, par des qualités d'esprit éminemment compréhensif, ouvert à toutes les branches de l'instruction. On en jugera, d'ailleurs, par ces extraits du palmarès du lycée Bonaparte :

1862, classe de troisième (division C, professeur, M. Gidel) : 1er prix, thème grec ; 4e accessit, version grecque.

1863 (seconde division B, professeur, M. Gaucher) : 4e accessit, thème grec ; 2e accessit, histoire et géographie.

1864 (rhétorique, — nouveaux, — professeurs, MM. Durand et Deltour) : 5e accessit, discours latin ; 5e accessit, version latine ; 1er accessit, mathématiques ; 4e accessit, devoirs d'année.

1865 (rhétorique, — vétérans, — professeurs, MM. Gidel et Durand) : 2e prix, discours latin ; 2e prix, discours français ; 1er accessit, version latine ;

2ᵉ prix, vers latins ; 4ᵉ accessit, version grecque ;
2ᵉ prix, devoirs d'année ; 2ᵉ prix, histoire et géographie ; 1ᵉʳ prix, allemand.

1866 (philosophie). Le palmarès porte la note suivante : « L'élève Jean Casimir-Perier, malade, n'a pu
prendre part aux compositions de fin d'année. »

Cette liste de nominations n'est pas complète : il a
été impossible de la fixer plus exactement. Ce qui
permet d'assurer que Jean Casimir-Perier obtint encore de plus brillants succès, c'est ce passage d'un
discours prononcé au banquet des Anciens élèves, du
28 janvier 1890, par M. Martin, surveillant général
du lycée Bonaparte :

« M. Jean Casimir-Perier, en toutes circonstances,
proclame bien haut les succès scolaires de nos camarades, mais il tait les siens qui pourtant ne sont ni
moins nombreux, ni moins éclatants. J'en appelle à
cette année 1865, dans laquelle il n'obtenait pas moins
de neuf prix et quatre accessits, frisant au concours
général le prix d'honneur qui, comme l'âme ou l'âne
de Martin, lui échappa faute d'un point. »

A sa sortie du lycée, M. Casimir-Perier se fit inscrire aux Facultés de Droit et des Lettres de Paris : il
fut rapidement admis à deux licences.

Il continua ensuite ses études et s'adonna d'abord
à des travaux embrassant aussi bien l'art que l'histoire
et la polémique. Plus tard, il encouragea et approuva
l'étude de certains côtés des obligations militaires.

Un ouvrage de lui eut, en particulier, un grand
attrait d'étude condensée et d'actualité largement
traitée. Il avait pour titre : les *Effectifs de la Cavalerie*

et l'administration de la Remonte (1). L'auteur critiquait
vivement cette administration ; il établissait que beaucoup de nos dépôts entretiennent des chevaux en sus
des effectifs, et il prévoyait que, si les pratiques alors
régnantes persistaient, il faudrait bientôt entretenir
un chiffre de douze à quinze mille chevaux en sus des
effectifs. M. Jean Casimir-Perier malmenait quelque
peu l'administration française en général.

« Quelle est donc la force d'inertie qui triomphe de
tout ce que le bon ordre et le bon sens réclament ?
demandait-il. Hélas! l'administration des remontes
n'est pas la seule qui, se sentant menacée, mette son
amour-propre à se maintenir et non à s'amender ;
elle n'est pas la seule qui considère que c'est son devoir professionnel de défendre tout son domaine, que
sa dignité et son autorité se mesurent au nombre des
établissements qu'elle administre, à l'importance nu-
mérique du personnel qu'elle dirige. Une réforme est
toujours une utopie aux yeux de tous ceux dont elle
trouble les habitudes et dont elle restreint le rôle, — et
la remonte est très sincèrement convaincue qu'il n'y
a jamais eu plus d'esprits faux qu'à l'heure où j'écris
ces lignes. Elle se défend comme elle peut. Je ne veux
pas dévoiler tout son plan de campagne, mais elle
s'est parfois trahie elle-même au profit de la cause que
je défends et, à défaut de sa bonne volonté, je mettrai
du moins ses imprudences au service des réformes
que réclament et l'armée et les finances publiques. »

(1). Paris, Baudouin, 1890, in-12.

M. Casimir-Perier proposait cette réforme essentielle : « Reconstituer en chevaux prêts à faire campagne les effectifs de la cavalerie et de l'artillerie, et, pour y réussir, sacrifier les intérêts particuliers de la remonte aux intérêts de la cavalerie et de l'artillerie. »

Il concluait en ces termes :

« Nous pouvons ajouter que cette réforme capitale n'est elle-même qu'un des éléments d'un programme depuis longtemps tracé, mais toujours ajourné : il faut que l'administration de la Guerre, répondant à des vœux qui honorent l'armée, place, en regard des sacrifices immenses réclamés par la défense nationale, les économies qui doivent résulter, non seulement de la suppression des abus, mais de l'application de ce principe : les services accessoires n'ont de raison d'être que dans la satisfaction des intérêts et des besoins des combattants ; il faut que le Ministre de la Guerre se sente soutenu et encouragé dans l'accomplissement d'une tâche qui peut être ingrate, mais que le patriotisme lui impose ; il faut qu'il triomphe de cet esprit de coterie qui gaspille des forces physiques et morales pour satisfaire des amours-propres et maintenir des emplois inutiles ; il faut enfin qu'une volonté forte et rayonnant de haut fasse un faisceau de tous les efforts et de toutes les énergies pour les mettre au service de cette grande unité qui s'appelle : L'ARMÉE. »

Cet ouvrage, s'il n'eut pas pour corollaire un remaniement complet du service de la remonte, y amena pourtant des réformes ; tout cependant ne fut pas fait de ce que demandait M. Casimir-Perier. Sa

critique portait juste néanmoins et le remède qu'il
proposait au mal était efficace; un de nos écrivains
militaires puisait dernièrement à pleines mains dans
cette étude et y trouvait, à côté de critiques toujours
vraies, le principe d'une organisation nouvelle en
opposition et comme correctif des défectuosités actuelles.

M. Casimir-Perier fut brutalement arraché à ses
premiers travaux par la déclaration de la guerre
de 1870. Il collabora, dès le début, à la création
du corps des mobiles de l'Aube qui furent dirigés
sur Paris et fut choisi comme capitaine de la 4me
compagnie du 1er bataillon, qu'il avait habillée et
équipée à ses frais.

Il déploya, dans ce commandement presque impro-
visé, des qualités militaires, solides et brillantes; il
fit, maintes fois, preuve d'une décision, d'une intrépidité résolue, d'un dédain froidement patient devant
les dangers et les souffrances. Il prit part aux combats livrés pour la défense de Paris aux avant-postes
de Cachan, de Boulogne et de Billancourt; avec énergie et abnégation, il supporta les longs mois du
siège.

Au combat de Bagneux, le 13 octobre 1870, il
aborda le premier, impassible et résolu, à la tête de
sa compagnie, les barricades que la garde royale ba-
varoise défendait. En s'engageant dans la rue Ma-
rioure, une décharge violente accueillit les mobiles et
les soldats; une balle vint frapper dans l'aine le
commandant de Dampierre qui fit demi-tour sur lui-
même et s'abattit, mortellement blessé, à quelques

pas du capitaine Perier. Celui-ci le saisit sous les bras, malgré une pluie de balles et, aidé de quelques mobiles, le coucha sur un volet décroché à la hâte et le fit emporter loin du champ de bataille. A côté de lui combattaient le lieutenant Sainton, le sous-lieutenant de St-Maurice, le clairon Abélard et le tambour Célestin Marot qui ont témoigné de son sang-froid et de son courage en cette occasion.

Revenu sur le lieu du combat, le capitaine Perier lança intrépidement ses hommes contre l'ennemi; grâce à sa présence d'esprit, les défenses du village furent tournées et les Bavarois chassés de leurs positions.

Cité à l'ordre du jour de l'armée, comme ayant enlevé sa compagnie avec un entrain remarquable, M. Jean Casimir-Perier reçut la croix de la Légion d'honneur, aux applaudissements du 1er bataillon des mobiles — dont il garda d'ailleurs le commandement jusqu'à la fin de la guerre (1).

Quand, la paix signée, Auguste Casimir-Perier fut nommé, le 11 octobre 1871, ministre de l'Intérieur, il appela son fils près de lui et lui confia le poste de chef de cabinet; il eut, en lui, un auxiliaire dévoué, et qui, par sa vive compréhension des affaires, sa décision prompte, lui fut d'un précieux conseil pen-

---

(1) M. Jean Casimir-Perier était encore, au moment de son élection à la Présidence de la République, capitaine de l'infanterie territoriale, attaché au service de l'Etat-Major. Il avait le n° 40 sur la liste des officiers de son grade, de son arme et de son service.

dant cette période difficile et douloureuse. Le 2 février 1872, Auguste Casimir-Perier donnant sa démission, Jean Casimir-Perier suivit son père dans sa retraite.

A cette époque, M. Jean Casimir-Perier fut nommé président de la Conférence Tocqueville.

C'est en 1873, que ce dernier fut, pour la première fois, investi d'un mandat; il fut nommé conseiller général de Nogent-sur-Seine, en remplacement de son père qui avait donné sa démission en sa faveur. Ce haut parrainage politique ne recommanda pas plus le jeune candidat aux sympathies des électeurs que sa franchise de vues politiques, que sa crânerie d'allures. Celui-ci déclarait, en effet, dans sa profession de foi, qu'il ne voyait « de salut que dans la République. » Aussi fut-il élu, sans concurrent, le 18 juillet, par 1907 voix sur 2017.

En cette même année il contribua, par une campagne activement menée, à faire élire député dans le département de l'Aube, le général Saussier, républicain. On lui avait opposé M. Argence, bonapartiste, qui avait, en 1869, vaincu M. Auguste Casimir-Perier. Ce fut là une éclatante revanche.

En 1873, M. Auguste Casimir-Perier est appelé par M. Thiers à former un ministère; ayant pris en même temps que la présidence du Conseil le portefeuille de l'Intérieur, il choisit de nouveau son fils comme chef de cabinet. L'*Officiel* du 18 mai publia cette nomination. Le ministère tomba, on le sait, six jours plus tard, en même temps que M. Thiers.

Ce succès de la coalition hostile à la République n'ébranla pas la confiance qu'avait, en cette forme de gouvernement, M. Jean Casimir-Perier : il trouva l'occasion, aux élections de 1876, d'affirmer plus hautement que jamais sa foi politique, en posant pour la première fois sa candidature à la députation dans l'arrondissement de Nogent-sur-Seine. Il fit, dans une réunion électorale, la déclaration suivante : « Je n'ai jamais souhaité qu'un gouvernement : la République. J'affirme donc ici que la République est le gouvernement qui a toutes mes préférences. Si vous me faites l'honneur de m'appeler à siéger à la Chambre nouvelle, et si l'on me proposait jamais la revision de la Constitution de février, je serais inébranlable à mon poste pour y défendre la République. » Il ajoutait dans sa profession de foi : « Je suis convaincu que la République demeurera le gouvernement du pays. La République doit être le pouvoir aux mains des plus honnêtes et des plus capables; elle doit respecter tous les droits, toutes les croyances, toutes les libertés qui ne sont pas une atteinte à la liberté d'autrui. »

Aucun concurrent ne se présenta contre M. Casimir-Perier qui fut élu, le 20 février, par 6,980 voix. Le nouveau député s'inscrivit alors aux deux réunions du centre-gauche et de la gauche-républicaine ; il vota constamment avec la majorité qui fit preuve de tant d'esprit politique. Lorsque le maréchal de Mac-Mahon remplaça subitement le ministère républicain par un Cabinet de combat, le député de l'Aube signa la protestation des gauches contre le message et la politique du président de la République (18 mai 1877), puis, le 19 juin, il fit partie des 363 qui infligèrent un ordre du jour de blâme au ministère de Broglie-Fourtou. Dès ce moment, la Chambre avait apprécié sa valeur et l'avait choisi comme secrétaire provisoire, puis il avait été désigné comme secrétaire du 6ᵉ bureau. Il fit, en cette qualité, les rapports sur la proposition de MM. Aclocque et Ricot, relative aux chemins de fer à traction de locomotives pouvant être établis sur les routes; puis, sur la proposition de loi de MM. Escanyé, Rougé et Massot, ayant pour objet la transformation de la prestation en nature en un impôt exclusivement pécuniaire et proportionnel.

En 1877, il fut nommé secrétaire des 5ᵉ et 7ᵉ bureaux, il fit le rapport sommaire sur la proposition de loi de M. Sée, tendant à modifier les articles 2 et 5 de la loi du 21 mai 1836 sur les chemins vicinaux.

Après la dissolution de la Chambre, M. Jean Casimir-Perier se représenta devant ses électeurs de Nogent-sur-Seine. Vigoureusement combattu par l'Administration, qui lui opposa un candidat officiel, le monarchiste M. Walckenaër, il n'en fut pas moins réélu par 6,515 voix contre 3,400 à son adversaire. Il reprit sa place à gauche dans la majorité républicaine, vota la nomination d'une commission d'enquête parlementaire sur les élections et en fut choisi comme membre. Il vota encore l'ordre du jour de défiance contre le ministère de Rochebouët (23 novembre).

Quelques jours auparavant, le 14 novembre, M. de Fourtou ayant insinué à la tribune que la candidature officielle s'était pratiquée, même sous le ministère Casimir-Perier, au début de la Monarchie de Juillet, le jeune député de l'Aube, avec une indignation légitime, protesta avec énergie contre cette allégation et

16

lut à la tribune des circulaires de son grand-père recommandant le respect absolu de la liberté électorale.

« La volonté du Gouvernement, disait, le 3 mai 1831, le ministre de Louis-Philippe, dans une des circulaires que son petit-fils apportait à la tribune, est avant tout que les lois soient exécutées avec une rigoureuse impartialité, avec une loyauté irréprochable. Aucun intérêt public ne doit être sacrifié à un calcul électoral...

« ... Aucune décision administrative ne doit être puisée dans d'autres motifs que le vrai, le juste, le bien commun ; enfin, l'indépendance des consciences doit être scrupuleusement respectée. Le secret des votes est sacré et *aucun fonctionnaire* ne saurait être responsable du sien devant l'autorité. »

« Et le ministre de 1831, affirmait l'orateur, avait la bonne fortune de pouvoir ajouter, s'adressant aux préfets : « Je n'ai pas besoin d'insister sur ces principes, vous ne serviriez pas un Gouvernement qui en professerait d'autres. »

Une autre circulaire du 26 juin 1831 démentait encore l'allégation de M. de Fourtou : « Je vous le répète, Monsieur le Préfet, écrivait le célèbre ministre, il s'agit d'assurer l'*indépendance des suffrages*. Le Gouvernement respecte et doit faire respecter la liberté ; car ce qu'il recherche, ce qu'il doit désirer, c'est le vœu du pays, mais un vœu pur d'influences contraires aux lois, à la sincérité française et à la véritable opinion publique ; un vœu vraiment national, un vœu parlementaire, dans lequel seulement la conscience de l'administration peut et doit reconnaître le jugement de son système et de ses actes » (1).

Après la formation du Cabinet républicain Dufaure-Marcère, M. Jean Casimir-Perier fut appelé aux fonctions de sous-secrétaire d'Etat au Ministère de l'Instruction publique, des Cultes et des Beaux-Arts (20 décembre 1877). Il conserva ce poste jusqu'à la retraite du Cabinet (31 janvier 1879). Trois mois plus tard, il passait définitivement dans les rangs de la gauche-républicaine, rompant toute attache avec le centre-gauche.

Dans cette législature, à côté des actes politiques plus importants que nous venons de noter, il s'associa à nombre de travaux de l'Assemblée avec une activité et une conscience jamais démenties : il présenta en particulier le rapport sur les élections de Marvéjols (Lozère), au début de la deuxième session de 1877; en 1878, il prit la parole dans la discussion du budget de l'Instruction publique pour les exercices 1878 et 1879 et dans celui des Beaux-Arts pour les mêmes exercices.

En 1879, il fit partie de la commission du budget et

_____

(1) Plusieurs biographes, certains historiens et, de nos jours encore, différents journaux ont affirmé que le ministre de Louis-Philippe avait recommandé, en 1831, aux préfets une intervention directe et active dans les élections. Cette imputation, trop facilement accueillie, n'avait jamais été sérieusement contrôlée, c'est pourquoi nous mentionnons ici l'énergique protestation de son petit-fils. — *Journal Officiel* du 15 novembre 1877, n° 313, page 7419.

d'autres commissions ; il.intervint dans la discussion
de diverses questions d'intérêt local, présenta le rapport sur l'élection de M. Le Maguet, nommé à Pon-
tivy, parla dans la discussion du projet de loi relatif à
une dotation nouvelle de 300 millions pour la caisse
des chemins vicinaux, présenta, avec M. Franck-
Chauveau, une proposition ayant pour objet de supprimer les classes de préfectures et de sous-préfectures,
et prit part à la discussion du projet de loi relatif au
classement du réseau complémentaire des chemins de
fer d'intérêt général.

. En 1880, comme rapporteur de la proposition d'amnistie de M. Louis Blanc, il prit part à la discussion ;
il présenta encore la proposition au sujet du remplacement des conseils d'arrondissement par des
conseils de canton et prit la parole dans la discussion
du projet de loi d'amnistie plénière.

Aux élections du 21 août 1881, il fut réélu député
dans l'arrondissement qu'il avait choisi, par 6756
voix contre 1954.

Successivement secrétaire des 2e, 5e et 6e bureaux, il
apporta dans ces multiples fonctions un dévouement
jamais lassé ; il fit en outre partie de diverses commissions, en particulier de la commission du budget pour
l'exercice 1884. Il revint à cette époque sur sa proposition de supprimer les classes de préfectures et de
sous-préfectures et d'établir des classes personnelles
aux fonctionnaires, et présenta à ce sujet un rapport
qu'il défendit devant la Chambre.

Il fit encore une proposition ayant pour objet de
modifier le régime des voies de communication et

l'assiette de l'impôt de la prestation ; le rapport concernant les modifications apportées à la tenue de cavalerie et celui sur le projet de loi concernant les titres
II et III du code rural. Il présenta, en outre, au nom
de la commission du budget, un avis sur le projet de
loi supprimant les enfants de troupe dans les régiments et la création de six écoles militaires préparatoires ; et fit le rapport sur le budget de la guerre
pour l'exercice 1884. Peu après, il adressa une question
au Ministre des Affaires étrangères sur les instructions données au représentant de la France à la Conférence de Constantinople.

Au cours de cette législature, il donna sa démission
dans des circonstances qui faisaient, de sa décision,
un grand exemple de droiture et de loyauté politiques.
Lorsque la Chambre discuta la loi enlevant aux prin-
ces d'Orléans leurs grades dans l'armée et rendant
inaccessibles les fonctions publiques aux membres des
familles ayant régné sur la France, M. Jean Casimir-
Perier se souvint que son grand-père avait été ministre de Louis-Philippe et adressa, le 1er février 1883, la
lettre suivante à ses électeurs :

Mes chers Concitoyens,

Les circonstances ne me permettant pas de concilier mes devoirs de famille avec la conduite que me dicte ma conscience et
mes convictions républicaines, j'ai adressé ma démission de
député à M. le président de la Chambre. Si, en renonçant à la vie
politique, j'impose silence à mes opinions, je demeure invariable-
ment fidèle à ma foi politique. Dans ma retraite, je chercherai,
mes chers concitoyens, à vous être utile, et je n'oublierai jamais
les témoignages de confiance et de sympathie que vous m'avez

prodigués. Croyez, je vous prie, à ma reconnaissance et à mon dévouement.

CASIMIR-PERIER.

Cette courageuse attitude, cette consciencieuse dignité lui valurent de nouvelles sympathies dans sa circonscription électorale. Malgré son refus d'accepter un nouveau mandat, la candidature lui fut imposée par l'arrondissement de Nogent-sur-Seine qui le réélut le 18 mars 1883.

Dès sa rentrée au Parlement, il prit la parole dans la discussion du projet de loi portant ouverture au Ministre de la Guerre d'un crédit applicable au traitement des membres du corps de contrôle.

Le 17 octobre suivant, à son entrée au Ministère de la Guerre, le général Campenon se l'adjoignit comme sous-secrétaire d'Etat, chargé de s'occuper exclusivement des questions administratives.

C'est en cette qualité qu'il fut entendu dans la discussion du budget de la Guerre pour 1884 et qu'il répondit à une question de M. de Roys et à une interpellation de M. Georges Périn. Il déclina ses fonctions de sous-secrétaire, lorsque le général Campenon se retira. Il prit ensuite part comme député à la discussion du budget ordinaire et extraordinaire de 1885.

A cette époque, un grand deuil atteignit la famille Casimir-Perier : la mort du capitaine Perier. Ce décès imprévu impressionna vivement le député de l'Aube qui avait pour son cadet une très vive affection, — il trouva un écho douloureux dans la population vizilloise, en particulier, qui rappela la tendresse qui unissait les deux frères et avec quelle amitié, enfants, ils partageaient les jeux.

Cette mort fut annoncée à M. Jean Casimir-Perier par une lettre du secrétaire de la légation de France, à Lima (Pérou). Nous avons tenu à reproduire ce document pour mettre fin à des racontars odieux trop facilement répandus depuis quelques années :

Lima, le 24 juillet 1884.

Monsieur,

Votre pauvre Pierre s'est éteint ce matin dans mes bras à la suite d'une angine couenneuse contractée après un voyage que nous avons fait ensemble dans l'intérieur. Tout ce qui était humainement possible de faire a été tenté pour le sauver, et la grande intimité qui nous unissait, malgré le peu de temps que nous vivions ensemble et qui était due au charmant caractère et au grand cœur de votre cher Pierre, m'avait dicté tout ce que l'affection peut imaginer pour assister et venir en aide au cher malade. Entouré de Prévot qui l'a soigné avec le plus grand dévouement, aidé de mon domestique qui ne l'a pas quitté un instant, ainsi que de plusieurs Français qui se sont mis à notre disposition entière, nous avons tout fait en un mot, et la maladie, qui n'indiquait pas au commencement de symptômes alarmants, s'est aggravée en quelques heures et s'est compliquée d'une affection au cœur qu'il a été impossible de combattre. Il s'est éteint sans agonie après avoir horriblement souffert toutefois du manque de respiration rendu encore plus pénible par suite de sa forte constitution.

Il est mort entouré de toute l'affection qu'il avait su se conquérir en pays étranger, soutenu par le Ministre de France qui ne l'a pas quitté non plus, par moi qui avais toute sa confiance, par Prévot et par tous. Mon désespoir est si grand d'avoir perdu un ami comme lui, que ma plume tremble dans ma main aujourd'hui et que je suis obligé, au milieu de tous les préparatifs d'inhumation et le jour d'un courrier, de ne pas en écrire davantage. Ce qui doit vous consoler, Monsieur, ainsi que Madame votre mère et tous les vôtres, c'est que la consolation suprême né lui a pas manquée et qu'il a reçu l'absolution avant de fermer les yeux.

Veuillez croire à tout mon dévouement, et soyez sûr que tout a été fait et sera fait pour un de ceux que j'ai le plus aimé.

Vicomte de Saint-Genys.

Un service funèbre, auquel sera convié tout le corps diplomatique, le Gouvernement Péruvien qui lui rendra les honneurs militaires, toute la colonie française, suivi de l'absoute, sera célébré demain matin en l'église française de Guadalupe, et le corps, embaumé aujourd'hui, sera transporté en Europe par le prochain paquebot.

Porté sur la liste républicaine modérée, le 14 octobre 1885, M. Jean Casimir-Perier fut élu député de l'Aube avec 41.836 voix sur 66.086 votants. Ses collègues l'appelèrent plusieurs fois à la présidence de la commission du budget et le désignèrent pour collaborer aux plus importants travaux parlementaires. Il prit fréquemment la parole dans les discussions financières, diplomatiques et militaires.

C'est particulièrement dans cette législature au début de laquelle il fut élu vice-président de la Chambre, qu'il s'occupa surtout de l'établissement et de la discussion des divers budgets : membre de la commission chargée de l'examen du projet de loi portant ouverture et annulation de crédits pour les services du Tonkin et de Madagascar sur les exercices 1885 et 1886; membre de la commission du budget pour les exercices 1887, 1888 et 1889, il présenta une seconde fois le rapport sur le projet du budget de la guerre pour 1887 et prit part à la discussion. Il présenta également divers autres rapports et intervint

dans la discussion de l'interpellation de M. René
Brice sur les acquisitions de blés étrangers faites
par la Guerre et la Marine. Enfin il prit part à la discussion de la proposition de résolution de M. Farcy,
tendant à la nomination d'une commission chargée
de procéder à la revision des factures de transports de
la Guerre ; en 1888 et 1889, il apporta le concours de
sa compétence et de son autorité dans la discussion
des budgets de ces exercices. C'est encore dans cette
législature, qu'il se fit apprécier comme orateur, comme
homme politique, à l'esprit clairvoyant, aux idées solidement assises ; c'est à cette époque qu'il étendit
son rôle dans l'Assemblée et prit un véritable ascendant sur ses collègues. C'est également pendant
cette période que se place un épisode important de la
vie politique de M. Jean Casimir-Perier, nous voulons
parler des fêtes du Centenaire et de la réception qu'il
fit à M. Carnot dans le château de Vizille. Cet
événement vaut qu'on s'y arrête.

En 1888, le Dauphiné célébra par des fêtes splen-
dides le centenaire de la réunion des notables à l'Hôtel-de-Ville de Grenoble et au château de Vizille. Les
ministres donnèrent la sanction et le rehaut de leur
présence à cette commémoration des premiers actes
qui préludèrent à la Révolution, des assemblées
tenues à Vizille, Grenoble et Romans, ces trois villes
qui, selon l'expression du poète, furent les

Monts sacrés d'où la France
Vit naître le Soleil avec la Liberté !

Le 19 juillet, M. Floquet, alors président du

Conseil, et M. Lockroy, ministre de l'Instruction publique, vinrent à Grenoble ; la réception fut enthousiaste et les ministres, dans plusieurs discours, en remercièrent la population.

Le lendemain, M. Carnot, Président de la République, descendait à son tour à Grenoble, respectueusement salué par l'ovation de tous. Les fêtes furent merveilleuses ; ce fut pour le chef de l'Etat une véritable marche triomphale à travers les acclamations de toute une population, parmi les rues d'une ville merveilleusement parée.

Le 21 juillet, M. Carnot partait, dès le matin, pour Vizille ; sur tout le parcours, sous les grands arbres du cours St-André, sur la pittoresque route qui côtoie, en ses capricieux méandres, la Romanche — des arcs de triomphe sont dressés. Une double haie de curieux escorte la voiture présidentielle, et fait songer à cette foule qui, à la veille de la Révolution, accompagnait et protégeait, par le même chemin, les députés des Trois-Ordres.

A l'arrivée à Vizille, M. Carnot inaugura la statue de la Liberté, érigée sur la place du Château, parmi l'enthousiasme d'une foule immense.

Le monument — qui arrête au passage le regard et l'admiration du visiteur — s'élève sur une petite place, presque au pied du château. Il se compose d'un piédestal d'une grande élégance, surmonté d'une statue en marbre de Carrare.

Le piédestal, d'un très beau caractère, est enrichi à sa base et sur les quatre faces de motifs de sculpture aux armes des villes qui ont pris part au mouvement révolutionnaire. Dans le haut et en dessous de la corniche sont également sculptées les armes du Dauphiné, très gracieusement enlacées à un motif d'architecture. Sur toutes les faces, de nombreuses inscriptions complètent la pensée de l'auteur. Sur la face principale, on lit :

A la gloire de l'Assemblée de Vizille
21 juillet 1788
Aux représentants
des Trois Ordres du Dauphiné
qui ont les premiers
affirmé les droits de la Nation
et préparé la Révolution française.

Sur cette même face et dans le tableau de la base, il est gravé :

Sous le Président Sadi-Carnot
ce monument a été élevé
par souscription publique.

La face latérale de droite porte :

Du vingt-un juillet mil sept cent quatre-vingt-huit, à huit heures du matin, dans une des salles du château de Vizille où l'Assemblée a été réunie sur l'invitation de M. Claude Perier, par l'impossibilité de la tenir à Grenoble, se sont rendus :
MM. du Clergé, de la Noblesse et du Tiers-Etat,
Sans observation de rang, ni de préséance entre les personnes de chaque ordre.
Le Clergé au nombre de 49 membres.
La Noblesse au nombre de 233 membres.
Le Tiers-Etat au nombre de 391 membres.

(Extrait du procès-verbal de l'Assemblée).

La face latérale de gauche porte aussi ces inscriptions :

Déclaration de l'Assemblée

—

Ni le temps, ni les lieux
Ne peuvent légitimer le despotisme.
  Les droits de l'homme dérivent de la nature seule et sont indé-
pendants de leurs conventions.
  La prospérité de la Patrie étant le bien de tous, lorsqu'elle est
dans un danger évident, tous sont tenus de la secourir.
  Les Trois Ordres du Dauphiné ne sépareront jamais leur cause
de celle des autres provinces et, en soutenant leurs droits particu-
liers, ils n'abandonneront pas ceux de la Nation.

Sur la face postérieure enfin, on peut lire :

Arrêtés du Parlement de Grenoble
9 et 20 mai 1788

—

Journée des Tuiles
7 juin 1788

—

Réunion du Conseil municipal de Grenoble
17 juin 1788

—

Assemblée de Vizille
21 juillet 1788

La statue est d'une beauté saisissante : sous les
traits d'une fille du peuple, elle représente l'immor-
talité ; la main droite levée tient un rameau de chêne,
emblème du courage civique, tandis que l'autre s'appuie sur un faisceau qui symbolise l'union et porte
l'inscription : *Assemblée de Vizille*. Par sa concep-

tion et son exécution, par la hardiesse du mouvement, sa noblesse de caractère, son originalité, elle révèle un véritable artiste, admirablement inspiré. Aussi bien, est-ce au milieu de mille bravos répétés que le Président de la République a été acclamé, lorsqu'il a accroché la croix de chevalier de la Légion d'honneur, sur la poitrine de Henri Ding, sculpteur et architecte de cette œuvre superbe.

Après l'inauguration, le banquet s'ouvrit sur la terrasse du château, à l'endroit même où s'élevait l'ancienne salle d'armes de Lesdiguières, transformée en manufacture de toiles peintes par Claude Perier et mise à la disposition des notables par le généreux industriel. Après un siècle, les mêmes traditions d'hospitalité et de patriotisme se perpétuaient; comme l'aïeul avait reçu les députés, le petit-fils offrait l'hospitalité aux représentants de la Nation, liés aux anciens protestataires par une même communauté de vues et par un même amour du pays.

M. le Président Carnot occupait la place de Guigues de Morges, président des Etats du Dauphiné; devant lui s'ouvrait la vallée de Vaulnaveys, verdoyante dans l'encaissement des hauts sommets qui barraient la vue. A côté de lui les notabilités étaient nombreuses. Plusieurs discours furent prononcés, nous ne retiendrons que celui de M. Casimir-Perier et celui de M. Carnot :

Monsieur le Président de la République,

Il y a cent ans, c'était malgré la défense royale que les trois ordres du Dauphiné s'assemblaient en ces lieux; c'est aujourd'hui le chef de l'Etat qui, dans la demeure de Lesdiguières, vient célébrer la Révolution française.

A côté de ces ruines du château du roi, que les lieires et les clématites protègent contre les injures du temps, à l'abri de ces vieux murs que le connétable a construits et que visita Louis XIII, au milieu de tous les souvenirs des guerres de religion, dans cette antique demeure témoin de toutes les somptuosités et de toutes les misères de l'ancien régime, nous saluons le Président de la République française. — Ce sont trois siècles de notre histoire qui se déroulent devant nous. — Mesurons, si notre esprit est capable d'un tel effort, l'espace parcouru ; à la lueur de l'histoire, cherchons à entrevoir la France d'il y a trois ans et comparons-là à celle que nos pères ont faite : de toutes nos poitrines s'échappera un cri d'admiration et de reconnaissance. Ils reçoivent aujourd'hui leur récompense, ceux qui ne sont plus : votre présence ici, Monsieur le Président, en un tel jour, est un suprême hommage décerné au nom de la France à ceux qui, les premiers, ont affirmé les droits de la nation.

Messieurs,

L'honneur des Dauphinois de 1788 c'est d'avoir provoqué un mouvement national. L'intérêt particulier de chaque ordre s'efface et disparaît devant des revendications communes et, comme si la générosité des cœurs ne trouvait encore dans ces concessions réciproques et dans cet effort concerté qu'une satisfaction incomplète, l'assemblée du 21 juillet déclare ne pas vouloir séparer la cause du Dauphiné de celle des autres provinces, et c'est au nom de la Patrie, pour tous les Français, qu'elle réclame ses droits « qui sont indépendants des conventions humaines et dérivent de la seule nature ». La noblesse et le clergé d'alors ont su remplir leur devoir envers la France. Si, parmi les descendants de ceux dont l'histoire conserve et honore les noms, il y a aujourd'hui des absents volontaires ou involontaires, s'ils ne sont pas parmi nous, les petits-fils de ceux qui, préludant à la nuit du 4 août, ont généreusement fait le sacrifice de leurs privilèges, nous les associons dans notre reconnaissance à ces vaillants représentants du Tiers-Etat auxquels nous devons d'être les citoyens d'un pays libre. Oui, nous les déshérités d'hier, nous vénérons la mémoire des nôtres, mais ce n'est pas un vain orgueil que nous inspirent les souvenirs dont nous sommes fiers ; ce que nous y cherchons, ce sont des enseignements et des devoirs.

Nous recueillons, Messieurs, les fruits du labeur accumulé de deux ou trois générations ; les obstacles qui se dressaient devant nos pères ne sont plus que des débris qui jonchent le sol. Ils ont souffert et lutté, ceux qui ont ouvert et frayé devant nous ce grand chemin sans terme dans lequel l'humanité s'avance à la recherche du bien. Ils ont sapé les fondements de ce colosse immense que vingt rois avaient construit et, sur les assises de la raison et du droit, ils ont entrepris avec audace un édifice nouveau : à nous la mission de continuer et de poursuivre leur œuvre. — La loi du progrès c'est de s'inspirer de l'histoire, ce n'est pas de la recommencer. L'esprit révolutionnaire a tout entrepris : c'est l'esprit de la Révolution qui doit tout achever. Plus heureux que nos devanciers, nous sommes armés par la loi pour la défense de la justice et de la liberté ; mais à la démocratie en pleine possession de ses droits s'imposent de nouveaux devoirs ; c'est pour elle une suprême épreuve de n'avoir de limite à l'exercice de sa toute-puissance que celle que lui assignent sa sagesse et sa raison.

Les républicains, du jour où ils sont devenus le Gouvernement, ont dû cesser de se conduire comme un parti ; maîtres de la France, nous sommes responsables de la France ; les principes de la Révolution nous restent, modifiés et convertis en instruments d'ordre et de protection, et la nation nouvelle sait écouter parce qu'elle est forte, attendre parce qu'elle est jeune.

Ce sont les violences et les excès de la Révolution triomphante qui ont failli compromettre sa cause.

Nous n'avons à redouter que nos fautes ; nous ne redoutons plus le passé, quelque drapeau qu'il déploie, quelque programme il formule, sous quelque manteau il se couvre. Nous nous sommes identifiés avec la Révolution ; nous sommes pétris et façonnés pour le siècle et pour le pays où nous sommes nés. Le temps cimente tout ce qu'il dispute à l'impatience humaine et les nouveautés qui se sont accomplies dans les mœurs et dans les lois sont déjà pour nous des traditions.

L'avenir est à la société telle que la Révolution l'a faite ; l'avenir est à la République qui, dans l'ordre politique, est la consécration définitive de l'œuvre entreprise par nos pères.

Pacifique parce qu'elle respecte l'indépendance et la volonté des peuples, libérale parce qu'elle vit de discussion et de lumière, tolérante parce que son ambition doit être de réunir tous les enfants de la patrie, la République résume tout ce que la France a conquis, assure tout ce qu'elle veut conserver, promet tout ce qu'elle a le droit d'obtenir. — Cette République, c'est à votre patriotisme, Monsieur le Président, que la France l'a confiée. En levant mon verre en votre honneur, je ne salue pas seulement le dépositaire de la première magistrature de mon pays, je salue un représentant illustre de la Révolution : je bois au petits-fils du grand Carnot, à Monsieur le Président de la République française !

De chaleureux applaudissements et les cris de : Vive la République ! soulignèrent chaque phrase de ce magnifique discours. M. Carnot y répondit en ces termes :

Messieurs,

Après les éloquents discours que vous venez d'entendre, nous n'avons qu'à applaudir aux nobles idées qui y sont exprimées.

Mais, Messieurs, je ne veux pas lever mon verre sans avoir constaté avec vous que le peuple n'a plus à craindre pour ses droits et son indépendance, et si jamais ses libertés venaient à être menacées, c'est le Gouvernement de la République, lui-même, qui saurait les défendre.

L'armée n'est plus composée de régiments comme ceux d'Austrasie et de Royal-Marine ; c'est la nation même, c'est la fleur de la nation. Elle saura remplir son devoir.

Ses chefs ont notre confiance ; ils la justifieraient au besoin.

Nous ne sommes plus au temps où les dames de Grenoble allaient aux remparts ; elle viennent avec une grâce charmante recevoir les salutations de leurs hôtes charmés.

Je suis heureux de l'hospitalité que m'a offerte la famille Casimir-Perier et qui me permet de présider ce banquet, assis à la place même où siégeait le président de l'Assemblée des Etats-Généraux de votre province.

Nous avons célébré les mâles vertus de nos ancêtres. Je vous demande de lever nos verres aux Dauphinois et Dauphinoises de 1788.

Ce discours fut longuement applaudi.

Dans les fêtes qui suivirent, le souvenir de la famille Perier — en particulier, la mémoire de l'aïeul Claude Perier — fut mêlé à la commémoration des Etats du Dauphiné.

M. Jean Casimir-Perier, dans le discours de Vizille diversement commenté, se montra aussi excellent orateur qu'homme politique avisé, aux vues nettes et précises. Il semble dès lors occuper, sur la scène politique, un des rôles les plus en vue et les plus difficiles.

Ce rôle, l'ascendant qu'il possédait sur ses collègues, s'amplifièrent encore pendant la législature qui suivit : réélu au premier tour en 1889, il resta sans interruption vice-président de la Chambre. Il joignit ses fonctions à celle de membre de la commission du budget pour les divers exercices qui suivirent. Sa part dans les discussions était de plus en plus active ; ses rapports étaient écoutés avec beaucoup d'attention par l'Assemblée. Il intervint en particulier dans la discussion de la proposition Peytral et Leydet, tendant à la liberté de la fabrication des allumettes ; — de l'emprunt de la ville de Paris, 1886 ; — du projet de loi sur le régime des sucres ; déposa un ordre du jour dans l'interpellation Desprès.

En qualité de président de la commission du budget, il développa devant la Chambre le projet du budget de l'exercice 1891, prit la parole dans la discussion des projets de loi concernant les encouragements à la sériciculture, — l'avancement des sous-lieutenants d'infanterie, de cavalerie et du train des équipages, — l'établissement du tarif général des douanes.

Il présenta encore le budget pour les exercices 1892 et 1893 et, dans ce dernier exercice, examina la grave question du régime des boissons.

Il quitta son poste de vice-président pour la présidence de la Chambre, le 10 janvier 1893, et fut élu par 254 voix.

Il prononça, à cette occasion, le discours suivant :

Messieurs et chers collègues,

Vous venez de me donner un témoignage de confiance dont je sens tout le prix ; je sens aussi tout le poids des responsabilités qu'il impose. Il me sera plus difficile encore de justifier votre sympathie que de vous en remercier.

Pour ne pas être au-dessous de ma tâche, il me faudra m'inspirer des traditions d'impartialité, de tolérance et de fermeté que nous ont laissées les hommes éminents qui ont occupé ce fauteuil.

Je ne puis prétendre apporter ici toutes les qualités de l'esprit dont a fait preuve celui auquel je succède. Je n'aurai garde d'oublier la courtoisie et la bienveillance qu'il témoignait à tous ; pour moi, c'est plus qu'un souvenir, c'est un exemple !

Le républicain que vous venez d'appeler à cette place est, à défaut d'autre mérite, assez fermement attaché à sa foi politique pour admettre et pour respecter toutes les convictions.

La tribune parlementaire demeurera l'asile inviolable de la liberté de discussion, parce qu'il n'est pas un représentant de la nation qui puisse oublier le respect que doivent aux lois ceux-là surtout qui ont la mission de les faire.

C'est l'honneur et la dignité de la Chambre que vous me demandez de défendre : je ferai tout mon devoir.

Dès votre première séance, vous avez entendu de saines et fortes paroles : je vous remercie, cher et vénéré doyen, de les avoir prononcées. Je félicite la Chambre qui vous a si sincèrement applaudi.

Vous aviez à vos côtés les plus jeunes d'entre nous ; ils auront de longues années à se souvenir, et, grâce à vous, ils se souviendront qu'il y a des cœurs que la patrie trouve toujours chauds malgré les années et que les espérances les plus généreuses, les plus viriles pensées viennent de ceux qui ne vieillissent pas. On reste jeune quand on s'oublie soi-même, pour ne songer qu'à son pays.

Non, ce ne sont pas des défaillances individuelles qui pourront atteindre la République. Le suffrage universel a moins de passion, plus de bon sens et d'équité que les meneurs politiques. Il se fait aux mœurs de la liberté, et il sait qu'à d'autres époques le silence et l'impunité étaient acquis aux fautes que la République veut dévoiler et saura punir.

C'est en vain qu'on tente de se faire une arme contre les institutions de la rigueur que les pouvoirs publics et la justice apporteront dans la répression ; c'est en vain qu'on espère que le suffrage universel ne se montrera pas assez éclairé pour démêler ceux qui ont failli aux lois de l'honneur et ceux que la calomnie cherche à mettre en cause.

Depuis vingt ans, il n'y a eu de déception que pour ceux qui ont douté de la France.

Je fais appel ici à tous ceux qui ont souci de la dignité nationale ; je leur demande d'attendre avec confiance et avec sang-froid les arrêts de la justice, de donner le plus vite possible au crédit public les lois budgétaires qu'il réclame, de consacrer les quelques lois qui nous restent à réaliser ou à préparer les réformes pratiques que la démocratie est en droit d'espérer.

Si le maintien de l'ordre est le premier devoir du Gouvernement et la condition première du progrès, c'est à la Chambre à affirmer qu'elle voit dans ce progrès la meilleure garantie de la paix publique.

Un banquet de 2,500 couverts lui fut ouvert, le 9 avril, par ses concitoyens de l'Aube pour le féliciter de son élection aux fonctions de Président de la Chambre, lorsque M. Casimir-Perier se rendit à Troyes pour présider le Conseil général de son département. Ce fut, pour l'éminent homme politique, l'occasion de développer ses idées de gouvernement en un discours dont quelques passages méritent d'être retenus.

« La République, disait-il, est à l'abri des surprises et des attaques. Grand encore toutefois est le nombre des citoyens honnêtes qui se désintéressent trop des principes et que rapprochent de nous plus peut-être les fautes de nos adversaires que nos propres doctrines ; ceux-là ont besoin d'être affermis dans leurs idées, rassurés dans leurs intérêts ; il ne s'agit pas de les réduire, il s'agit de les convaincre.

« Les monarchistes, de leur côté, ajoutait-il en résumé, en sont réduits à de simples états-majors que des souvenirs ou des préventions retiennent, mais qui sentent le sol se dérober sous leurs pas ; il faut donner à ces retardataires le temps de rejoindre l'armée républicaine, leur ouvrir nos rangs, en leur demandant cependant comme gages de dévouement et de fidélité aux principes communs autre chose que des discours.

« La République n'est pas qu'un mot ; c'est un ensemble d'idées et de doctrines, c'est 1789 appliquant et développant ses doctrines.

« Le présent, a dit Lebnitz, est gros de l'avenir ; oui, nous traversons une époque où tout ce qui a été n'est plus et où n'apparaît pas encore tout ce qui sera.

Peut-être est-on tenté de regarder comme un désordre ce qui sera l'ordre nouveau des sociétés et, comme un moment de crise, le début d'une situation durable.

« L'œuvre est commencée, la République la poursuivra sans s'arrêter jamais dans ce grand chemin sans terme qui mène vers le mieux matériel et moral.

« Le progrès est le but idéal offert aux passions les plus nobles ; il s'élève lui-même à mesure que nous nous élevons vers lui et, s'il demeure hors de nos atteintes, c'est pour que le monde, en le recherchant, soit digne de subsister.

Après avoir résumé, avec une éloquence concise et élevée, l'œuvre de la République, l'orateur trace un magistral programme de gouvernement et termine ainsi :

Il s'agit de pratiquer le régime parlementaire et de le protéger contre ses propres excès ; il s'agit de faire la part à l'autorité quand personne ne marchande la part faite à la liberté ; il s'agit, pour le pouvoir exécutif, d'user de ses droits, et d'assumer les responsabilités qui en découlent, de faire un faisceau de toutes les forces morales et de s'en servir, non pour la satisfaction des passions d'un parti, mais pour la grandeur et la prospérité de la patrie.

C'est surtout aux élus du suffrage universel, investis de sa confiance et chargés de lourds devoirs, à dire sans détours toute leur pensée ; il est permis à celui qui est devant vous d'affirmer que la nation ne paie pas d'ingratitude l'homme public qui a pris envers elle et envers sa propre conscience l'engagement de ne jamais la tromper ; la politique peut être le plus noble ou le plus vil des métiers ; la démocratie est en âge de choisir entre qui veut se servir d'elle et qui veut la servir ; mentir à ceux qui vous écoutent, c'est la mépriser.

La popularité est disputée parfois à la courageuse sincérité des

opinions, aux pensées viriles et franches, mais qu'est-ce donc
que la popularité et quel prix vaudrait-elle si, au lieu d'être la
manifestation de la reconnaissance nationale confirmant le témoignage qu'un honnête homme a déjà reçu de sa conscience, elle
n'était que l'expression de la vanité populaire, aveugle et satisfaite, tressant des couronnes qui se flétriront demain et saluant
avec un respect profane celui qui a spéculé sur les plus vils instincts de la nature humaine et fait à ses passions le sacrifice de
la vérité et peut-être de son pays.

Il n'y a ni péril ni courage à produire ici de telles affirma-
tions ; les républicains auxquels vous avez confié la défense de
vos libertés et de vos intérêts vous ont accoutumés à la franchise
du langage et à la rectitude de la conduite, ils sont dignes de vous.

Une énorme majorité le réélut député le 20 août
1893. La part qu'il prit alors aux travaux de l'Assemblée fut de plus en plus importante ; sa prépondérance s'affirma définitive parmi ses collègues. Dès la
rentrée, le 14 novembre 1893, la nouvelle Chambre le
choisit comme président provisoire par 295 suffrages
contre 175 à Henri Brisson. En prenant possession
du fauteuil, M. Jean Casimir-Perier prononça l'allocution suivante :

Mes chers collègues,

C'est le privilège du président provisoire de n'avoir qu'à vous
remercier. Je vous adresse l'expression de ma profonde reconnaissance.

Quel inestimable témoignage de votre confiance que d'être
appelé à présider les premières séances de la législature où la
Chambre, avant d'aborder les questions politiques, économiques
et sociales qu'elle aura la volonté d'examiner et de résoudre, se
consacrant tout entière à une œuvre de légalité et de justice,
aura un seul but : faire respecter le suffrage universel et avec
impartialité.

Remplir ce devoir avec fermeté sera donner le meilleur gage de votre dévouement à cette vaillante démocratie qui ne veut mettre au service des nobles causes et des passions généreuses que les armes pacifiques des peuples libres.

M. Jean Casimir-Perier apporta, dans la direction des débats parlementaires, tant de fermeté courtoise, que la Chambre lui confirma ses fonctions de président par un vote définitif, le 18 novembre 1893. 365 suffrages lui furent acquis.

En reprenant, le 31 novembre, cette présidence, M. Casimir-Perier, s'inspirant en particulier des récentes fêtes franco-russes, prononça un beau discours très applaudi :

Messieurs et chers collègues, dit-il, si vous me jugez capable de mesurer à l'honneur que vous me faites la reconnaissance que je vous dois, vous me pardonnerez de ne pas trouver de paroles pour exprimer les sentiments dont je suis pénétré.

Mais ce que je puis vous promettre, c'est d'être tout à mes fonctions ; j'ai le devoir et j'ai la volonté d'assurer la liberté à la manifestation légale de toutes les opinions.

L'autorité dont je suis investi est faite de votre confiance ; cette confiance, je m'efforcerai de la conquérir tout entière. Je pourrai, je vous l'affirme, sans effort sur moi-même, témoigner mon respect pour la sincérité de la pensée.

Cette législature commence presque au lendemain des événements qui ont éveillé chez tous les Français de généreuses et bienfaisantes émotions. Nous avons reçu d'inoubliables témoignages d'estime et de sympathie. Ces trophées qui portaient entrelacés les drapeaux de la Russie et de la France étaient l'image de l'union des cœurs, et nous gardons de ceux qui nous ont fêtés à Cronstadt, de ceux qui ont été nos hôtes à Toulon et à Paris, un cordial et fidèle souvenir.

La France est heureuse d'avoir mérité l'amitié d'un grand

peuple; elle est fière d'elle-même, et elle en a le droit. Le despotisme, après avoir brisé les forces morales de la nation, avait livré son armée et sa frontière ; c'est au bon sens de la démocratie, à son amour de l'ordre, du travail et de l'épargne que la France doit d'avoir reconquis dans le monde la place qui lui est due.

Quant à nous, nous devons nous souvenir. Nous avons vu Paris admirable d'enthousiasme et de sang-froid ; nous avons vu la France goûtant cette joie suprême d'avoir une même pensée, d'être une seule âme. A qui la saisissante affirmation de cette grande unité morale ne dicte-t-elle pas des devoirs impérieux ? qui ne les a compris ? Le patriotisme est autre chose que l'exaltation passagère de l'amour-propre national, c'est le sentiment permanent de ce qu'on doit à son pays, c'est le sacrifice quotidien fait à sa grandeur et à sa puissance des querelles stériles et des rivalités personnelles. Nos ambitions s'élèvent assez haut pour que ce soit toujours l'image de la patrie qui nous inspire.

La tribune est ouverte à la discussion féconde des idées. Les mœurs de la liberté ont fortifié les esprits ; le pays ne redoute plus les controverses parlementaires. Il sait que rien ne peut être mis en péril de ce qui garantit l'œuvre de la Révolution, de ce qui protège les droits et les espérances du suffrage universel. Il sait que ce serait la plus belle des contradictions de faire de la République un gouvernement de défiance contre la démocratie, que ce serait la plus ridicule des politiques de nier le progrès et de prétendre arrêter la marche de la civilisation. Ceux qui se sont donnés tout entiers à la République se sont donnés sans réserves à la démocratie, et c'est à la liberté qu'ils demandent de les guider dans ce grand chemin où l'humanité s'avance à la recherche du mieux matériel et moral.

I

M. Jean Casimir-Perier ne garda pas longtemps la présidence de la Chambre. A la chute du Cabinet Dupuy, le 25 novembre, M. Carnot voulut lui confier la mission difficile de reconstituer un ministère : ses hésitations furent longues. M. Casimir-Perier donna même, dès le début de la crise, à M. le Président de la République le conseil de faire appel au dévouement de M. Dupuy et de l'inviter à rester à la tête du Gouvernement. Celui-ci refusa de revenir sur sa décision. Un moment, M. Méline rechercha les éléments d'un nouveau Cabinet dont le chef eût été ensuite désigné; on songea même à créer avec ce député un ministère spécial d'affaires. Ces tentatives n'aboutirent point.

Dans l'échec de toutes ces combinaisons, M. Casimir-Perier était continuellement pressenti, sollicité. Il persistait néanmoins dans son refus. M. Poincaré, chargé par M. Carnot de le faire revenir sur sa détermination, échoua. Devant le refus obstiné du président de la Chambre, M. Spuller tenta, à son tour, de réunir les éléments d'un ministère; ses démarches, heureuses au début, furent rapidement entravées.

Le monde parlementaire indiquait d'ailleurs M. Casimir-Perier comme l'homme politique le plus désigné, dans les circonstances, pour constituer le Cabinet. Le Président de la République ayant, de nouveau, adressé un appel à son dévouement et à son patriotisme, il accepta de continuer les négociations entamées par M. Spuller.

Il fut assez heureux pour mettre fin à une crise qui durait depuis dix jours, et constitua ainsi son ministère :

M. Casimir-Perier, présidence du Conseil et affaires étrangères; M. Raynal, intérieur; M. Burdeau, finances; M. Antonin Dubost, justice; M. Jonnart, travaux publics; M. Spuller, instruction publique; M. Marty, commerce; M. Viger, agriculture; général Mercier, guerre; amiral Lefèvre, marine.

Ce ministère fut unanimement sympathique : les appréciations des journaux nous formulent l'opinion à son sujet.

Mais le second caractère de ce ministère, dit le *Temps*, non moins évident, non moins incontestable, c'est d'être nettement et fermement républicain et de ne pouvoir être soupçonné même par le parti pris le plus injuste, de réaction ou de tendresse secrète ou avouée à l'égard de la Droite. Il gouverne pour la République et pour la démocratie, pour elles seules.

M. Casimir-Perier, fidèle à son passé loyalement républicain, a manifesté, à cet égard, ses intentions très positives en s'entourant d'hommes comme MM. Spuller, Raynal et Burdeau; les deux premiers sont actuellement les héritiers les plus autorisés, parce qu'ils en sont les plus fidèles, de la pensée politique de Gambetta; le nom du troisième est encore moins équivoque, il a toujours concilié une attitude parfois radicale avec l'esprit le plus net et les théories les plus fermes de gouvernement.

En confiant à ces trois collaborateurs les portefeuilles les plus importants et, en prenant pour lui-même celui des affaires étrangères, M. Casimir-Perier a donc mis le Gouvernement à l'abri de tout procès de tendance aussi bien en ce qui regarde la politique étrangère qu'en ce qui concerne la politique intérieure.

La *République française* est aussi nette :

Au point de vue politique, le Cabinet Casimir-Perier est irréprochable, il répond au sentiment du pays et de la majorité de la Chambre; les hommes qui le composent sont tous des hommes de valeur; les anciens ont depuis longtemps gagné leurs galons sur tous les champs de bataille parlementaires, ils ont présidé à la fondation et à l'organisation de la République et avec leur expérience des hommes et des choses, ils sauront assurer son développement régulier et progressif. Ils auront le coup d'œil sûr du pilote qui voit les écueils de loin et sait les éviter.

Quant aux jeunes, aux nouveaux venus, qui entrent pour la première fois aux affaires, ils ont été choisis parmi les plus distingués, les plus dévoués et les plus travailleurs, nous pourrions ajouter parmi les plus modestes, et par le temps de chassé aux portefeuilles où nous vivons, ce n'est pas un mince éloge que nous en faisons.

On attendait généralement de ce nouveau ministère, de son chef en particulier, des qualités de fermeté et de franchise dont il fut par la suite donné d'éclatantes preuves. On félicita particulièrement M. Jean Casimir-Perier d'avoir gardé pour lui les affaires étrangères, où son beau nom et sa compétence reconnue étaient en fort bonne place.

Le Cabinet Casimir-Perier était accueilli à la Chambre avec la même impression de confiance.

Il fit ses débuts dans la séance du 4 décembre. La Chambre était au grand complet; l'affluence dans les tribunes était considérable.

En ouvrant la séance, M. de Mahy lit une lettre de M. Jean Casimir-Perier donnant sa démission de président de la Chambre.

« S'il me faut résigner, après si peu de jours, les hautes fonctions que je tenais de la confiance de mes collègues, j'espère ne pas paraître manquer aux sentiments de profonde reconnaissance dont je suis pénétré : je crois remplir mon devoir. »

M. de Mahy donne ensuite la parole au président du Conseil qui, correct, sans émotion apparente monte à la tribune, dans le silence attentif de l'Assemblée, et lit la déclaration du Gouvernement.

Dès les premiers mots, les députés furent conquis par la netteté du programme et l'autorité de l'orateur : l'impression, d'un bout à l'autre, fut excellente, et la lecture couverte de fréquents applaudissements. Voici le texte de cette déclaration :

Le Gouvernement qui se présente devant vous trouve son devoir tracé par l'expression récente des volontés du pays. Jamais la France n'a affirmé avec plus de force son attachement à la République, son aversion pour un régime de réaction, son respect pour la liberté de la pensée et de la conscience, sa foi dans le progrès ; jamais le suffrage universel n'a plus nettement condamné la politique des formules abstraites, des préventions injustifiées, des classifications arbitraires, ni plus énergiquement réclamé, en face des théories d'une certaine école, le maintien de l'ordre et la défense des principes que la Révolution Française a donnés pour assises à la société moderne : liberté et propriété individuelles.

Ce sera répondre aux vœux de la France que d'apporter dans la direction des affaires publiques cette unité et cette fixité de vues qui constituent seules un Gouvernement digne de ce nom ; de servir la démocratie sans arrière-pensée, avec dévouement, avec confiance ; d'opposer aux doctrines socialistes, qui en se produisant à la tribune du Parlement témoignent nécessairement leur respect pour la souveraineté nationale, non le dédain, mais l'action généreuse et féconde des pouvoirs publics.

C'est pour gouverner avec toutes les lois qui sont déjà le patrimoine de la République et en nous inspirant des espérances de la nation que nous assumons la responsabilité du pouvoir.

Nous pensons qu'il faut plus équitablement répartir le poids de l'impôt, qu'il faut, tenant compte des modifications qui se sont produites depuis un siècle dans la distribution de la fortune publique et dans la valeur respective des éléments qui la composent, remanier les contributions directes pour leur rendre le caractère qu'avait voulu leur donner l'Assemblée Constituante et atteindre surtout la richesse acquise.

D'autres réformes nous apparaissent légitimes et possibles. Assurer, grâce à une revision du cadastre et un cadastre tenu à jour, la base d'un établissement précis de la propriété foncière, et donner un point d'appui plus solide au crédit agricole; demander à un relèvement modéré en ligne droite des droits de succession, les ressources suffisantes pour défalquer le passif dans le produit des taxes à acquitter pour dégrever sensiblement les ventes d'immeubles; étudier la création d'une caisse de retraite pour les travailleurs avec la volonté d'accomplir ce grand acte de solidarité sociale; soumettre au Parlement les modifications qui doivent être apportées à la législation des boissons; régler les bases du projet dont les Chambres ont été saisies, des relations de l'Etat et de la Banque de France.

Le Cabinet est résolu à défendre l'œuvre économique de la précédente législature, à venir en aide à notre agriculture et à notre industrie. Nous avons déjà parlé du crédit agricole. Nous vous saisirons de projets relatifs aux assurances agricoles.

Relever les courages, seconder les efforts de cette vaillante démocratie rurale, qui est une des sources les plus fécondes de richesse pour le pays et de force pour les institutions républicaines, nous apparaît comme un devoir impérieux.

Nous comptons déposer un projet de loi sur les associations. Quant à la séparation des Eglises et de l'Etat, la politique, respectueuse du suffrage universel, ne devance ni les mœurs, ni les manifestations de l'opinion publique; et, surtout dans le domaine des questions qui touchent à la liberté de conscience, rien ne peut être entrepris qu'après le consentement du pays.

Déterminés par des questions de même nature, nous vous demandons d'écarter toute proposition tendant à la revision de la Constitution.

Nous pensons qu'il faut ranger parmi les réformes les plus instamment réclamées, les modifications à introduire dans notre code de procédure, pour en faire disparaître les complications.

Ce sera l'honneur de la République de rendre la justice plus rapide et moins coûteuse.

Notre politique extérieure — et sur ce terrain, des événements inoubliables l'attestent, toutes les dissidences disparaissent — s'inspirera toujours de ce que commande la dignité d'une nation assez puissante pour proclamer qu'elle veut sincèrement la paix et pour défendre sur tous les points du globe, ses droits, les intérêts de son commerce et de son industrie.

C'est assurément l'ambition d'un Gouvernement d'effacer les préventions et de convaincre ses adversaires. C'est la vôtre. Nous ne voulons, nous ne pouvons y réussir que par la loyauté du langage et la fermeté des résolutions.

Quelques principes qu'ils servent avec les armes pacifiques de la liberté, les représentants de la nation ont ici les mêmes droits et, au regard de la souveraineté nationale, ils siègent ici au même titre. Mais nous n'aurons d'autorité, nous n'avons de raison d'être que si, placés comme nous le sommes entre les adversaires de la République et ceux qui veulent détruire l'œuvre sociale de la Révolution Française, nous obtenons le concours permanent d'une majorité résolue à servir la cause à laquelle nous donnons tout notre cœur et toutes les forces de notre volonté.

Au Sénat, cette même déclaration, lue par M. Spuller, fut favorablement accueillie et fréquemment approuvée par les applaudissements.

Dans la presse, les divergences de vues se concilièrent en un commun hommage rendu à la loyauté, à la fermeté du langage de M. Casimir-Perier. Rarement autant de sympathies se groupèrent à l'entour d'un Cabinet.

Celui-ci d'ailleurs eut bientôt l'occasion de montrer qu'il était aussi ferme en actes qu'en paroles ; lors de l'attentat de Vaillant, dans le désarroi de la première émotion, M. Jean Casimir-Perier, calme, monta à la tribune et y montra en face de l'événement tragique, tout le sang-froid et toute l'énergie qu'on pouvait attendre de son caractère.

« La Chambre, dit-il, comprendra avec quel sentiment de tristesse je monte en ce moment à la tribune. Je la remercie, je la félicite d'avoir écouté la voix de son président et d'avoir poursuivi avec calme et dignité sa délibération.

« C'est pour ne la pas troubler que je ne suis pas monté plus tôt à cette tribune.

« La Chambre a fait son devoir, le Gouvernement fera le sien. Il est responsable de l'ordre public et il ne faiblira pas à son devoir.

« Il y a dans ce pays des lois qui protègent la société ; elles sont confiées à notre garde ; nous les appliquerons. »

Le Cabinet ne s'en tint pas à une simple promesse d'application sévère de la loi ; il voulut revoir celle-ci dans le sens d'une application plus immédiate et plus préventive. Dans les Conseils qui suivirent, les ministres s'occupèrent de prévenir par des mesures législatives et administratives l'action des anarchistes ; ces mesures eurent pour principal objet de réglementer à nouveau le régime des substances explosives et de punir la provocation à la destruction et au meurtre. Les projets de loi élaborés furent présentés par M. Casimir-Perier, au début de la séance du 11 décembre.

Au lendemain du monstrueux attentat qui s'est produit, dit-il, la fermeté ne peut être que dans le sang-froid. Le Gouvernement apporte à la Chambre les mesures qu'il croit indispensables. Sa politique générale reste conforme aux déclarations qu'il a faites au Parlement : dévoués à la démocratie, nous ne ferons pas pâtir les bons citoyens des méfaits de quelques criminels.

Le Gouvernement soumet à la Chambre quatre projets de loi : le premier tendant à modifier les articles 21, 24, 29 de la loi de 1881 sur la presse ; le deuxième tendant à modifier les articles 265 et suivants du code pénal sur les associations de malfaiteurs ; le troisième tendant à modifier l'article 3 de la loi du 19 juin 1871 sur les explosifs ; le quatrième tendant à ouvrir au Ministère de l'Intérieur, au chapitre des commissariats de police, un crédit de 800.000 francs.

Il faut, continue M. Casimir-Perier, punir l'initiative au crime, mais nous ne voulons atteindre que ceux qui se placent eux-mêmes hors de la société. Il se formera entre tous les bons Français une ligue des honnêtes gens.

Jamais il n'a été plus nécessaire de sceller l'accord entre le Gouvernement et le Parlement. Le Gouvernement ne faillira pas à son devoir d'assurer l'ordre au dedans et le bon renom de la France au dehors.

Le Président du Conseil termina en déclarant que le Gouvernement défendrait à la fois la cause de l'ordre et celle des libertés publiques.

Le Gouvernement demanda l'urgence sur tous les projets et la discussion immédiate sur le projet relatif à la modification de la loi sur la presse.

Très ému, mais très déterminé, M. Casimir-Perier avait prononcé ces quelques phrases en indiquant loyalement sa pensée de demander à la Chambre un « acte politique » formel. Il prit part aux débats et hâta l'adoption des projets.

Quelques jours plus tard, au sujet d'une proposition d'enquête sur le régime général des mines, M. Casimir-Perier remportait un double succès personnel et de Cabinet.

M. JEAN CASIMIR-PERIER

Succès personnel :

A M. Millerand qui lui reprochait d'être chef du Gouvernement et administrateur des mines d'Anzin, le Président du Conseil répondit simplement : « J'ai donné ma démission d'administrateur il y a douze mois, quand j'ai été nommé Président de la Chambre. » Les applaudissements éclatèrent et, sur une interruption : Mais vous êtes encore actionnaire, le ministre répliqua, avec une merveilleuse présence d'esprit et un talent primesautier d'improvisation cinglante : « Est-ce que vous voulez faire aussi une enquête sur ma fortune ? J'ai bien voulu répondre à M. Millerand qui a du talent et du tact, — mais d'autres auront appris par ma réponse des choses qu'ils n'auraient jamais considéré comme des scrupules de conscience. » La vive réplique ne disposa guère la Chambre en faveur de la proposition des maladroits députés — le Président du Conseil n'eut pas à prononcer un long discours pour déterminer le vote :

« Le Ministre des travaux publics a fait connaître à la Chambre que le Gouvernement repoussait la proposition d'enquête, mais il est prêt à s'associer à toute proposition tendant à la nomination d'une commission du travail qui serait chargée d'étudier les conditions de l'exploitation des mines.

« Ne vaut-il pas mieux se mettre tout de suite au travail que de faire une enquête ? »

Nous ne pouvons nous arrêter à tous les actes du Cabinet Casimir-Perier ; nous n'en retiendrons que les principaux. Ce fut en tout cas une vie active et utile que celle de ce ministère — et son œuvre eut peut-être été plus importante encore si, selon l'ordinaire coutume, les brouillons des partis ne s'étaient plu à entraver la marche en avant menée avec entrain par le Président du Conseil.

Les interpellations en particulier ne manquèrent pas.

C'est dans la séance du 30 janvier, une interpellation de M. Lockroy sur la situation d'infériorité de la marine française. La discussion très mouvementée occupa deux séances : le Ministre de la Guerre et le Ministre de la Marine répondirent aux orateurs; M. Casimir-Perier résuma le débat, le précisa en un des brefs discours dont il avait le secret :

« M. Lockroy a adressé son interpellation au Gouvernement tout entier, c'était donc que le Parlement n'était pas appelé à se prononcer sur les points de détails, mais sur les nécessités des réformes; le Gouvernement n'hésite pas à penser que ces réformes sont nécessaires. »

Après avoir demandé la nomination d'une commission qui fut à la fois une commission d'enquête et une commission d'études, il termine :

« Le Gouvernement qui siège sur ces bancs ne peut en deux mois réformer les abus remontant à plusieurs années, aussi bien nous demandons à la Chambre d'avoir la sagesse de comprendre avec sa commission de la marine qu'on ne peut établir deux pouvoirs qui se nuiraient. »

Un nouvel ordre du jour de confiance fut accordé au Gouvernement.

Au lendemain des événements du Soudan qui

émurent profondément le pays — la surprise d'une
colonne par les Touaregs au-dessus de Tombouctou
et la disparition ou la mort de nombreux officiers —
M. Casimir-Perier prévint une interpellation en donnant les plus catégoriques explications à la tribune,
en prouvant que le Gouvernement avait pris toutes
les mesures de précaution, donné tous les ordres de
prudence.

Dans la séance du 22 janvier, il répond à une interpellation sur notre situation à Madagascar. « Le Gouvernement de la République fera son devoir, il avait à
prendre des précautions, des mesures, il a réfléchi à
toutes les responsabilités. » La Chambre, après les
fermes paroles du chef du Cabinet, vota, à l'unanimité, un ordre du jour de confiance.

Dans la séance du 4 mars, après une bataille parlementaire des plus vives, après des débats violents sou-
levés par une question au Ministre des Cultes, M. Jean
Casimir-Perier fait une déclaration droite et loyale,
une affirmation de libéralisme éclairé, rarement entendue par la Chambre.

Personne assurément même parmi les adversaires du Gouvernement n'entend profiter d'une équivoque. Le Ministre de l'Instruction publique et des cultes a déclaré que dans la conduite à
tenir par l'Etat à l'égard de l'Eglise, il y avait place pour un
esprit nouveau.

C'est également mon sentiment. Du jour où la République a
existé en fait, elle a eu à lutter contre le passé, à triompher de
résistances que d'autres Gouvernements avaient aussi rencontrées,
elle a eu a faire les lois scolaires et les lois militaires. Ces lois
sont devenues le patrimoine de la République, nous les avons
appliquées, nous les appliquerons comme nos devanciers.

Mais après dix ans de luttes, sans rien renier de cette œuvre, ne pouvons-nous pas constater que le pouvoir laïque est aujourd'hui victorieux ? Ne pouvons-nous pas remarquer qu'il n'y a plus à faire la grande guerre et qu'il serait puéril, ridicule, indigne, d'entreprendre une petite guerre de vexations et de taquineries mesquines ?

Depuis que nous sommes au pouvoir nous avons senti combien, à l'égard des fonctionnaires de tout ordre, le principe d'autorité avait besoin d'être rétabli ; mais en même temps nous sentons qu'il y a dans le pays bien des causes de discorde et que notre devoir est de les apaiser et non de les entretenir.

Ce langage élevé fut approuvé par un ordre du jour de confiance voté par 302 voix, toutes républicaines, contre 119.

Le 15 mars, une proposition de revision de la Constitution est déposée sur le bureau. Le Président du Conseil, sans examiner si la Constitution de 1875 est parfaite, croit que l'heure est mal choisie pour la discuter ; les orateurs revisionnistes n'en insistent pas moins pour le vote de la proposition — et les discours occupent deux séances. A la fin de la seconde séance, M. Jean Casimir-Perier monte à la tribune ; avec les dernières paroles prononcées, sous l'impulsion même du Président du Conseil, le débat a changé de tournure : c'est la politique même du Gouvernement qui se discute. Le silence se fait dans l'Assemblée — si facilement houleuse — pour écouter les fermes paroles de l'orateur :

Ce n'est pas, dit-il, la Constitution, c'est le Cabinet qu'on veut réviser. Oui, on a cherché, en déposant une proposition de revision, un terrain commun pour grouper des éléments épars d'opposition. Je ne m'en plains pas, je trouve que le terrain est bien choisi pour réunir aussi les éléments compacts d'une majorité républicaine.

Oui, après avoir essayé de réduire la Chambre à l'impuissance, on dit au Gouvernement d'apporter des réformes alors qu'on l'oblige à siéger tous les jours pour répondre à des interpellations, à des questions dont on le harcèle et qu'on le condamne à un rôle de stérilité.

Le Gouvernement n'a-t-il rien fait depuis trois mois? Que fait-on des projets sur les justices de paix, sur les réquisitions militaires, sur les moyens de transport, sur l'organisation nouvelle de l'artillerie et du génie dont il a saisi la Chambre, du projet de loi sur la Conversion qui a été votée, du projet de relèvement des droits de successions, de la réforme de la contribution des portes et fenêtres, du projet de réforme de l'impôt sur les boissons, annoncé, et qui sera compris dans le budget.

Le Gouvernement a également saisi la Chambre de divers projets intéressant l'agriculture qu'elle n'a pas oubliée. Est-ce là le néant? Pense-t-on qu'en touchant aux institutions on rendra la législation plus féconde? On ferait plus utilement une besogne législative en limitant les questions, en réglant son œuvre. Si elle a la prétention de toucher à tout, une Chambre ne résout rien.

La politique des grands programmes a été la politique des déceptions. Il est dangereux de faire espérer beaucoup plus qu'on ne peut donner. C'est en revenant à la vérité du régime parlementaire qu'on obtiendra des résultats.

Il faut que le ministère ait la confiance de la Chambre pour qu'il puisse parler ferme au dedans et au dehors. Nous ne sommes pas un Gouvernement de réaction, nous ne sommes pas un Gouvernement de cléricalisme. Si nous venions à perdre la confiance de la majorité républicaine, cinq minutes après, nous quitterions le pouvoir.

Mais nous considérons que nous avons d'autres devoirs à remplir qu'à donner satisfaction à une coterie étroite. Le jour où l'on accepte la lourde charge du pouvoir, on engage autre chose que sa personne et ses idées, on engage la cause qu'on a toujours servie, on engage son pays.

On a le devoir de faire le plus de bien possible dans le plus court espace, et de se convaincre que le parti républicain est la nation tout entière et de travailler en temps de paix à l'union qui se ferait toute seule à l'heure du danger.

On reproche au ministère d'être lié avec l'Eglise ; j'ai déjà déclaré, lorsque j'avais l'honneur d'être président de la Chambre, que ce devait être l'ambition de tout Gouvernement de voir arriver à lui des recrues nouvelles, contrairement à l'avis de ceux qui pensent que la République ne sera forte que quand elle sera aux mains de quelques-uns et qu'elle aura tout le monde contre elle.

Les désabusés de la monarchie viennent à la République. Il y en a parmi eux de sincères qui se sont rendu compte que la monarchie n'avait aucune chance de se faire et qu'elle n'était même plus étayée par ceux qui la représentaient.

Ces désabusés de la monarchie doivent être accueillis sans qu'on soit tenu de leur confier une direction et de faire d'eux des chefs. Ceux qui sont le plus sincères comprennent le mieux cette vérité.

On a raconté je ne sais quelles fantaisies sur nos relations avec l'Eglise. Parce qu'un Gouvernement ne veut pas pénétrer dans le domaine de la conscience, il ne s'ensuit pas qu'il soit disposé à abandonner les droits du pouvoir civil.

Parce qu'un Gouvernement estime indigne de lui de pratiquer une politique de persécutions mesquines, d'empêcher par exemple une religieuse de suivre un convoi funèbre, peut-on l'accuser d'abdiquer devant l'Eglise ? Une politique de pacification n'est d'ailleurs possible que si le clergé lui-même donne l'exemple de l'obéissance aux lois.

On ne saurait transformer un Gouvernement de tolérance en un Gouvernement de faiblesse. Qu'on le juge sur ses déclarations et sur ses actes. Je me suis associé à toutes les lois que j'ai jugées nécessaires à la République. Ce n'est pas entre mes mains qu'elles péricliteront. On oublie les lois scolaires et militaires et tout ce qui a été fait en matière d'instruction publique. On oublie toute l'œuvre accomplie en commun.

S'il est loisible à un membre de l'opposition de chercher à

diviser un pacte, le devoir du Gouvernement est de le fortifier. Le Gouvernement veut marcher avec son temps ; il sait qu'il se doit aux faibles et aux déshérités de la fortune. Je pense qu'il y a mieux à faire que de réveiller de vieilles querelles. Il souhaite qu'on les oublie, au contraire, et qu'on se serre pour coopérer à l'œuvre commune.

Avant de descendre de la tribune, je veux dire la pensée du Gouvernement à l'égard de la revision. Les questions de revision des lois constitutionnelles ne sont pas de celles auxquelles le Gouvernement peut se résigner quand il n'en a pas lui-même pris l'initiative.

Nous sommes au pouvoir comme à un poste d'honneur que nous ne déserterons pas, et nous pensons trouver dans le pays assez de force pour soutenir l'ordre et parler au nom de la France, comme il convient de parler, au dehors et au dedans.

Le Président du Conseil fut acclamé en descendant la tribune ; son langage patriotique, encore une fois, enleva le vote.

Un des honneurs du Cabinet Casimir-Perier sera aussi d'avoir créé enfin le ministère des colonies ; le chef du Cabinet dut agir avec une ténacité et une volonté inébranlables pour amener les Chambres à combler cette inquiétante lacune de notre système d'administration politique. Le Sénat, dans sa séance de nuit du 17 mars, n'avait voulu engager aucune discussion sur la question du ministère des colonies qui venait de lui être soumise par le Gouvernement après le vote de la Chambre et s'était ajourné au 24 avril, laissant ainsi la question en suspens pour six semaines. M. Jean Casimir-Perier ne dissimula pas la situation difficile qui lui était ainsi créée ; le Sénat, par son refus de délibérer, le mettait dans l'impossibilité d'adopter une solution devenue urgente — et déclara que le

Cabinet ne voulait pas assumer la responsabilité de laisser subsister pour notre administration coloniale un pareil état de choses pendant toute la durée des vacances de Pâques. Il manifesta même, avec vivacité, sa résolution de se retirer, en présence de l'ajournement de la délibération opposé par le Sénat.

Le président du Sénat, d'accord avec le Président du Conseil, convoqua donc la Chambre-Haute à siéger extraordinairement le 19 mars.

M. Casimir-Perier prend le premier la parole.

Il pense que s'il avait pu fournir les explications nécessaires, un dissentiment ne se serait pas produit. Il montre le désarroi qui serait résulté du désaccord survenu entre les deux Chambres pour la bonne administration des colonies. Le Gouvernement ne pouvait assumer la responsabilité de cette situation. « Nous ne demandons pas au Sénat de se déjuger. A l'heure présente, il s'agit de pourvoir à un service important et c'est pour cela que le Gouvernement insiste auprès du Sénat. Le Sénat pourra donner au débat l'ampleur qu'il voudra. Je lui demande de voter les projets qui lui sont soumis. Il voudra bien, par son vote, témoigner au Gouvernement la confiance dont il a tant besoin. »

La proposition portant que le sous-secrétariat des colonies est érigé en ministère, ainsi que les crédits à affecter à cette création, sont votés à une imposante majorité.

La création de ce ministère des colonies, si heureusement et si rapidement tranchée, fut très favorablement accueillie.

M. Casimir-Perier — ainsi que M. Burdeau, ministre des finances, et M. Marty, ministre du commerce — vinrent, à Lyon, inaugurer l'Exposition in-
ternationale, le 18 avril suivant; leur réception fut
splendide et enthousiaste, dans l'empressement de
toute la population, dans l'accueil de toutes les auto-
rités. Sur le parcours du cortège, une foule compacte
salua et acclama le Président du Conseil. Une réception brillante à la Préfecture termina cette première
journée. Le lendemain matin, pendant les réceptions,
M. Casimir-Perier accueillait d'un mot aimable, d'une
phrase éloquente ou charmante dans sa concision, les
notabilités militaires, commerciales ou politiques qui
lui étaient présentées. A l'issue des réceptions, le Président du Conseil tint à unir le souvenir des déshérités aux prémices de cette fête du travail et à visiter
l'hospice de la Croix-Rousse, ses salles, ses services : il
félicita l'administrateur et les sœurs et laissa, en par-
tant, 200 francs aux malades, en souvenir de cette visite.

Dans l'après-midi, M. Casimir-Perier — et M. Dupuy, président de la Chambre, arrivé le matin —
visitèrent l'Exposition, où M. Marty, ministre du Commerce, prononça un discours auquel répondit M. Gail-
leton, maire de Lyon. M. Marty déclara ensuite l'Exposition ouverte ; les ministres et le cortège officiel
quittèrent la salle, traversant les rangs pressés des
exposants, au milieu des acclamations et des saluts.

La visite des différentes parties de l'Exposition
commença alors — et, malgré la pluie, le public
afflua dans les allées du parc, saluant et acclamant
les ministres.

Au banquet du soir, très brillant dans les galeries du Palais d'Algérie, après les toasts nombreux et les discours de M. Dupuy, président de la Chambre, et du maire de Lyon, M. Jean Casimir-Perier prit la parole :

Messieurs et chers concitoyens,

J'ai éprouvé quelque embarras à entendre M. le maire remercier le Gouvernement des sympathies que nous venons d'affirmer ici, moi qui ai à remercier la ville de Lyon de tout ce qu'elle a fait depuis tant d'années pour le bon renom de la France dans le monde, pour la liberté, pour la République.

C'est une heureuse fortune pour un chef de Gouvernement de pouvoir parler en un lieu où la loyauté sobre des déclarations est plus en honneur que les brillants artifices du langage. Je sais que je puis parler à cœur ouvert.

Pour gouverner la démocratie, il faut lui appartenir tout entier, et avoir foi en elle. Lui mentir ou la flatter, c'est lui témoigner de la défiance ou du mépris. Lui dire ce qui risque de lui déplaire, c'est souvent la servir. La juger capable d'entendre ce qui lui déplaît, c'est la respecter. Tels sont les principes qui, en toute circonstance, inspireront notre politique.

Si ces vérités sont presque banales à exprimer, il y a peut-être quelque nouveauté à les mettre en pratique. Nous convions tous les amis de la liberté à nous y aider. S'il est légitime que les républicains se souviennent qu'ils ont été longtemps — c'est leur honneur — des hommes de lutte, marchant à la conquête des libertés publiques, plus habitués à l'opposition qu'au Gouvernement, qu'ils sachent bien qu'aujourd'hui, responsables de la France, ils ont de nouveaux devoirs à remplir, qu'ils ne voient pas dans le pouvoir un adversaire, qu'ils y cherchent et qu'ils y trouvent la volonté et l'action quotidienne au service de toutes les doctrines de la Révolution. Le Gouvernement qui est devant vous n'a qu'une ambition, c'est que la démocratie triomphante se reconnaisse en lui.

La confiance parlementaire porte un homme au pouvoir pour

qu'il s'y inspire des principes qu'on sait être les siens, et c'est presque une trahison qu'il cesse d'être lui-même. S'il s'attache à faire de son esprit le rendez-vous d'opinions qui se heurtent, quel sot orgueil l'autorise à penser qu'il a été jugé le plus capable d'appliquer les idées des autres ? Et ce n'est pas se faire de moins ridicules illusions que de croire le sort du pays lié à l'existence d'un Cabinet et de s'imaginer que le vrai devoir pour ceux qui exercent le Gouvernement est de s'y maintenir à tout prix. Ce sont là de mauvaises habitudes d'esprit.

Le pouvoir n'est qu'une apparence quand est compromise l'autorité de ceux qui le détiennent. La vanité peut encore y trouver des satisfactions, la conscience n'en trouve plus ; mieux vaut renoncer au pouvoir par fidélité à ses convictions que de le conserver par une désertion.

Si la mission première d'un Gouvernement est de maintenir l'ordre, ce serait faire injure à la France de prétendre que toute son ambition se réduit à être rassurée ; ce serait bien mal répondre aux vœux et à l'attente du pays de ne rien affirmer, de ne rien entreprendre, de ne rien oser ; ce serait bien mal connaître et bien mal comprendre notre époque de fermer la porte aux espérances et de ne pas savoir qu'on peut tout obtenir de la démocratie en parlant à son cœur en même temps qu'à sa raison.

De grands devoirs s'imposent à l'Etat ; nous sentons très lourdes les responsabilités qui pèsent sur nos têtes. Pour défendre au dehors les intérêts et la dignité de la France, il ne suffit pas d'être ministre, il faut puiser dans la nation et obtenir de ceux qui la représentent autre chose qu'une autorité précaire ou une confiance marchandée. Puissions-nous prouver que c'est protéger le régime parlementaire et la liberté de ne pas désarmer le pouvoir, que ce n'est pas contre le Gouvernement mais avec son concours, par son initiative, que les réformes peuvent être accomplies.

J'entends souvent associer l'idée d'autorité et celle de réaction. Rien de plus faux : l'autorité gouvernementale n'est pas seulement la garantie de l'ordre, mais la condition du progrès.

Nous relevons de l'opinion publique : elle nous jugera. Il n'y pas cinq mois que M. le Président de la République nous a confié le Gouvernement ; nous avons eu l'occasion de nous expliquer souvent, nous rechercherons toutes les occasions de nous expliquer encore ; les actes ont déjà confirmé les paroles.

Sans abuser de votre patience, je voudrais rappeler sommairement comment s'est exercée l'initiative du Gouvernement au profit des idées qui nous sont à tous le plus chères.

Plusieurs projets militaires sont déposés par le Ministre de la Guerre ; ils augmentent sans dépenses les forces défensives du pays. Nous avons demandé aux Chambres de ne plus percevoir les taxes successorales que sur l'actif net des successions ; témoins des souffrances de l'agriculture et des efforts que font les travailleurs des champs pour lutter contre l'avilissement des prix, nous avons saisi le Parlement de deux projets, l'un dégrevant les ventes d'immeubles, l'autre organisant un système d'assurances agricoles.

La réforme de notre législation des boissons a été étudiée et présentée dans des conditions qui, nous voulons l'espérer, permettront aux Chambres de résoudre enfin une question qui intéresse la santé publique, notre richesse viticole et les consommateurs les plus dignes de sollicitude.

La simplification du code de procédure et la réduction des frais judiciaires seront des satisfactions légitimes données à l'opinion publique.

Dans le projet de budget, le Ministre des finances a introduit tant de mesures ingénieuses et sages, tant de réformes généreuses et fécondes, qu'on peut dire, sans être démenti, même par ceux qui discuteront ces propositions, qu'on y trouve toute son intelligence et tout son cœur.

Des modifications profondes dans l'assiette des contributions directes, la suppression de l'impôt des portes et fenêtres, le relèvement sans inquisition ni vexation de la part contributive de ceux qui ont plus que le nécessaire, acquittent l'engagement pris par le Cabinet de soulager les déshérités de la fortune en atteignant la richesse acquise. Pour la première fois, la question des retraites ouvrières est abordée par le projet de budget : un grand principe est posé, c'est que l'aide de l'État est assurée dans une large mesure à quiconque a fait un effort persévérant pour mettre sa vieillesse à l'abri de l'indigence.

La solidarité sociale se trouve ainsi affirmée au profit des travailleurs ; les sentiments qui animent les Chambres nous autorisent à compter pour cette œuvre de vraie démocratie sur leur concours. Mais disons bien haut que l'Etat serait impuissant à réaliser ces progrès sociaux si l'initiative privée, si les associations libres, si les assemblées départementales et communales n'avaient pour l'y aider de généreuses audaces.

Pour rendre cette œuvre durable, pour la rendre féconde, il faut, et de toute nécessité, réformer nos mœurs en même temps que nos lois. Il faut que les préventions tombent, que les préjugés s'effacent. Il faut enfin que les privilégiés de la vie, ceux qui jouissent du superflu, se fassent une notion plus large de leurs obligations sociales, qu'ils se résignent à assumer une part plus lourde des charges publiques pour soulager ceux qui achètent le pain de la famille avec le salaire quotidien. Quelle erreur de croire qu'il n'y a qu'une éducation raffinée qui fasse battre le cœur ! Combien d'inimitiés ou de haines sont nées parce que la vanité des heureux a trop souvent mesuré les distances entre les hommes. Respecter et aimer le déshérité de la fortune qui soutient noblement le combat de la vie, c'est honorer le devoir qui n'a pas reçu de leçons et la conscience qui d'elle-même a trouvé le droit chemin. Le spectacle que nous a donné cette vaillante population de Lyon grandira nos forces et nos espérances.

Nous retiendrons, mon cher Maire, vos sages et éloquentes paroles ; nous nous efforcerons avec la conscience du rôle qui incombe à ceux qui étant un Gouvernement doivent répudier les passions étroites des partis, nous nous efforcerons de rompre toutes les classifications arbitraires, de détruire toutes les coteries, de convaincre et d'apaiser.

L'ambition suprême de celui qui aime son pays et qui est pour toujours attaché à la même cause, c'est de grouper autour du même drapeau tous les enfants de la commune patrie.

Nous savons que notre histoire nationale, c'est pendant près de dix siècles l'effort successif de la monarchie pour réunir les provinces éparses, les sceller les unes aux autres, briser les pouvoirs locaux et créer la France ; et, nous voulons que la République, fille de 1789, triomphant enfin du despotisme impérial et de la tyrannie démagogique, offre au monde le spectacle d'une unité morale si fortement constituée, qu'elle ait le droit de ne rien craindre et de tout espérer.

Je bois, Messieurs, à la ville de Lyon et au département du Rhône.

Ce discours, fréquemment interrompu par des applaudissements, produisit la meilleure impression ; nous en avons donné de longs extraits parce qu'il résumait la pensée gouvernementale du Président du Conseil et précisait en quelques mots l'œuvre du Ministère depuis sa formation.

La harangue magistrale de M. Casimir-Perier fut très flatteusement commentée par la presse. Elle sortait des banalités officielles et attestait, chez celui de qui elle émanait, la pleine conscience de sa mission et de sa responsabilité d'homme d'Etat. Ce qui plaisait, c'était la franchise de l'accent et une sorte d'allégresse martiale. Il parlait à cœur ouvert et faisait preuve de caractère. C'était le cri d'un honnête homme qui méritait qu'on lui laissât le temps de devenir un grand ministre. Cette opinion des journaux se retrouva dans les sentiments du pays ; celui-ci applaudit à cette virilité consciencieuse, à cette probité politique et eut le sentiment d'avoir trouvé, dans le Président du Conseil, un esprit élevé, tout de sincérité, ne demandant que l'aide du Parlement pour réaliser de grands projets. Cette aide, que beaucoup de représentants lui accordaient en toute confiance, était rendue moins efficace, était entravée par les polémi-

ques de tribune trop fréquentes. L'ère des interpellations n'était, en effet, pas terminée : M. Jaurès, député socialiste, intervient le 30 avril pour interroger
le Ministère sur les mesures que le Gouvernement
comptait prendre contre les capitalistes et les prêtres
qui avaient subventionné la propagande anarchiste.
Après le discours du Ministre des cultes, M. Dubost,
qui met en évidence l'inanité des faits avancés, le débat
tourne contre le Cabinet à qui on reproche à la fois
des attaches cléricales et des sympathies francs-maçon-
niques. M. Jean Casimir-Perier, en un court discours, se dégage des accusations, précise nettement la
pensée de son Gouvernement, annihile les ambiguï-
tés dans lesquelles on voudrait l'enfermer :

Entre les doctrines de M. Millerand et les doctrines de M. de
Mun, il y en a une troisième, qui est la mienne. Depuis quelque
temps on représente d'un côté de la Chambre le Gouvernement
actuel comme un gouvernement de réaction pire que le Seize-
Mai.

Et à droite, on nous représente comme étant le triomphe de la
franc-maçonnerie et comme ouvrant l'ère des persécutions.

Le Gouvernement ne répond à aucune de ces deux opinions
extrêmes, parce qu'il en représente une troisième. Il a trouvé
dans la Chambre une majorité républicaine.

Je représente un Gouvernement qu'on accuse de poser trop
souvent la question de confiance. Je regrette de ne pas l'avoir
posée une fois de plus. Le réquisitoire de M. Jaurès contient des
accusations sans preuves bien rigoureuses, bien précises, en faisant bon marché de tout ce qui a été accompli dans ce pays
depuis un siècle. M. Jaurès a porté une foule d'accusations vagues
contre le mouvement qui a suivi la Révolution française, mais il
n'a pas parlé de toutes les conquêtes qu'a faites le peuple depuis
cette époque.

M. de Mun m'a demandé si le Gouvernement comptait solliciter le concours de l'Eglise et s'appuyer sur les doctrines catholiques pour apporter un remède aux maux de la société. Autant demander à l'Etat laïque de transformer l'Eglise en un instrument de domination et à la République de ruiner l'œuvre de la Révolution.

Le Gouvernement entend donner à la conscience la liberté qui lui est due ; malgré les accusations d'intolérance portées contre lui, ce sont les principes de la Révolution sur lesquels il s'appuiera.

L'ordre du jour pur et simple, appuyé par le Gouvernement, est adopté par 340 voix contre 179.

Tous les députés rendirent hommage à la netteté du langage du Président du Conseil. Ils reconnurent qu'il avait formulé admirablement le programme du parti républicain ; pour la première fois, un Gouvernement avait dégagé la majorité flottante dans l'Assemblée.

Le Ministère eut à soutenir un nouvel assaut dans la séance du 8 mai, au sujet d'une autorisation de poursuites contre M. Toussaint, député socialiste, accusé d'avoir excité des grévistes à troubler l'ordre public et d'avoir, lui-même, insulté la force publique. Le Conseil des Ministres avait décidé le matin que la responsabilité tout entière du Cabinet serait engagée dans ce débat ; son président était déterminé à n'accepter aucun ordre du jour, aucune motion, qui ne viseraient pas expressément le cas de M. Toussaint.

La bataille fut moins chaude qu'on ne l'eut cru d'abord. Le Président du Conseil joua plein jeu, selon son habitude :

Sous tous les régimes, dit-il, on a considéré le droit de poursuites comme indispensable au Gouvernement. Le régime de la séparation des pouvoirs est ici respecté. Un député qui se trouve au milieu de grévistes et en face de la gendarmerie, tient des propos délictueux. C'est à la justice de décider et non à nous.

C'est une question politique que la Chambre est appelée à trancher et non une question juridique, et ce sont les véritables coupables qui réclament le bénéfice de l'immunité pour eux.

Le pays est las de ces pratiques et les ouvriers eux-mêmes se considèrent comme les victimes de tels conseillers. La Chambre pense-t-elle pouvoir couvrir le député en cause et le juger digne d'une immunité spéciale ? Si la Chambre le dit, le Gouvernement croit qu'elle sera en contradiction avec l'opinion publique. Cet incident n'est qu'un fait isolé dans la lutte engagée par le parti socialiste contre la société. C'est l'action politique qu'il s'agit de juger, le rapporteur l'a reconnu ; le Gouvernement ne peut se résigner à adopter les conclusions de la commission, pour sa dignité comme pour les égards qu'il doit à la Chambre.

C'est à la raison, au patriotisme de la Chambre que le Gouvernement s'adresse. Il croit servir la République et la France en affirmant très haut ce qu'il croit profitable au pays.

Si la Chambre ne donnait pas raison au Gouvernement, il transmettrait intacte à d'autres l'autorité qu'il juge indispensable. Là est pour lui le devoir et l'honneur.

Les poursuites furent votées.

Malgré leur importance, ces débats sembleraient de simples escarmouches, en comparaison de l'engagement, plus vif encore, du 17 mai. Trois demandes d'interpellation tombèrent, à la fois, sur le bureau du président de la Chambre, tendant toutes trois à demander des explications sur les mesures que le Gouvernement comptait prendre à la suite de la circulaire adressée aux évêques par le nonce apostolique, à propos de la modification des règlements et de la revision de la loi sur les fabriques.

Le Gouvernement accepta la discussion immédiate.

Six orateurs se succédèrent à la tribune, greffant de nouvelles questions, sur les interpellations soutenues.

Tranquille à son banc, M. Casimir-Perier prit le parti de laisser se développer les diverses interpellations et de noter au passage les questions qu'on lui adressait. Quand il monta, à son tour, à la tribune, il répondit loyalement — sans oubli — à chacun de ses interrogateurs. Cette loyauté fit dire à un adversaire : — C'est la première fois qu'un Président du Conseil répond nettement aux questions qu'on lui pose.

Après avoir fait justice des interpellations, M. Casimir-Perier ajouta :

« Donnez-moi le temps de montrer que quand il s'agit des droits de l'Etat, on ne nous trouvera jamais en défaillance. »

Il termina :

« Puisqu'on nous accuse d'être un Gouvernement clérical, laissez-moi vous lire la lettre que j'ai adressée à l'ambassadeur du Vatican, le 7 mars dernier, c'est-à-dire bien avant l'envoi de la circulaire du nonce du pape ; je n'en passerai ni une ligne ni un mot; vous verrez comment a parlé et agi celui que vous accusez de cléricalisme. »

Le Président du Conseil donne lecture de cette lettre dans laquelle il résume les déclarations apportées par le Gouvernement à la tribune et revendique les droits de l'Etat laïque.

Paris, le 7 mars 1894.

Monsieur l'Ambassadeur,

Le débat qui s'est engagé le 3 de ce mois à la Chambre des députés, au sujet d'une question posée par M. Cochin sur un arrêté du maire de Saint-Denis, n'a pas échappé à votre attention. Il vous suffira de lire le *Journal Officiel* pour vous pénétrer de la pensée du Gouvernement. Toutefois, en présence des efforts qui sont faits pour dénaturer le sens et la portée des déclarations du Ministère, il me paraît utile de les préciser et de vous mettre à même d'affirmer que le respect du clergé pour les droits de l'Etat et sa soumission à toutes les lois sont les conditions essentielles d'une politique de tolérance et d'apaisement.

Si, à tous les degrés de la hiérarchie, le clergé le comprend, il trouvera l'Etat disposé à s'opposer aux mesures que pourrait inspirer l'injustice ou la passion.

Si notre langage était interprété, au contraire, comme un abandon des droits de la Société laïque, comme une promesse sans condition, le clergé s'apercevrait bien vite qu'il ne trouvera pas pour arrêter ses empiètements, de Gouvernement plus ferme et résolu que celui qui respecte l'Eglise dans le domaine de la conscience. Je suis assuré que ce langage sera compris à Rome et que le Saint-Père y verra notre volonté de fortifier en France, auprès des prélats les plus ardents et les moins disciplinés, les conseils de sagesse qu'ils reçoivent du Vatican.

Dans la question de la comptabilité des fabriques, nous nous inspirerons de ces mêmes principes. Quand les Evêques qui ont publiquement protesté contre la loi ou cherché moins ostensiblement à en trouver l'application, auront cessé leur résistance, et permettront aux faits eux-mêmes, en dehors de toute passion et de toute prévention, d'éclairer l'opinion publique, nous verrons s'il est des difficultés ou des exigences fiscales qui méritent l'examen.

Ce n'est plus l'heure de rechercher si l'élaboration du règlement aurait pu être entourée de garanties. Les démonstrations peu convenables de certains prélats et l'agitation qu'un parti politique peut entretenir sur cette question, nous mettent dans l'obligation d'exiger le silence et la soumission, avant de décider s'il est nécessaire ou légitime de retoucher les points de détails.

Nous promettons notre respect et notre protection à l'Eglise respectueuse des prérogatives du pouvoir laïque ; nous la convions à une œuvre de tolérance et de pacification. Si le clergé catholique rend cet apaisement possible, la France y puisera des forces nouvelles.

S'il croyait ou affectait de croire nos déclarations inspirées par d'autres sentiments que le respect de la pensée et l'amour de la liberté, il ne tarderait pas à être détrompé, et il aurait à se convaincre que le premier devoir d'un Gouvernement, soucieux de maintenir et de fortifier l'autorité, c'est d'exiger des serviteurs de l'Eglise comme de tous les citoyens, l'observation des lois.

Cette lecture est, à chaque phrase, interrompue par les applaudissements frénétiques de toutes les gauches et la fin soulève des acclamations répétées.

« Si mes explications ne sont pas suffisantes, qu'on en provoque d'autres, mais qu'on en finisse avec des accusations auxquelles ne croient pas beaucoup ceux qui les formulent.

« Que la Chambre dise si elle estime que le Gouvernement peut servir la cause des réformes et de la démocratie. »

Pendant dix minutes, la séance est suspendue de fait.

Les députés descendent en longues théories et viennent serrer la main du Président du Conseil, qui semble radieux de cette manifestation spontanée.

L'ordre du jour, appuyé par le Gouvernement, fut voté par 334 voix contre 142.

M. Casimir-Perier avait gagné la bataille avec entrain et maëstria ; ce fut sans conteste sa plus belle journée oratoire. Les journaux en témoignent suffisamment : son discours ne fut pas seulement loué pour son habileté, pour sa valeur de tactique parlementaire, mais aussi parce qu'il établissait vigoureusement les droits de l'Etat vis-à-vis de l'Eglise.

Nous ne pouvons, au risque de multiplier les citations, ne pas donner les divers avis de la presse.

Le *Temps* s'exprimait ainsi :

« Le temps est passé des habiletés de tribune, des réticences savamment calculées, de tout ce machiavélisme anodin et chétif auquel nos hommes politiques ont eu trop souvent recours pour se tirer d'une situation où ils n'auraient pas dû se mettre.

« Agir avec une franchise absolue, parler de même, ne rechercher et n'écarter le suffrage de personne, mériter celui de tous les républicains qui mettent les intérêts de la démocratie au-dessus des intérêts de parti, de groupe ou de coterie, ce n'est pas seulement une formule dont M. Casimir-Perier aura eu l'honneur de se servir : c'est une formule dont il aura démontré tout ensemble la supériorité pratique et la nécessité désormais absolue. »

C'est encore l'*Evénement* qui écrit :

« M. Casimir-Perier n'a pas de subterfuges. Il ne ment pas. Il ne dit que ce qu'il pense. On l'en estime d'autant. On finira par l'aimer. C'est si rare un honnête homme au pouvoir ! »

Le Ministère qui méritait toutes ces flatteuses appréciations devait cependant subir de nouveaux assauts de MM. Millerand, député socialiste, et de Ramel, député de la droite, et tomber quelques jours plus tard sur une question secondaire, semble-t-il. Chute, non pas, comme on l'a fait remarquer, abandon du pouvoir serait plus juste. La conduite précise du Cabinet, la crainte de laisser subsister aucune équivoque, si elle lui avait valu des suffrages d'ad-

versaires de la première heure, lui avait par contre
créé des inimitiés latentes, à peine déclarées, qui
s'unirent enfin pour le renverser. Ce fut sur une
question de M. Salis — au sujet du refus des Compagnies de chemins de fer d'accorder à leurs employés
et ouvriers l'autorisation d'assister au Congrès national de la Fédération nationale des Syndicats des
chemins de fer — qu'elles se comptèrent. On ne
prévoyait pas les conséquences de cette question
transformée, au cours de la séance du 22 mai, en
interpellation.

La Chambre, d'interruption en interruption, après
le discours de M. Jonnart, ministre des travaux publics, s'échauffa, s'exalta ; des ordres du jour vinrent
de droite et de gauche. Lorsqu'on songea à demander
l'avis du Gouvernement, M. Casimir-Perier, simplement, de sa place, intervint sans autres explications :
« Le Gouvernement accepte l'ordre du jour pur et
simple. Il repousse tous les autres. »

L'ordre du jour pur et simple fut repoussé.

M. Casimir-Perier se leva et, suivi des ministres,
quitta dignement la salle des séances, laissant le Parlement un peu effaré d'un dénoûement aussi inat-
tendu. Sa sortie fut nette et prompte ; il se retira, non
pas vaincu et amoindri, mais emportant le respect
étonné de ceux-là mêmes qui l'avaient inespérément
vaincu. M. Casimir-Perier, dit-on à ce moment, est
tombé parce qu'il a voulu tomber, soit qu'il fut fatigué de la situation que faisait au Cabinet l'hostilité
toujours en éveil de certains groupes, soit qu'il reconn-
nut l'impossibilité de gouverner avec une majorité

trop souvent fuyante. S'il eût voulu sauver son portefeuille et ceux de ses collègues, il n'aurait eu qu'à
monter à la tribune ; il préféra s'abstenir, de même
qu'il repoussa les sollicitations immédiates de ses
collègues qui le priaient de revenir sur sa décision.

Ne pouvant appliquer en toute certitude la politique
qu'il avait affirmée, ennemi des tâtonnements et d'un
faux équilibre, il préféra abandonner le pouvoir que
de se résoudre à des concessions, à un jeu de duperie
et de déloyauté aboutissant à une concentration hy-
bride et impuissante.

Ce fut le grand mérite de M. Casimir-Perier, d'avoir
senti tout le factice des précédentes majorités et
d'avoir fait comprendre au Parlement que de telles
intrigues étaient impuissantes et qu'il fallait préférer
à la marche hésitante et louvoyante de ses prédéces-
seurs, un pas accéléré qui gagne le but fixé, dût-il en
route bousculer un peu les retardataires ou les gê-
neurs.

Cette chute du Ministère Perier, aussi imprévue
que regrettée, souleva beaucoup de commentaires :
les journaux rendirent hommage à la dignité avec
laquelle M. Casimir-Perier était descendu du pouvoir, fidèle à son caractère et à ses convictions, et
constatèrent que l'exercice du pouvoir l'avait singulièrement grandi. De l'avis de tous, la trace de son
passage aux affaires demeurerait profonde, et, malgré la disparition de l'homme qui l'avait inauguré, il
paraissait certain que sa politique triompherait, et
resterait, avec sa vigilance et son autorité, la seule
possible.

A l'étranger, la chute du Cabinet Casimir-Perier n'eut pas moins d'échos : le grand nom du Président du Conseil, son attitude courtoise et ferme lui avaient acquis, à l'extérieur, toutes les sympathies.

Lorsque fut constitué ensuite le ministère Dupuy, M. Jean Casimir-Perier fut appelé à nouveau à présider la Chambre qui reconnaissait, par cette élection, l'erreur précédemment commise.

M. Casimir-Perier prit possession du fauteuil le 2 juin (1) et prononça les paroles suivantes :

En m'appelant à occuper ce fauteuil, la Chambre veut affirmer encore une fois qu'elle respecte les convictions ardentes et qu'elle ne refuse jamais son appui à ceux qui luttent loyalement pour leurs idées ; je la remercie profondément de l'honneur qu'elle me fait en me jugeant capable de devenir, à peine sorti de la bataille, l'arbitre impartial des partis. Mon meilleur titre à votre confiance, c'est d'avoir combattu les doctrines sans avoir jamais voulu atteindre les personnes.

Décerner le plus précieux des témoignages à celui qui s'est imposé cette règle, c'est attester que la politique n'est pas à vos yeux que la lutte stérile des ambitions individuelles, mais la recherche désintéressée de tout ce qui peut servir la démocratie, justifier et honorer la France. Qui pourrait dans cette enceinte s'élever contre une autorité qui ne laissera compromettre ni le respect dû aux lois, ni les droits du pouvoir exécutif, ni la dignité du régime parlementaire.

Pour vous prouver ma reconnaissance, ce n'est pas assez d'assurer la liberté de la tribune et d'exiger les égards que se doivent entre eux les élus de la nation. Je voudrais vous aider à suivre la méthode de travail qui peut le mieux rendre vos sessions fécon-

_____

(1) Il avait obtenu 229 voix.

des. Les conceptions législatives ne font pas défaut. A vos commissions incombe le devoir de choisir parmi tant de projet ceux
qu'il convient d'écarter et ceux qui méritent d'être examinés.

C'est sur des rapports et sur des faits que la Chambre peut
utilement délibérer. C'est à elle de régler ses travaux, de ne pas
disséminer ses efforts pour mener à bonne fin les réformes que
réclame le plus impérieusement le suffrage universel. Il est sage
de ne pas en entreprendre trop à la fois et de ne pas servir certains desseins par la prodigalité des promesses téméraires. Nous
jetterons nos regards en arrière pour puiser des forces nouvelles
dans le spectacle de la France, devenue sous la République, maî-
tresse de ses destinées, puissante par ses ressources, fière de ses
soldats et de ses marins, passionnément éprise de liberté et de
justice, et nous nous mettrons résolument à l'œuvre pour
demeurer dignes de ce siècle d'humanité et de lumière. En faisant
une étape de plus vers le beau et vers le bien, ce ne sont pas
seulement les souffrances apaisées, ce n'est pas seulement l'esprit
d'équité et de solidarité que sauront reconnaître et célébrer nos
efforts, nous aurons entretenu et vivifié cette flamme impérissable qui s'appelle la foi dans les destinées de la Patrie. (Applaudissements prolongés.)

II

Le 24 juin 1894, M. Carnot, on sait dans quelles
dramatiques circonstances, était frappé par un assas-
sin, et mourait au milieu des fêtes qu'il venait présider à l'Exposition de Lyon, dans le bruit du feu d'ar-
tifice du parc de la Tête-d'Or qui éclairait son agonie.
Ce meurtre eut dans le pays et dans le monde entier
un douloureux retentissement.

L'héritage, déjà lourd en d'ordinaires circonstances,
était, après ces événements, plus difficile que jamais
à recueillir. Les yeux se tournèrent vers M. Jean

Casimir-Perier qui avait, ces derniers temps, donné des preuves d'un rare esprit de gouvernement. Celui-ci pourtant ne voulait pas se présenter. Cette décision était ancienne d'ailleurs. Au moment de la chute du Cabinet Dupuy, M. Carnot avait cru, après plusieurs jours d'insuccès, mettre en demeure M. Casimir-Perier d'accepter le ministère.

M. Casimir-Perier se rendit à l'Elysée, décidé à avoir avec le Président de la République une explication catégorique.

Dès qu'il fut en présence du chef de l'Etat, il lui tint ce langage :

« Monsieur le Président, je suis prêt à examiner avec vous la situation politique, mais quelque résultat que cela doive produire, je tiens à vous déclarer que d'ores et déjà je suis résolu à ne pas être candidat à l'élection présidentielle prochaine. Je suis un homme de combat, fait pour les luttes du Parlement, et je considère que ma place est à la tribune plutôt qu'à l'Elysée ! »

A cela, M. Carnot répondit que cette question ultérieure pouvait d'autant moins se soulever que lui-même était résolu à ne pas accepter le renouvellement de ses pouvoirs et qu'il le ferait connaître en temps utile au Parlement.

M. Casimir-Perier ne voulut pas revenir sur cette décision à la mort de M. Carnot Malgré les sollicitations de ses amis, malgré les conseils de sa mère qui lui avait dit : « Accepte, c'est pour toi un devoir ! » il persista à refuser l'honneur qui lui était offert. Seul, M. Burdeau parvint à vaincre ses résistances :

« Je sais, dit celui-ci, les efforts tentés près de vous et auxquels vous venez de résister. Il faut accepter cependant, Monsieur le Président ; ce n'est pas un vivant, c'est un mourant qui vous le demande, et les paroles d'un mourant sont prophétiques ; vous devez accepter pour le bonheur du pays ! »

Et en disant ces mots, M. Burdeau se désignait lui-même, faisant allusion à la cruelle maladie dont il souffrait.

C'est cet appel d'un ami éminent qui a fait tomber les dernières résistances de M. Casimir-Perier.

Les larmes aux yeux, il déclara à M. Burdeau qu'il laisserait faire ses amis.

Le Congrès se réunit le 27 juin ; ce collège électoral, de plus de huit cents membres, offrit un spectacle vraiment imposant. Un grand tumulte d'invités ou de curieux se pressait autour du palais de Versailles. M. Casimir-Perier ne prit pas part au vote et ne voulut se montrer qu'après la fermeture du scrutin. Il entra dans la cour d'honneur du palais, en landau, avec Mme Casimir-Perier, et, après avoir traversé rapidement les couloirs, se rendit directement dans la salle des conférences.

A quatre heures et demie, le président, M. Challemel-Lacour, proclama les résultats :

Votants	851
Casimir-Perier	451
Charles Dupuy	97
Henri Brisson	195
Général Février	53

Les cris de : « Vive la République ! » éclatèrent.

Après la proclamation du résultat de l'élection et la clôture du Congrès, le bureau de l'Assemblée nationale et les ministres se rendirent dans le cabinet du président de l'Assemblée, à l'extrémité de la « galerie des Tombeaux ».

Là, M. Casimir-Perier vint les retrouver, et M. Charles Dupuy, président du Conseil, prenant des mains de M. Challemel-Lacour le procès-verbal de la séance du Congrès, en donna lecture à M. Casimir-Perier, investi ainsi de la magistrature suprême.

M. Challemel-Lacour prononça ensuite une allocution à laquelle le nouveau Président de la République répondit en ces termes :

Je ne puis maîtriser l'émotion que j'éprouve.

L'Assemblée nationale me décerne le plus grand honneur qu'un citoyen puisse recevoir, elle m'impose les plus lourdes responsabilités morales qu'un homme puisse porter. Je donnerai à mon pays tout ce qu'il y a en moi d'énergie et de patriotisme, je donnerai à la République toute l'ardeur de mes convictions, qui n'ont jamais varié, je donnerai à la démocratie tout mon dévouement et tout mon cœur.

Comme celui qui n'est plus et que nous pleurons respectueusement, je chercherai à faire mon devoir, tout mon devoir.

Après la transmission officielle des pouvoirs, un grand nombre de députés et de sénateurs allèrent présenter leurs félicitations au nouveau Président de la République.

Enfin M. Casimir-Perier reçut les membres de la presse parlementaire dont la plupart étaient depuis longtemps en relations personnelles et suivies avec l'ancien président de la Chambre.

Il leur serra la main et les remercia en ces termes des compliments que ces messieurs lui apportaient : « Je n'ai qu'un mot à vous dire : Je vous appartiens, discutez-moi, mais n'oubliez jamais la France et la République. »

Par un sentiment de haute convenance, M. Casimir-Perier ne voulut pas se rendre, même provisoirement, à l'Elysée où était déposé le corps de son prédécesseur. Le landau présidentiel se dirigea vers le Ministère des Affaires étrangères, accueilli sur tout le parcours de la banlieue par l'ovation des populations accourues, — dans les grandes voies de Paris, par l'acclamation d'une foule énorme. M. Casimir-Perier reçut à son arrivée la démission provisoire du Ministère — celle-ci devant être renouvelée le lendemain — et les félicitations de quelques amis personnels. La foule, au dehors, acclamait le nouveau Président et criait : « Vive la République ! »

Le soir même, M. Casimir-Perier se rendit à l'Elysée où il visita la chapelle ardente dans laquelle était placé le cercueil de son prédécesseur et alla présenter ses condoléances à Mᵐᵉ Carnot.

L'élection de M. Jean Casimir-Perier ne produisit pas l'impression de joie qu'elle eut en des circonstances moins douloureuses provoquées dans la Nation : néanmoins, un courant de sincère sympathie, de confiant espoir se dessina dans tout le pays : les journaux se firent les interprètes de ces sentiments.

Nous nous effaçons encore devant leurs appréciations : les premières paroles prononcées après la proclamation du scrutin — paroles d'énergique simplicité, donnant plus qu'une promesse, mais traçant un programme, ne furent pas étrangères à cette unanimité dans l'accueil fait à un homme dont le républicanisme, les lumières, le dévouement et l'expérience avaient véritablement fait faire un pas de plus à la République.

On nous pardonnera le nombre et la longueur des citations.

Le *Soir* s'exprimait ainsi :

« M. Casimir-Perier est depuis hier président de la République française. Son élection a été saluée comme il convenait par les acclamations de tous les patriotes qui veulent pour la France un gouvernement digne d'elle. D'un bout à l'autre du pays l'immense majorité des citoyens laborieux et paisibles approuvera le choix du Congrès et attend déjà, pleine de confiance, les actes du nouveau Président. »

M. Ranc, dans le *Paris*, écrivait :

« Si l'on ne considère que le point de vue extérieur, que nos relations avec les puissances, on reconnaîtra que le Congrès ne pouvait faire un meilleur choix que celui de M. Casimir-Perier. »

Le *Temps* tirait justement la moralité de cette élection :

« La crise tragiquement ouverte par le coup de poignard de Lyon s'est dénouée dans une paix profonde par un vote qui honore le Congrès, parce qu'il est l'expression fidèle de l'opinion publique au dedans et au dehors. Il ne suffisait pas, dans les circonstances présentes, que le premier magistrat de la République fût un homme de mérite : il fallait que ce fût l'homme auquel les autres avaient pensé, tandis qu'il n'y pensait pas lui-même.

« Pas plus que M. Carnot, M. Casimir-Perier n'a été candidat ; la présidence de la République n'est pas une place que l'on puisse impunément postuler. Comme son prédécesseur, le nouveau président accomplit, en acceptant le poste auquel la confiance du Congrès l'appelle, un acte de dévouement à son parti, aux idées qui n'ont cessé de diriger sa vie publique.

« Fidèle à ses convictions, fidèle à ses amitiés, mais plaçant au-dessus de toutes choses la France et la République, on s'apercevra bientôt que M. Casimir-Perier, élu hier par une majorité purement républicaine, a l'esprit et le cœur plus larges encore que sa majorité et qu'il est réellement qualifié pour présider la République de tous les républicains destinée à devenir chaque jour davantage la République de tous les Français.

Le *Journal des Débats* disait à son tour :

« Le nom de M. Casimir-Perier est devenu, aux yeux de la majorité du Parlement et du pays, une sorte de symbole ; il passe pour incarner ce qui nous manque le plus : l'esprit de gouvernement, une politique suivie, sachant où elle va et ce qu'elle veut, des ministères homogènes, une administration conduite avec fermeté, soustraite aux influences électorales et au détestable despotisme des coteries locales ; de la continuité et de la méthode dans la direction de la diplomatie et des entreprises coloniales. »

L'impression, à l'Étranger, ne fut pas moins favorable :

L'Europe, déclaraient la plupart des organes étrangers, salue en M. Casimir-Perier le président seul digne de ramasser le bouclier d'honneur souillé du sang de M. Carnot. L'Europe envoie ses félicitations à la France parce qu'elle a fait un choix digne d'elle.

La presse russe, de son côté, exprimait unanimement sa satisfaction de l'élection de M. Casimir-Perier, comme étant l'homme le plus capable de faire face aux difficultés et aux besoins de la situation politique en France, à l'intérieur et à l'extérieur.

Les journaux italiens déclarèrent que jamais la République n'avait paru plus solide qu'à l'heure actuelle et exprimèrent l'espoir que M. Casimir-Perier se montrerait aussi énergique que par le passé.

En Angleterre, le *Daily News* disait que M. Casimir-Perier était le meilleur président que le Congrès pouvait élire; le *Standard*, que la France aurait comme Président un homme d'Etat qui réunit toutes les qualités désirables.

En Amérique, un sénateur, M. Shermann, déclarait à un journaliste que M. Casimir-Perier était un homme d'Etat accompli; enfin, M. Creary, de la Chambre des Représentants, affirmait que M. Casimir-Perier « était un homme sage, un patriote doué de beaucoup de courage. C'était l'homme qu'il fallait à la France. »

L'Etranger, en un mot, vit cette élection avec une véritable joie; dans le monde diplomatique comme dans les sphères politiques, on y applaudit pleinement.

M. Casimir-Perier, qui avait décrété le 29 juin le

transfert du corps de M. Carnot au Panthéon, voulut assister aux obsèques nationales de son prédécesseur.

Nous ne pouvons entrer dans le détail des actes qui suivirent l'élection de M. Casimir-Perier à la Présidence ; nous ne parlerons que de ceux-là qui touchent directement à la politique générale ou à la vie même du pays.

Au lendemain de son élection, M. Casimir-Perier avait envoyé sa démission de président de la Chambre par la lettre suivante :

« Je remercie cordialement ceux qui m'ont donné des marques si précieuses de leur sympathie.

« L'Assemblée nationale m'a imposé de lourds devoirs. Pour les remplir, j'espère pouvoir compter sur la confiance des républicains ; je ne la trahirai jamais. »

En même temps, il remerciait ses électeurs de Pont-sur-Seine :

« Chers concitoyens,

« Celui qui a été pendant près de dix-huit ans votre représentant à la Chambre des députés, celui auquel vous avez, dans les tristesses comme dans les joies de sa vie, témoigné une si cordiale et si fidèle sympathie, veut vous donner l'assurance que ni les plus lourds devoirs ni les plus grands honneurs n'effaceront des souvenirs qui lui sont si chers.

« Trop de liens nous unissent pour que rien nous sépare. Je me réjouis à la pensée de pouvoir, chaque année, passer avec les miens quelques semaines à Pont, au milieu de vous. J'apprendrai à mes enfants à vous connaître et à vous aimer.

« Je vous adresse, chers concitoyens, l'expression sincère de ma reconnaissance.

« CASIMIR-PÉRIER. »

Dès le lendemain de l'élection, on se préoccupait de ce que serait le message. Le Président de la République avait décidé le ministère Dupuy à conserver le Gouvernement — et cette preuve de tact et de volonté faisait bien augurer de ce que serait son langage. Il avait, en outre, donné une preuve de courage en se mettant en contact avec la population parisienne aux obsèques de M. Carnot, en se hasardant même, seul, sans escorte, dans les rues de Paris. Il avait auparavant déjà montré un rare tempérament — et, si on attendait ce message avec curiosité, on savait à l'avance qu'il serait digne de l'élu et digne du pays.

Il fut apporté au Parlement dans la séance du 3 juillet, par M. Dupuy :

« Messieurs les sénateurs,

« Messieurs les députés,

« Appelé par l'Assemblée nationale à la première magistrature du pays, je ne suis pas l'homme d'un parti, j'appartiens à la France et à la République.

« Un crime odieux, que la conscience nationale flétrit, a enlevé à la patrie le citoyen intègre qui fut pendant sept années le gardien vigilant de nos institutions.

« Puisse le souvenir de ce héros du devoir m'inspirer et me conduire !

« Le poids des responsabilités est trop lourd pour que j'ose parler de ma reconnaissance.

« J'aime trop ardemment mon pays pour être heureux le jour où je deviens son chef. Qu'il me soit donné de trouver dans ma raison et dans mon cœur la force nécessaire pour servir dignement la France !

« L'acte de l'Assemblée nationale, assurant en quelques heures la transmission régulière du pouvoir, a été aux yeux du monde une consécration nouvelle des institutions républicaines. Paris, que le Gouvernement de la République remercie, a fait avant-hier une admirable démonstration de gratitude et de respect. Un pays, qui, au milieu de si cruelles épreuves, se montre capable de tant de discipline morale et de tant de virilité politique, saura unir ces deux forces sociales sans lesquelles les peuples périssent : la liberté et un gouvernement.

« Résolu à développer les mœurs nécessaires à une démocratie républicaine, c'est en d'autres mains que j'ai le ferme dessein de remettre dans sept ans les destinées de la France. Aussi longtemps qu'elles me seront confiées, respectueux de la volonté nationale et pénétré du sentiment de ma responsabilité, j'aurai le devoir de ne laisser ni méconnaître ni prescrire les droits que la Constitution me confère.

« Sûre d'elle-même, confiante en son Armée et en sa Marine, la France qui vient de recevoir des gouvernements et des peuples d'unanimes et touchants témoignages de sympathie, la France peut, la tête haute, affirmer son amour de la paix ; digne d'elle-même, elle demeurera le grand foyer de lumière intellectuelle, de tolérance et de progrès.

« Le Sénat et la Chambre des députés sauront

répondre aux vœux du pays en se consacrant à l'examen de toutes les mesures qui peuvent servir au bon renom de la France, développer son agriculture, son industrie, son commerce, fortifier encore le crédit public.

« Le Parlement saura prouver que la République, loin d'être la rivalité stérile des ambitions individuelles, est la recherche permanente du mieux matériel et moral : elle est l'expansion nationale des pensées fécondes et des nobles passions ; elle est, par essence, le Gouvernement qui s'émeut des souffrances imméritées, et dont l'honneur est de ne jamais décevoir ceux auxquels elle doit autre chose que des espérances.

« C'est à servir ces idées que le Gouvernement vous convie. Le cœur de la France les a inspirées à ses représentants. Pour en préparer le triomphe, unissons nos efforts.

« Le passé donne des enseignements ; mais c'est vers l'avenir que la France tourne ses regards : comprendre son temps, croire au progrès et le vouloir ; c'est assurer l'ordre public et la paix sociale. »

A chaque phrase, ce document fut salué par des applaudissements de toute l'Assemblée. Il eut le même accueil dans le pays et à l'étranger : les journaux nous apportent l'écho des appréciations sur ces fermes et fortes paroles :

Avec le Sénat et la Chambre, écrivait le *Temps*, la France républicaine applaudira au message du Président de la République. Par l'accent du style comme par le fond des idées, ce document répond entièrement à ce que faisaient souhaiter les circonstances tragiques de l'heure présente et attendre de l'esprit et du caractère de M. Casimir-Perier lui-même.

Il est d'une brièveté simple, substantielle, éloquente, d'un bout à l'autre. Il respire un patriotisme républicain, plein à la fois de ferveur secrète et de raison lumineuse, le sentiment modeste des responsabilités assumées, la ferme résolution de ne pas s'y soustraire, une lucide intelligence de la situation et des devoirs qu'elle impose, tout ce qu'il fallait dire à ce pays pour en réconforter l'âme, l'a été de la manière la plus expressive.

Ce ne sont que quelques lignes, mais rien n'y est de remplissage ou de convention. Chaque mot a été pesé et va à son adresse. On voit se dresser derrière le message la figure d'un bon citoyen, d'un homme loyal, dont l'œil regarde droit, dont la parole est franche et claire, qui comprend nettement son devoir et a pris par devers lui la décision de le remplir tout entier.

Le noble et ferme langage que M. le Président de la République vient de faire entendre au pays, disait à son tour la *République Française*, le met tout de suite en contact et en harmonie avec le sentiment national. Planant au-dessus des partis et de la rivalité stérile des ambitions personnelles dont il dénonce le danger, M. Casimir-Perier proclame d'abord qu'il appartient avant tout à la France et à la République. On sent que c'est à elles qu'il se dévoue tout entier, que c'est pour elles seules qu'il a consenti à assumer les lourdes responsabilités du pouvoir, il ne s'enivre pas et il ne s'effraie pas davantage. Soutenu par le sentiment du grand devoir qu'il accomplit, il envisage froidement la situation et affirme sa ferme volonté « de ne laisser ni méconnaître ni prescrire les droits que la Constitution lui confère. »

Le *Journal des Débats* l'appréciait ainsi :

M. Casimir-Perier a fait son devoir comme Président du Conseil ; on peut dire aujourd'hui qu'il comprend son devoir comme Président de la République, et que dès lors il le remplira. Le caractère de l'homme qui l'exerce aujourd'hui est une garantie certaine qu'il ne sera désormais ni amoindri ni dépassé.

Après toutes les fatigues de ces débuts de présidence — fatigues d'ailleurs compensées par des manifestations spontanées, parmi lesquelles une qui alla le plus au cœur du Président de la République fut celle des anciens officiers des mobiles de l'Aube — M. Casimir-Perier alla prendre quelques jours de repos à Fontainebleau, puis gagna, au commencement d'août, Pont-sur-Seine, où l'ovation de ses anciens électeurs l'attendait et le recevait à la descente de la gare. Sa joie fut grande à se retrouver parmi cette chaleureuse sympathie, et c'est véritablement ému qu'il répondit à l'allocution du maire de Pont :

Je vous remercie du fond du cœur des sentiments affectueux que vous venez de m'exprimer au nom des habitants de Pont-sur-Seine. Avec quel bonheur je me retrouve parmi vous!

Il n'y a pas un coin de terre qui me soit plus cher.

Tant de souvenirs m'y rattachent, souvenirs doux, souvenirs tristes qui constituent des liens que rien ne peut affaiblir et que le souvenir ne peut que fortifier.

Je vous suis profondément reconnaissant de l'accueil que vous m'avez fait.

Au mois de septembre, M. Casimir-Perier assistait aux grandes manœuvres de la Beauce.

Il se rendit à Châteaudun, accompagné du général Mercier. Au discours du maire, le Président de la République répondit en quelques mots :

« Je suis très sensible aux paroles de bienvenue que vous m'adressez, vous savez que c'est à une solennité militaire que je viens assister, mais Châteaudun est de toutes les fêtes militaires.

« Je suis venu surtout parmi vous pour deux raisons : Vous avez su bien mériter de la patrie, vous savez bien servir la République. »

Le lendemain, à neuf heures et demie, les cent un coups de canon annoncèrent l'arrivée du Président de la République sur le terrain de la revue. Des cris répétés éclatèrent de : Vive Casimir-Perier! Vive le Président!

Le landau du Président se détacha aussitôt du cortège et M. Casimir-Perier passa la revue.

Après la présentation des officiers étrangers et la remise des décorations, le défilé commença, superbe d'allure et d'entrain. Le Président de la République suivit le défilé, avec une attention soutenue, debout, la tête découverte.

Après la charge finale, le Président félicita le général de Galliffet ; le cortège se reforma rapidement et regagna Châteaudun parmi les cris de : Vive Casimir-Perier! Vive la République!

Les généraux et les officiers supérieurs furent invités au déjeuner offert par M. Casimir-Perier qui prononça le discours suivant :

Le spectacle que je viens d'admirer était plus qu'une fête pour les yeux ; c'était une joie pour le cœur, je remercie tous ceux auxquels je dois ces réconfortantes émotions ; puisse-t-il être vrai qu'aujourd'hui surtout, l'armée est l'image de la nation et que cette grande unité morale, qui a la garde de la patrie, forme un seul faisceau de toutes les intelligences et de toutes les volontés !

Que d'efforts ont été faits pour reconstituer nos moyens de défense sur terre et sur mer depuis le jour où Châteaudun, qui vous fête avec moi, méritait de recevoir les témoignages de la reconnaissance nationale !

Que de résultats obtenus !

Pendant cette seconde période de paix, dont l'Europe a joui et qu'elle saura prolonger encore, le patriotisme du Parlement, la science des uns, le travail opiniâtre de tous, une abnégation commune aux chefs et aux soldats ont refait plus puissante que jamais l'armée de la France.

Vous, Messieurs, dont la tâche est plus difficile et plus lourde depuis que les classes se succèdent plus rapidement sous vos ordres, vous pouvez — c'est votre plus belle et plus chère récompense — regarder avec fierté votre œuvre.

Vous n'avez pas seulement armé des bataillons, vous avez armé des âmes, c'est vous qui, par votre exemple et votre foi patriotique, entretenez et développez dans la démocratie française l'esprit de discipline et le sentiment du devoir. Le jour où la patrie serait menacée, je saluerai avec confiance le drapeau remis à votre garde; je salue avec reconnaissance cette grande école de dévouement qui s'appelle l'armée; je bois à ceux qui ne vieillissent pas, à vous, mon cher général, parce que leur cœur bat comme à vingt ans pour la patrie.

En vous apportant, Messieurs, l'expression de la gratitude du Gouvernement de la République, j'accomplis le plus doux de mes devoirs : je lève mon verre en votre honneur, Messieurs, en l'honneur des brillants officiers qui sont ici nos hôtes, en l'honneur de l'armée française !

M. le général Mercier, Ministre de la Guerre, répondit au nom de l'armée. — Rentré à Paris, le Président de la République adressa au Ministre de la Guerre la lettre suivante :

Paris, 20 septembre 1894.

Mon cher Ministre,

C'est au nom de la nation que je puis et que je veux féliciter l'armée. La revue que je viens de passer restera dans le souvenir de tous les Français. Châteaudun était digne d'un pareil spectacle.

L'armée a reçu des vaillantes populations de la Beauce un

accueil qui affirme l'ardeur de leur patriotisme: Les troupes du 4ᵉ et du 11ᵉ corps, la brigade d'infanterie de marine, la 1ʳᵉ et la 3ᵉ division de cavalerie ont fait honneur à leurs chefs. Les réservistes, officiers et soldats, se sont montrés les dignes émules de leurs camarades, au milieu de ces escadrons à l'allure martiale et fière.

Je sais combien avaient été brillantes et instructives les manœuvres qui ont précédé la journée du 20 septembre.

Veuillez, au nom du Gouvernement de la République, adresser mes plus vives félicitations au général de Gallifet qui, au terme de sa carrière, a une fois de plus attesté tout ce qu'il sait et tout ce qu'il vaut. Les officiers et les troupes sous ses ordres méritent tous les éloges.

Je suis très heureux, mon cher Ministre, de vous écrire cette lettre et vous prie de croire à l'expression de mes sentiments affectueux.

CASIMIR-PERIER.

Dès ce premier voyage, le Président put se convaincre qu'il était sympathique au peuple : avec la même correction et la même amabilité que son prédécesseur, il a des dons éminemment brillants, des qualités bien françaises qui lui valent, au passage, toutes les cordialités et tous les respects.

La sphère d'intervention du Président de la République est forcément restreinte : la Constitution lui assigne un rôle plutôt d'apparat que d'action. M. Jean Casimir-Perier, tout en conservant à la fonction son caractère de haute représentation, a su lui donner dès les premiers jours une allure plus vivante, plus active. Il n'a pas craint de s'expliquer sur ses idées politiques à diverses occasions, de déclarer au pays ce qu'il croyait de son devoir et du devoir d'un gouvernement républicain dans les circonstances actuelles ;

ses paroles furent, en chaque circonstance, très écoutées et applaudies par tous les esprits impartiaux.

C'est ainsi qu'il ne se récusa pas au banquet de l'Association des Etudiants de Paris, le 14 novembre dernier, et qu'il y prit la parole :

Ne me remerciez pas, mon cher président ; l'accueil que j'ai reçu, le discours que je viens d'entendre, sont une récompense que je n'ai même pas méritée.

Vous avez parlé des sentiments de la jeunesse des écoles, de votre amour désintéressé de la science, de votre ardente passion pour la démocratie laborieuse : vous avez exprimé des idées si généreuses et si nobles que je partirai d'ici heureux d'avoir été votre hôte et fier de vous.

Après vingt ans de vie publique, je revendique le droit d'affirmer mon dévouement à toutes les causes qui vous sont chères. Il me semble que vous m'avez permis de lire l'avenir au fond de votre âme et en face de tous ces jeunes hommes qui vous applaudissent et vous comprennent, quelle joie j'éprouve à sentir plus forte ma confiance dans les destinées de la France.

Vous nous avez dit qu'en acceptant, au profit de votre Association, le concours de toutes les bonnes volontés, vous ne pensiez pas aliéner votre liberté ni vous mettre des chaînes. Vous m'autorisez à solliciter, comme un honneur pour moi, mon inscription sur vos listes d'adhérents au titre de membre fondateur. Vous ne serez pas là sous l'inexorable férule de cet affreux despote qu'on appelle le Président de la République, vous lui aurez permis d'attester qu'il est des vôtres. Oui, je suis des vôtres, parce que j'ai trouvé dans cette maison tout ce qui rapproche les cœurs et élève l'esprit.

Vous avez créé pour l'Association la fraternité du lien indissoluble de la reconnaissance et de l'amitié. Vous en remuez toutes les idées qui sont l'honneur de l'humanité et c'est votre ambition d'ajouter encore de nouvelles richesses à notre patrimoine de lumières et de sciences.

Je garderai de cette visite un réconfortant souvenir.

Ce discours a été ponctué par de vigoureux applaudissements.

Le Président a été reconduit à sa voiture par les
étudiants et vivement acclamé par eux.

Deux jours plus tard, il accueillait à l'Elysée les
délégués de l'Union progressiste de la Chambre, qui
avait décidé, par un vote unanime, que le bureau provisoire irait porter à M. Casimir-Perier « l'expression
« de sa sympathie républicaine et des sentiments de
« réprobation que lui inspirait la campagne déloyale
« dirigée contre le premier magistrat de la Républi-
« que. »

Le président du bureau, M. Gustave Isambert,
exposa la mission auprès du chef de l'Etat.

Le groupe qui poursuit une politique de concentration républicaine et qui comporte par conséquent une
certaine diversité de nuances, est unanime, dit en
résumé M. Isambert, dans ses sentiments d'estime
pour la personne de M. le Président de la République,
de respect pour son caractère, de confiance sans
réserve dans sa loyauté républicaine. Il est unanime à
considérer comme un devoir républicain de tenir les
hautes fonctions du Président en dehors et au-dessus
des luttes de partis.

« Le pays a été ému de deux sortes de manœuvres, l'une poursuivie par les habiles de la réaction pour dénaturer la situation et affecter de prendre sous leur protection le chef du gouvernement
républicain, l'autre, moins dangereuse peut-être, si
elle a pris parfois des formes plus répugnantes, s'ef-
forçant d'atteindre la stabilité républicaine par des

attaques personnelles et la confusion des responsabilités.

« L'Union progressiste repousse les unes et les autres, et est résolue à y résister. »

M. le Président de la République remercia les délégués de leur démarche d'autant plus significative à ses yeux qu'elle venait de républicains dont les sentiments démocratiques sont depuis longtemps connus.

Dans la double campagne dirigée contre lui, continua-t-il, celle qui est peut-être la moins blessante pour l'homme, mais qui au fond est la plus dangereuse, c'est l'effort captieux qui est tenté pour dénaturer son caractère et ses tendances : il a toujours appartenu et il appartient tout entier à la République.

Président du Conseil, il a cru qu'il avait le devoir de chercher à mettre de la cohésion dans le personnel des administrations pour l'amener précisément à servir mieux et plus efficacement la République. Est-ce donc là une œuvre de réaction ? On a essayé de lui opposer le passé des siens. Tout, au contraire, dans ce passé, indique que les siens ont marché vers l'avenir. Quant à lui, il est de son temps. Il pense que ce n'est ni en retournant en arrière, ni en piétinant sur place, mais en se dirigeant toujours vers le progrès qu'on pourra résoudre les difficultés qui s'imposent à tous et remplir les devoirs d'un gouvernement démocratique envers les classes laborieuses et les déshérités.

Premier magistrat de la République, il n'est pas, il ne sera jamais l'homme d'un parti. Celui qui occupe cette haute magistrature peut et doit être une force morale ; mais il ne peut être cette force que s'il est pleinement investi de la confiance des républicains.

Cette démarche n'a pas été isolée ; beaucoup de députés sont venus exprimer au Président de la République les sentiments de haute estime de leurs départements. La presse républicaine, de son côté, par ses écrivains les plus éminents, a protesté à son tour, il y a quelques jours encore, contre le déchaînement d'outrages et de calomnies envers le successeur de M. Carnot. La Chambre et le Sénat, eux-mêmes, sont de plus en plus conquis par l'inattaquable loyauté, la correction, la consciencieuse dignité du premier magistrat de la France.

Cette conquête des représentants du pays, de ceux-là mêmes qui ont pu parfois combattre le ministre et l'homme politique, est assurée aujourd'hui, en même temps que dans toute la nation un mouvement de sympathie a grandi, s'est affirmé définitivement. Le Président de la République ne sera plus discuté, car, comme son illustre prédécesseur, il n'est et ne sera — il l'a déclaré lui-même — jamais un homme de parti. L'injure haineuse seule pourra peut-être essayer son œuvre mauvaise contre le régime républicain, mais elle ne trouvera pas d'écho dans le peuple ; elle ne donnera au contraire aux Français qu'un désir plus vif de se grouper autour du chef de l'Etat et de le défendre de tous leurs dévouements réunis.

En vingt ans de vie politique, en une carrière merveilleusement droite et laborieuse, pendant laquelle ses collègues lui ont confié, en raison d'aptitudes rarement rencontrées, les postes les plus élevés et les plus difficiles, M. Jean Casimir-Perier, fidèle à son caractère, à ses traditions de famille, a donné toute son énergie au progrès par la République; il s'est entièrement consacré à la prospérité et à la gloire du pays. Celui-ci, en retour, lui exprime toute sa confiance et, certain de n'être pas déçu, se repose en lui de sa tranquillité au dedans, de son honneur au dehors.

CHAPITRE XVI

Le Périer

Le voyage au village du Périer a plus qu'un attrait de pèlerinage historique; il a encore tout le pittoresque changeant d'une excursion, tout le charme d'une promenade dans la capricieuse variété des magnifiques paysages alpestres. Cet immense bassin où s'éparpille la commune de Saint-Baudille-et-Pipet, où se groupe le hameau du Périer, est un des plus magiques coins du Dauphiné, où la montagne et la plaine allient leurs beautés : grâce et grandeur !

Le voyage vaut vraiment qu'on le tente.

De Grenoble, la ligne de Gap — œuvre d'audace moderne — nous conduit à Clelles, dans le côtoiement continu de la haute montagne, crevée, ici, là, à chaque zigzag de la voie, par un tunnel. De Clelles, la route qui longe l'une des rives de l'Ebron, puis le torrent de la Vanne et le ruisseau de Mens, serpente dans les vallées encaissées, couvertes de bois et de

prairies, grimpante d'abord, puis terminée vers le village en pente rapide. Et c'est d'un charme accru à chaque détour, que cette route faite au trottinement de la
vieille diligence, cahotante et cahotée. Voici Mens,
qui fut, pour ainsi dire, fondé par Néron et qui, de ce
fait, s'appela *Forum Neronis* — place de Néron — et
d'où l'on découvre toute la région du Trièves (1); le
panorama est merveilleux. De nombreux villages
s'essaiment dans la plaine, s'accrochent aux flancs
des montagnes, dans un cirque grandiose de pics cre-
vant le ciel, de sommets verdoyants; les forêts de
sapins font à ce paysage une ceinture d'un vert assom-
bri. Mens lui-même mérite qu'on s'y arrête quelques
instants; très simple, très proprette, avec une gaîté
de petit bourg animé, la petite ville intéresse par
quelques monuments curieux, l'église du ve siècle, le
temple protestant, ancien château de Lesdiguières, —
par quelques promenades vraiment jolies; la promenade des Aires, en particulier, plantée de tilleuls, de
platanes et d'ormeaux, établie sur un ancien cimetière.

La grande place de la ville, se dénomme la place du

---

(1) D'abord habitée par les Voconces, cette contrée vit plus tard
ses habitants changer de nom et abrita désormais les Trièvires
qui donnèrent au pays le nom de Trièves qu'il porte encore.

L'ancien nom de Trièvires, puis Trèvires (*Tres viæ*) qui servait à désigner les habitants de tout ce plateau du Trièves dont
Mens est la capitale semble venir des trois voies ou routes romai-
nes qui permettaient l'accès de cette région.

LE HAMEAU DU PÉRIER
Commune de Saint-Baudille-et-Pipet (Isère).
Photographie de M. Mignot, commis principal des Contributions indirectes à Mens.

Breuil. M. le pasteur Blanc, dans ses *Lettres à Lucie*, explique cette appellation. « Autrefois, dans les cités provençales, aux soirées des jours de fêtes, les habitants venaient danser autour d'un feu de joie qu'ils établissaient dans le quartier le plus commode pour ce genre de divertissement. Vers onze heures ou minuit, on laissait éteindre les quinquets et la salle de bal, qu'on désignait le *Breuil* ou la *Bruilière*, du verbe brûler, devenait déserte. »

La population — dix-huit cents âmes environ — se divise en protestants et catholiques, aussi nombreux dans un camp que dans l'autre : il se retrouve en elle comme un ancien ferment, bien tempéré, des luttes religieuses, entre Maugiron et Montbrun, entre Mayenne et Lavalette et le duc de Lesdiguières, luttes sans merci qui, aux VIIIe, XIIIe, XVe et XVIe siècles, ruinèrent et ensanglantèrent le Trièves.

Dans le canton de Mens, on parle un patois qui tient le milieu entre le provençal et le savoisien. Moins doux que le premier, il n'est pas aussi rude que le second. Les habitants, ainsi que tous ceux du Trièves, sont accueillants, empressés, d'un esprit aimable et généralement enjoué.

C'est pour eux tous, une absolue certitude que la famille Perier, dont le nom est en profond respect dans le pays, est originaire du hameau du Périer ; quelques vieillards de Mens et de Saint-Baudille précisent l'endroit d'où est sortie, pour un essor, une ascension glorieuse, cette vaillante race. L'un d'eux nous disait : « J'ai toujours entendu affirmer que la maison qu'habitaient autrefois les Perier est celle située au hameau du Périer, et devenue depuis la propriété de M. Astier. »

La croyance populaire est en cela d'accord avec les documents que nous avons consultés aux archives de l'Isère et toutes les preuves recueillies.

Les Perier étaient, au xvı^e siècle, des propriétaires aisés, désignés sous le nom de « bourgeois » (1), qui indique une certaine fortune, et qu'on donnait aux propriétaires employant un ou plusieurs fermiers. Cette famille faisait déjà le commerce des toiles de chanvre, tissées à la main, que l'on fabriquait autrefois dans cette région.

De Mens au Périer, la route qui va de la Mure à Lalley, traverse la vallée de la Vanne, laissant derrière elle Menglas, quartier de Mens, d'où l'on admire tout le Trièves : le Sennepi qui domine la Mure, la gorge profonde à l'extrémité de laquelle, on aperçoit Saint-Sébastien et les ruines du manoir féodal des comtes de Morges ; à droite, l'horizon est barré par les belles montagnes du Vercors, le Grand Vémont, le Mont-Aiguille, cette merveille du Dauphiné qui élève dans la nue sa gigantesque pyramide ; au midi, le département des Hautes-Alpes étage, dans le lointain, ses premiers massifs ; à gauche, le mont Châtel ou bonnet de Calvin de forme oblongue avec ses croupes gazonnées, Roche-Sac dont les crêtes se profilent en éventail et essayent de cacher aux yeux du touriste la

(1) Nous nous sommes servi, dans le chapitre de la Généalogie, de ce nom de « bourgeois ».

masse imposante de l'Obiou, le Ferrand, avec ses rochers arides ; en face, la montagne de la Paille et le Ménis qui, avec sa forme conique et son manteau de sapins, ressemble à une énorme ruche d'abeilles, placée là, dans un angle du Trièves ; enfin, terminant le cirque, les montagnes du Laus, de Glandage qui dessinent leurs arêtes capricieuses sur le ciel.

La commune de Saint-Baudille-et-Pipet éparpille, nous l'avons dit, les hameaux qui la composent dans toute la plaine ; en pénétrant sur son territoire, on trouve, à gauche, le joli château de Mont-Meilleur qui, avec ses tours et ses murs crénelés, semble surveiller la riante vallée. Derrière, on aperçoit les hameaux de Longueville, allongé dans son coquet vallon ; les Marceaux et les sources de la Vanne, qui, de la montagne de Roche-Sac, se précipitent, écumantes, et rejaillissent sur un sol rocailleux.

Le spectacle est magnifique. Autour de soi, les cascades égrènent leurs eaux en des vallons resserrés, tendus d'une tapisserie de sapins ; les rochers, hautainement, dressent la tête, déchiquètent les nuages de leurs fronts dénudés. Au fond de la vallée, s'écroulent les ruines du manoir de Pipet, ancien seigneur du pays, les hameaux de Guichardière, Bonnichère, Durantière, Louveyre, Saint-Pancrasse où se trouvent la mairie, l'église et l'école. Devant soi, au couchant du Ménis, s'érigent les ruines de la Tour-des-Feuillants, célèbre dans toute la contrée. Cette tour, au dire des uns, fut un ancien couvent dont les religieux passaient leur vie en contemplation, — un château où des malfaiteurs avaient établi leur repaire ;

les plus informés tranchent la question et prétendent qu'elle fut simplement, au ixe siècle, l'asile d'un certain nombre de Sarrazins qui échappèrent à la poursuite des Français. A droite, d'autres hameaux s'espacent : Saint-Baudille, bâti sur une rive de la Vanne, le Villard, le Cros, la Chapelle.

Un chemin vicinal coupe la route suivie et aboutit au Périer (six kilomètres de Mens), qui est situé à l'extrémité de la commune de Saint-Baudille, à côté d'un autre hameau : les Agnès.

Le Périer, à 864 mètres d'altitude, groupe sa vingtaine de maisons sur un terrain caillouteux, au pied d'un vallon, en face du Ménis ; et c'est d'un joli aspect, l'éparpillement des toits rouges dans la gaîté des verdures et des frondaisons.

A l'entrée du village, à gauche, sont édifiées une école mixte, une chapelle ; plus loin s'étend la propriété de M. Astier fils, ancien juge de paix en Haute-Savoie, actuellement directeur de l'asile Dubuisson-Fallu (Eure). Elle fut, au commencement de ce siècle, vendue par la famille Perier à M. de Bardel, qui la laissa en héritage à sa fille, mariée à M. Orand, juge de paix à Mens. La fille de ce dernier avait épousé M. Astier, percepteur, qui a apporté quelques modifications dans les immeubles et fait construire un pavillon à deux étages.

Dans cette ancienne demeure des Perier, composée de quatre bâtiments entourés de murs assez bas, on accède par plusieurs portails : l'entrée principale se trouve cependant sur le chemin qui traverse le hameau. Un fermier exploite le domaine, assez impor-

VUE INTÉRIEURE DE LA MAISON ASTIER, AU PÉRIER
Ancienne demeure de la famille Perier.

Photographie de M. Mignot.

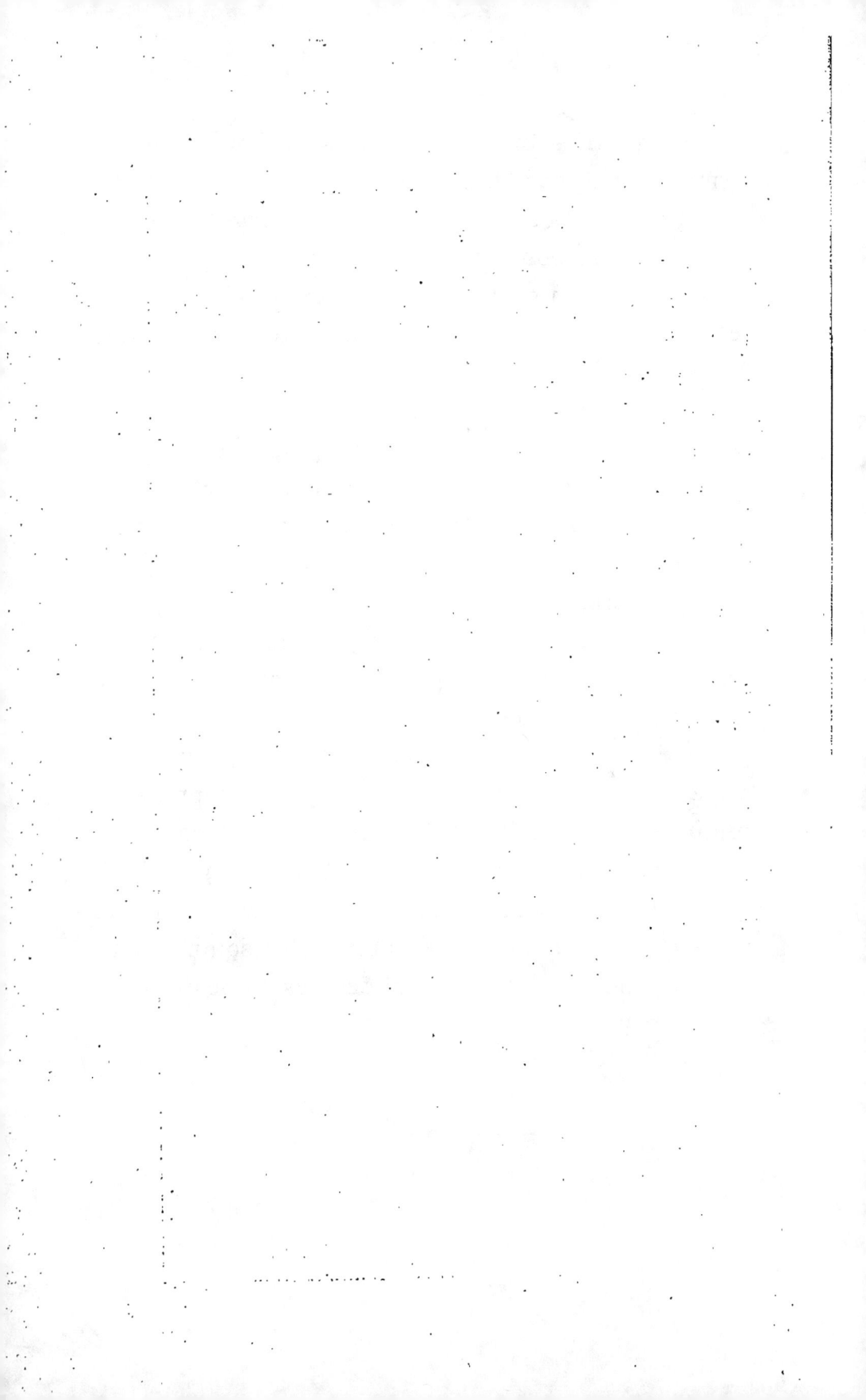

tant en prairies et terres labourables. A droite, la ferme, et, perpendiculairement à celle-ci, le pavillon contigu et la maison de maître, de bourgeoise apparence, en fort bon état, y attiennent. Une porte très simple, qu'un auvent protège, s'ouvre dans la façade intérieure de cet immeuble. Une vaste remise et une écurie complètent la propriété.

Les chambres du bâtiment principal prennent jour sur un jardin et sur de beaux vergers. C'était là, au XVIIe siècle, selon la tradition populaire — et nous la tenons pour exacte — la résidence des Perier, le château, comme on dit encore dans le pays.

Ici, encore, le paysage est merveilleux ; le panorama, dans le cadre de montagnes que nous avons essayé de décrire, est superbe de contraste entre la fraîcheur des plaines et l'aridité des sommets, entre la grâce de la fertile vallée et la sévérité abrupte des crêtes. Le soleil y joue parfois, avec des caprices de lumières, des ténuités et des surprises de couleurs. Au crépuscule, souvent, le spectacle est grandiose quand les pics se teintent de toutes les lueurs du prisme et que, dans le ciel d'un violet sombre, s'allument, une à une, toutes blondes, les étoiles !

CHAPITRE XVII

Le Château de Vizille.

Autour du Château de Vizille évolue toute l'histoire dauphinoise. Le passé de la province s'y évoque et s'y relie, passé de combats, de victoires, de revers, où la gloire brille très haut, sans ternissure ; chaque événement y eut un écho, chaque lutte en arracha quelques moellons, chaque joie s'y célébra, en pompes triomphales.

Le Château de Vizille date, à vrai dire, de Lesdiguières. Celui qui existait auparavant et qui était connu sous le nom de Château du Roi a été englobé dans le plan du Connétable et n'était pas situé au même endroit. De ce Château du Roi, il n'est pas question avant le xe siècle ; un acte de 991 apprend qu'Humbert, évêque de Grenoble, le cède par moitié à l'abbaye de Cluny, ainsi que l'église. C'est la partie formant l'ancien prieuré, maintenant le cimetière. Nul doute, pourtant, qu'il n'ait existé bien longtemps

avant cette date : son emplacement sur le rocher qui
sépare la route de la vallée de Vaulnaveys, les descriptions qui nous en sont parvenues et qui le dépeig-
gnent sous le double aspect de résidence et de donjon
prouvent qu'il était un poste d'observation dominant
l'étroite vallée où se groupe Vizille, une maison-forte
formant écueil aux invasions et arrêtant l'effort des
gens d'armes.

Un acte du 12 mars 1339 décrit ainsi le Château du
Roi : « C'était un donjon et château au sommet d'un
rocher ou montagne d'où la vue était belle, dans lequel château ou donjon, il y avait deux cheminées en
pierre ; enfin deux salles pavées en pierre ; dans l'une,
il y avait une chapelle en l'honneur de sainte Catherine, dans l'autre, il y avait une autre chapelle dédiée
à la Vierge. »

Bourne, dans son historique de Vizille, complète
cette sommaire description : « On entrait dans l'enceinte fortifiée par deux côtés, par la rampe actuelle
qui part de la place dite du Château et par une po-
terne qui donne sur la rue dite du Château de Paille.

« A l'exception du logis principal et de la tour
ronde, il n'est plus possible de reconnaître les lieux
tels que les décrit l'acte de 1339 ; cinq siècles se sont
écoulés et il ne reste plus de cette habitation princière que des ruines envahies par la végétation mais
qui, dans leur état actuel, présentent encore un aspect
grandiose et révèlent l'antique splendeur de ce manoir féodal. »

Au moment où Lesdiguières devint propriétaire de
la terre de Vizille, le Château du Roi était déjà en un

complet état de décrépitude. Un parcellaire de 1671 le représente comme « sapé par l'injure du temps et trouble de guerre jusqu'aux fondements. »

« Confinant, continue-t-il, la tour et maison-forte du seigneur de Marcieu, du vent; la maison-forte du noble François de Viennois, seigneur d'Ambel, de bise; la maison et le pré du prieur de Commiers, du levant; le bourg de Vizille, du couchant. »

Il est probable que le Château du Roi avait aussi ses prisons; les soixante-quatorze Juifs qui, lors de la peste de 1348, furent enfermés à Vizille, sous l'accusation d'avoir empoisonné les fontaines publiques, y furent sans doute menés. C'est là d'ailleurs qu'eut lieu leur exécution. Dans l'enceinte du Château, une excavation profonde creusait le roc ; on scella dans le fond, des lames de fer en forme de croix, sur lesquelles furent précipités les malheureux. On voit, paraît-il, encore les traces de scellement.

Le territoire de Vizille — qui faisait primitivement partie de l'Allobrogie, province des Voconces-Garucèles, compris dans le 1er et le 2e royaumes de Bourgogne — devint, lors du morcellement de ces royaumes, possession des Dauphins résidant alors à Grenoble, et qui fréquemment venaient séjourner au Château du Roi.

Nous ne nous arrêterons pas à nommer successivement les Dauphins qui possédèrent Vizille. Ce serait un véritable chapitre d'histoire locale que nous écririons ainsi, lorsque, en réalité, il n'y a à retenir ici que les faits saillants, qui se rapportent au Château. Nous nous contenterons donc d'inscrire quelques dates, de tracer, si l'on veut, la chronologie de la maison-forte qui précéda la demeure princière de Lesdiguières.

C'est à Vizille, sûrement au Château du Roi, que se retire, après la mort de son second époux, Guigues de Bourgogne, Béatrix, fille de Guigues V. Le mariage de Catherine, fille de Guigues VII, avec Philippe, prince d'Achaïe, frère du prince de Savoie, s'y célébra le 3 mai 1312.

Quelque temps après, le Château de Vizille constituait le décor d'un drame d'amour. Françoise de Bardonenche y vint mourir, victime de la passion de Guigues VIII, en donnant le jour à un fils.

Les souvenirs qui se rattachent au Château du Roi ne sont pas tous aussi lugubres ; pourtant le vieux manoir fut maintes fois ébranlé par l'assaut, souffleté par le bélier. C'est ainsi que vers 1346, pendant l'absence d'Humbert II, guerroyant en Terre-Sainte, les Alleman d'Uriage et de Revel, entrèrent dans le bourg de Vizille, trompettes sonnantes, non sans avoir sans doute auparavant escaladé les murailles de la maison-forte, que pendant le XIIIe siècle, le Château, convoité, disputé pour son double rôle de refuge et, à cause de sa situation culminante, de poste de combat dominant la plaine, passa des catholiques aux protestants et des protestants aux catholiques, éparpillant ses pierres au souffle des guerres religieuses.

En 1563, après la prise de Grenoble, le Château de Vizille, occupé par les catholiques, fut attaqué vivement par les protestants sous les ordres du baron des Adrets ; ils s'en emparèrent et passèrent tous les

soldats au fil de l'épée. Une trêve le rendit aux catholiques, qui parvinrent à s'y maintenir malgré de fréquentes attaques que commandait Lesdiguières.

Depuis deux siècles déjà, le Dauphiné avait été
cédé à la couronne de France ; Humbert II, en 1349,
s'en était « désaisi et devesti » — ainsi que de toutes
ses autres terres. Le Château du Roi, par suite de
cette « désaisine » était en possession du Dauphin
Charles. Par lettres-patentes du 11 novembre 1465,
Louis XI le donna à Louis, bâtard de Bourbon, seigneur de Roussillon, en « contemplation » de son
mariage avec Jeanne, sa fille naturelle, pour la somme de 6000 livres de rente sous la clause de rachat
perpétuel stipulé moyennant 100.000 écus d'or.

Cette donation fut confirmée par d'autres lettres-
patentes de François 1er.

I

L'histoire du Château de Vizille date véritablement
de Lesdiguières. Le nom du Connétable est d'ailleurs
attaché à la plupart des grands travaux, des monuments du Dauphiné. Sa hautaine figure domine l'histoire de la Province, rude comme son nom, un peu
mystérieuse, d'un mystère accentuant encore ce que,
dans sa physionomie, la chronique, par le récit d'exac-
tions sans doute exagérées, de brutalités probablement légendaires, a mis de rigueur cruelle. Tel que
nous le voyons, histoire et tradition mêlées, ce fut un
soudard magnifique, capitaine et capitan, ayant tou-

tes les qualités de bravoure, de fougue, de ruse du
soldat, tous les dons de prudence, d'organisation, de
haute intelligence de l'administrateur.

Le 15 juin 1593, la terre de Vizille fut engagée à
Lesdiguières pour la somme de 2,000 écus d'or. Par
un acte d'échange, du 17 août 1611, il rendit cette
propriété patrimoniale ; il reçut la terre et le marquisat de Vizille avec les terres et châtellenies du Champ-
saur et il remit en contre-échange les terres de la
Tour-du-Pin, Quinsonnas, Châteauvilain, etc., lui
appartenant.

Les fondations du Château furent commencées en
1601 (1) ; les plans avaient été dressés par les architectes du duc, Pierre la Cuisse et Guillaume Le Moyne.
L'édification fut entreprise en 1611 et terminée en
1620.

Le Château du Roi — ses ruines plutôt — furent
englobées dans le plan du Connétable ; les constructions qui l'avoisinaient ne devinrent pas cependant sa
propriété : seule, la maison-forte et la tour du seigneur de Marcieu fit partie du petit château, à la
droite du portail du Château du Roi.

Nul doute que Lesdiguières n'eut voulu également

---

(1) Cette date ressort d'une quittance passée le 16 mai 1602 à
Guillaume Dioque, châtelain épiscopal de la ville d'Embrun, « de
la somme de 360 écus pour raison de la massonnerie, chaulx et
sable qu'il est tenu fournir pour les bâtiments que Mondict
Seigneur de Lesdiguières fait construire en le lieu de Vizille. »
Minutes de Me Dumolard, notaire à Vizille, folio 180.

acquérir le castel des Viennois dépendant du Château du Roi. Une tradition du pays confirmerait cette supposition. D'après elle, le Château du Roi appartenait à une famille puissante : « Lesdiguières, ne pouvant parvenir à en obtenir la vente ou le don, aurait un jour invité à dîner toute la noble famille et, après avoir fait mettre le feu au château, aurait fait ouvrir les fenêtres de la salle du festin où il se trouvait avec ses convives pour leur faire voir l'incendie. »

De cette tradition, le fait seul de l'incendie est exact. Il ne se rapporte pas au Château du Roi dont Lesdiguières avait acquis les ruines, mais au château de Marcieu brûlé par les coreligionnaires du Connétable. Marc-Antoine de Viennois, descendant d'Amédée, fils naturel de Humbert II était, à cette époque, propriétaire du manoir ; il perdit ses deux frères consumés par les flammes ; son fils, encore enfant, leur échappa par miracle. Après cette destruction de leur château, les Viennois firent construire, dans Vizille, un hôtel qui est aujourd'hui l'Hôtel de Ville.

La tradition donne à Lesdiguières, pour conseiller dans l'édification du château de Vizille, un architecte du nom de Giacomo. Ce nom n'est d'ailleurs mêlé qu'à la légende et ce serait peut-être exagérer les subtiles probabilités que de voir en lui une altération, dans la mémoire populaire, du prénom de Jacob Richier, sculpteur de Lesdiguières, qui, italianisant son nom, se faisait appeler Giacobo Richieri.

Dans quelle mesure aussi Lesdiguières s'acquit-il l'aide des habitants de Vizille et de ses autres terres. Tous, prétend-on, furent conviés à l'exécution des plans du Connétable. « Viendrez ou brûlerai », faisait proclamer celui-ci à la porte de chaque église. Manants et vilains devaient avoir garde de manquer à une convocation faite en tels termes. En réalité, — ses comptes en témoignent, — il paya de ses deniers sa royale fantaisie : l'œuvre des habitants ne dut consister qu'en frustes travaux, Lesdiguières ayant fait venir — probablement pour les plus délicats ouvrages — des ouvriers florentins qu'il logeait dans une dépendance du Château, la maison du Paradis.

Le Connétable, en même temps que son entourage militaire, eut sa cour d'artistes : il tint à honneur d'encourager les Beaux-Arts, s'entoura d'hommes de talent auxquels il accorda des titres honorifiques et qui tinrent rang dans sa maison quasi-royale. Peintres, sculpteurs, architectes, musiciens, orfèvres s'étaient groupés autour de lui : l'illustre châtelain fut le véritable initiateur d'une Renaissance provinciale.

La liste des talents qu'il protégea serait trop longue ; nous ne nous occuperons que des artistes qui collaborèrent à l'édification du Château de Vizille.

Les architectes, nous l'avons déjà dit, furent Guillaume Le Moyne et Pierre la Cuisse. La Cuisse, « archetectateur du seigneur des Diguières », semble avoir commencé les plans que Guillaume Le Moyne revit et acheva. Ce dernier, maître-maçon, originaire de Saint-Germain-en-Laye, jouissait d'une grande réputation, si l'on en juge par les importants travaux qui lui furent confiés ; il reçut, le 27 décembre 1617, la somme de 30 livres, « pour payement de ses peines et vacations qu'il a employé à faire le plan du château de Monseigneur à Vizille, et autres dessaintz par luy faictz pour Monseigneur. »

Lesdiguières, au sujet de ces plans, dut aussi en appeler à Jean de Beins en qui il avait toute confiance. Ce Jean de Beins, « ingénieur et géographe du roi, sergent de bataille en ses armées du Dauphiné », servit sous la conduite du Connétable qui le fit anoblir, certifiant qu'en toutes occasions, ce serviteur avait rendu « témoignage suffizant de sa valleur et industrie et mesme en l'art de fortifier les places et faire toutes sortes de plans et cartes, tant générales que particulières pour bien loger et défendre une armée. » Il est l'auteur des dessins d'après lesquels Antoine Schanart peignit les exploits de Lesdiguières. Ces toiles étaient au nombre de huit :

1º Le combat de Pontcharra, 1592 ;
2º Le combat des Molettes, 1597 ;
3º Le siège et la prise de Grenoble, 1590 ;
4º La prise du fort Barraux, 1598 ;
4º La place d'Exiles en Savoie ;
6º La défaite de don Rodrigue à Salabertrand, 1595 ;
7º La prise du fort de Chamousset, 1597 ;
8º La défaite d'Allemagne en Provence.

De ces tableaux, deux seulement ont échappé à l'incendie : le *Siège et la prise de Cavours en novembre 1592* et la *Desfaite d'Allemaigne* ; à en juger par eux, c'était plutôt des toiles explicatives et annotées où, sous l'artiste, paraît bien l'architecte.

Schanart, protestant comme son maître et né à Bruxelles, ne s'en tint pas à ces huit peintures : des comptes de J. Mathieu, agent de Lesdiguières, il résulte qu'il fit une grande partie des portraits qui s'accrochèrent aux murs de la galerie boisée.

Plus tard que lui, Jean de Loënen et son collaborateur Jean de Nitbael, tous deux protestants et flamands, travaillèrent à la décoration du Château ; ils peignirent entièrement « le tour et plafond ou lambris du cabinet du château de Monseigneur à Vizille quy est au-dessus de la galerie, du coste du vent. »

A côté de ces artistes, et au-dessus d'eux, figure Jacob Richier, maître sculpteur, né à Saint-Mihiel ; il fut attiré en Dauphiné par son frère Jean et, toute sa vie, resta au service du duc de Lesdiguières. « L'un des plus excellents de son art », dit Videl, Jacob Richier domine toute la pléiade des talents de son époque ; son œuvre est remarquable de beauté achevée, d'expression vraie, elle a réellement des qualités d'art rares à cette époque. Sans lui attribuer, comme on l'a fait, presque toutes les sculptures que l'on voit à Vizille, ses ouvrages y sont encore nombreux. On le suppose l'auteur de cette statue en bronze et à ronde bosse, représentant Lesdiguières à cheval, qui se trouve dans un encadrement carré au-dessus du tympan de la porte d'entrée principale du Château de Vizille. Jacob Richier travailla de 1616 à 1624 au grand portail du Château de Vizille, comme l'atteste la quittance de 300 livres tournois qui lui furent délivrées pour le « priffait et entier payement du priffait à luy baillé le 16 mars 1616, de faire le grand pourtal du château de Monseigneur à Vizille... » Il continua sa collaboration au successeur de Lesdiguières, en construisant en particulier les bassins des fontaines du parc.

A Jacob Richier, on attribue aussi un Hercule qui était à Vizille dans l'ancien parterre appelé le jardin d'Hercule — le même qui est aujourd'hui dans le jardin de l'Hôtel-de-Ville à Grenoble. Une tradition cependant rapporte que cette statue serait antique et proviendrait d'un cadeau fait par le Pape à Lesdiguières : qu'y a-t-il de vrai dans cette assertion ?

A côté de ceux que nous venons de citer, un grand nombre d'autres artistes travaillèrent à la réalisation des fantaisies et des plans du Connétable; ce sont Daniel Guillebaud, maître-menuisier, qui se chargea, le 22 mai 1619, de la menuiserie et de l'ameublement du pavillon que le maréchal de Lesdiguières faisait construire à Vizille; — Etienne Julien, maître tailleur de pierres, qui, le 27 octobre 1618, démolit le grand portail de l'entrée de la basse-cour du Château et le réédifie suivant les dessins de Guillaume Le Moyne; — Isaac Bourbonne, dit Chaumont, maître fondeur, né à Lyon, qui fond « une figure qui devait être placée en la fontaine du château » ; — Pierre Serre, maître-tailleur de pierres, qui travaille à la construction du Château, en 1604, sous les ordres de Pierre la Cuisse.

Nous renonçons à simplement citer les noms des « maistres ouvriers » que Lesdiguières employa et paya en livres trébuchantes : M. Maignien, en son volume, les *Artistes dauphinois*, plein de trouvailles curieuses, en ressuscite un grand nombre.

L'édification du manoir fut longue. Lorsque les

bâtiments et tourelles furent construits, les planta-
tions faites, les nappes d'eau creusées, Lesdiguières
songea à entourer sa seigneuriale demeure d'un parc
digne d'elle et à renfermer ce parc colossal en d'inébranlables murailles. Le travail était considérable :
le maître l'envisageait avec hésitation. Satan, heureusement, vint à son aide — au dire de la Légende.
Celle-ci qui loge les esprits, le Folaton, le démon familier, dans les salles immenses, les ruines avoisi-
nantes, ne pouvait que broder un conte un peu
sombre — en rapport avec la physionomie de Lesdiguières — sur le travail de géant qu'est le parc.

Donc, par un sombre minuit, ainsi qu'il est accou-
tumé, Satan apparut au Connétable et lui proposa
sans doute l'ordinaire marché : son âme, irrésolue
alors, prête à revenir au catholicisme contre la levée
de l'enceinte du parc. Satan, pour convaincre plus
facilement sans doute son interlocuteur, avait pris la
forme de Giacomo, l'architecte imaginaire. Convention conclue : les murs seront construits en moins
de temps que Lesdiguières n'en mettra à franchir
à cheval la distance qui sépare le Château du bourg
du Péage.

La nuit suivante, à l'heure dite, le Connétable
monta son cheval. Aussitôt, dans un bruit terrifiant de
blocs heurtés, sous la lueur lugubre de mille torches, les ouvriers infernaux se mettent à la besogne.
Des pans entiers de mur, dans ces clartés de forge en
travail, se soulèvent, semblent jaillir du sol, s'établis-
sent. Lesdiguières, un moment hésitant, met son
cheval au galop pour suivre les gigantesques progrès

du surhumain labeur. C'est une chevauchée folle dans la nuit, une lutte effrayante de vitesse entre le coursier et les sombres ouvriers. Ceux-ci usent de ruse pour arrêter l'élan du chevalier : le mur, en un méandre brusque, se dresse devant le Connétable, barrant la route. Mais les efforts sont vains, voici le Péage. Le mur, encore une fois, se lève devant Lesdiguières : il le contourne. Par delà encore, un pan est prolongé, formant ruelle étroite avec la construction établie : les deux murs, en se rejoignant, vont fermer l'ouverture, écraser contre leurs massives pierres cheval et cavalier. Un dernier effort : les éperons ensanglantant les flancs du coursier, un bond prodigieux évitant la traîtrise des murailles proches qui s'abattent l'une sur l'autre, se soudent — trop tard. La queue seule du cheval est prise par la maçonnerie : Lesdiguières, d'un coup d'épée, l'abat. Et les ouvriers infernaux, hurlant, disparaissent, torches éteintes, abandonnant l'enceinte capricieusement zigzagante, avec sa soudure anormale, telle qu'on la retrouve d'ailleurs aujourd'hui.

Comme confirmation de la légende, on n'a pu retrouver, dans les archives du Château, parmi les prix faits pour la construction principale, ceux relatifs aux murs du parc.

Le Château de Vizille était ainsi terminé en 1620 et entouré d'un parc de 80 hectares.

Lesdiguières passait, en son manoir, le temps que lui laissaient les campagnes et l'administration de la Province. Il a, de toutes ses terres, préféré celle de Vizille ; il y voulut célébrer pompeusement son retour à la religion catholique. Henri IV avait trouvé que Paris valait bien une messe; Lesdiguières pensa sans doute que le Gouvernement du Dauphiné valait bien une abjuration. Il y mit pourtant plus d'examen et — qui sait? — moins de désinvolte acquiescement.

Le Connétable voulut compléter les fêtes commencées à cette occasion à Grenoble par une démonstration faite à Vizille : digne du héros, splendidement somptueuse, la cérémonie fut complètement religieuse — messe, procession, chants sacrés. — Jacob Richier apporta à la décoration de la chapelle tout le secours de son grand talent.

Peu de temps après, le roi Louis XIII visitait le manoir; il y eut là l'occasion de nouvelles réjouissances : une chasse au cerf fut organisée dans le parc.

Lesdiguières mourut à Valence, le 21 août 1626.

Le comte de Sault, fils du maréchal de Créqui et de Madeleine de Bonne, fut l'héritier du Connétable; il avait épousé sa tante Catherine de Bonne, fille cadette du Connétable. Le nouveau duc de Lesdiguières eut aussi des qualités de Mécène et s'entoura de nombreux artistes qui mirent en œuvre et réalisèrent ses fantaisies. Un d'eux, le plus célèbre, fut Thomas Germain, qui exécuta, en 1676, d'importantes sculptures attribuées à tort à Jacob Richier.

Ce sont, suivant un état des ouvrages dressé à cette époque :

« Premièrement, une grande figure représentant Hercule qui égorge un lion.

« Plus, une autre figure représentant un jeune homme quy dompte un taureau; lesquelles deux figures seront pour mettre de chaque côté du degré neuf du chasteau de Vizille.

« Plus, deux bas-reliefs pour mettre dans deux niches quy sont au milieu dudit degré ; l'un représentant quatre enfants qui domptent un lion qui représentent la Justice, et l'autre composé de deux femmes assizes quy supportent un bas-relief et la niche enrichie de festons tout autour ; lesquels seront de la mesme pierre et de la grandeur à remplir lesdites deux niches. Plus fera, les pieds destaux nécessaires pour poser lesdites figures. »

Après ce maréchal de Créqui qui avait donné au Château son apogée de splendeur, le manoir et les terres de Vizille ainsi que le gouvernement du Dauphiné passèrent à François de Sault, qui épousa, en 1676, Marie de Retz, puis à un autre comte de Sault qui avait épousé Marie de la Madeleine de Ragny. Son premier fils et son héritier, François-Emmanuel, ne voulut accepter la situation obérée de son père qu'après en avoir fait dresser l'inventaire.

Cet inventaire constate qu'il y avait au Château de Vizille, dans deux salles, cent trois tableaux : portraits, plans, batailles, marines, etc., et dans la chapelle, six tableaux. Parmi ces toiles, deux très précieuses du Lorrain et quelques portraits sont au Musée de Grenoble. Les batailles et les portraits d'Henri IV étaient dans la galerie du Connétable, appelée aussi la galerie boisée ou salon doré.

On sait que la majeure partie de ces œuvres a été emportée, soit à Lyon, soit ailleurs, par les ducs de Villeroy : la collection était d'ailleurs assez riche pour en former d'autres à côté d'elle — et rester quand même digne du merveilleux cadre qui lui avait été fait.

La femme de François-Emmanuel était Françoise-Paule de Gondi qui, à défaut d'enfant, fut instituée son héritière, et laissa elle-même le Château, en 1716, à Louis-Nicolas, duc de Villeroy, maréchal de France. En 1775, le Château et la terre de Vizille furent vendus par le dernier duc de Villeroy à Claude Perier, négociant à Grenoble. La date de cette vente n'est pas exactement fixée par tous les historiographes ; d'après les manuscrits d'Augustin Perier, sa manufacture de toiles peintes fut véritablement établie en cette année : l'acte d'achat de son côté, est du 5 juin 1780. Nous avons d'ailleurs examiné cette question dans le chapitre de Claude Perier — et nous nous sommes décidé à la trancher dans le sens du seul document qui en fasse mention.

Claude Perier restaura l'intérieur de l'immense édifice et y établit une manufacture de toiles peintes ; il affecta à cette industrie la grande salle d'armes.

L'*Almanach Général du Dauphiné* pour l'année 1790, en parle en ces termes :

« A Vizille, il y a une fabrique très considérable
« d'indiennes, de toutes espèces, établie par M. Perier,
« négociant à Grenoble, seigneur du lieu, dans l'an-
« cien Château du Connétable de Lesdiguières. Les
« eaux y sont très propres aux couleurs, et M. Perier
« y a réuni d'ailleurs tout ce qui est nécessaire pour
« la bonté, la finesse et la supériorité des dessins,
« des couleurs et de l'impression. M. Perier a fait

« établir, ou a donné lieu d'établir beaucoup de fila-
« tures de coton dans tout ce canton et dans l'Oysans,
« qui y communique, ainsi que des fabrications de
« toiles de coton. »

La manufacture de Vizille fit d'abord des papiers
peints et ensuite des indiennes communes. Elle prit
un nouvel essor en 1787, sous la direction de M. Fazy,
de Genève. On y joignait, en 1810, un tissage de coton et, en 1819, une filature qui utilisa les nouveaux
métiers destinés à filer des numéros fins à l'imitation
des Anglais.

Si les désordres sanglants qui accompagnèrent sous
Louis XIV la révocation de l'Edit de Nantes eurent
un douloureux écho, furent criminellement imités
dans la province, à Grenoble et à Vizille particulièrement, le Château de Lesdiguières n'eut pas à souffrir de ces secousses religieuses, de ces discordes civiles.

Tel il avait été organisé par Claude Perier, tel il
parvint jusqu'à la Révolution. On sait tout le travail
d'empiètements sur les privilèges du Dauphiné qui
amena la surexcitation des esprits et l'opposition du
Parlement à l'autorité royale ; on sait par quelles sé-
ries de vexations sournoises, par quel accroissement
imposé des charges la Cour s'était aliéné les notables
et le peuple. Ce fut une affirmation de liberté devant
les exigences du bon vouloir. Ce fut une lutte d'indépendance hardie qui, commencée en 1760, aboutit
d'effervescence en effervescence à la Journée des
Tuiles, le 7 juin 1788, manifestant une rébellion effec-
tive, prête à tout, contre le Pouvoir.

Parmi le désordre, le combat des habitants contre les soldats, le Parlement traversa la ville en robe rouge pour se rendre au Palais, ayant à sa tête son premier président ; de toutes les fenêtres, on lui jeta des fleurs et des couronnes et la tranquillité se rétablit. Les principaux de la ville crurent le moment favorable pour affirmer l'opposition ; une délibération de l'Hôtel de Ville, en date du 13 juin, convoqua pour le lendemain une assemblée générale des notables de Grenoble. L'assemblée prit à cette date une délibération qui concluait ainsi :

« Au surplus, l'assemblée a délibéré d'inviter les trois ordres des différentes villes et bourgs de province à envoyer des députés à Grenoble pour délibérer ultérieurement sur les droits et intérêts de la province. » Cette délibération fut immédiatement adressée par les consuls de Grenoble aux communes du Dauphiné ; les municipalités des principales villes et bourgs y donnèrent leur adhésion.

Une délibération du Conseil municipal, prise sur l'initiative et sous la présidence de M. Edouard Rey, maire, nous a conservé le souvenir de cet acte important des consuls de Grenoble qui préluda à l'Assemblée de Vizille et, par elle, à la Révolution ; nous l'extrayons du compte rendu de la séance du 19 août 1887.

« M. Rey, maire, signale à l'attention du Conseil l'ouvrage publié récemment par M. Dufayard, le distingué professeur d'histoire du Lycée, sur les origines de la Révolution en Dauphiné.

« M. Dufayard met en lumière la part prise par le

Conseil de Ville de Grenoble aux événements de l'année 1788. Il démontre que l'initiative du mouvement d'émancipation est partie de notre cité. L'assemblée du corps municipal s'est tenue à l'Hôtel de Ville, dans les salles du rez-de-chaussée, le 14 juin 1788. M. le Maire propose au Conseil de décider qu'une plaque commémorative de la réunion sera placée extérieurement, contre le mur de l'Hôtel de Ville, en dehors du salon grec.

« Cette mesure sera un premier hommage rendu aux précurseurs du mouvement d'émancipation qui a entraîné la France, en attendant la célébration du centenaire des Etats du Dauphiné. »

Voici le texte de la plaque qui fut scellée dans le mur de l'Hôtel de Ville :

14 juin 1788.
Ce jour, à dix heures du matin, le Corps municipal,
assemblé à l'Hôtel de Ville avec les
principaux citoyens de Grenoble, a pris la délibération mémorable
qui a préparé l'Assemblée de Vizille et ouvert
la Révolution française.

Le 21 juillet 1788, dans la nuit, les délégués du clergé, de la noblesse et des communes partirent, obéissant à la convocation des consuls de Grenoble ; ils étaient protégés et en réalité surveillés par les troupes du maréchal de Vaulx. Une population immense les accompagnait, à la lueur des torches.

A huit heures du matin, quarante-neuf membres du clergé, cent cinquante-neuf membres de la noblesse, cent quatre-vingt-sept membres du tiers-état sont

reçus par Claude Perier, qui les avait invités à abri-
ter leur délibération dans l'ancienne salle d'armes du
Connétable Lesdiguières et qui fit splendidement les
honneurs de son Château ; les délégués prirent place
sans observation de rang ni de préséance.

Le comte Guigues de Morges fut nommé président
et Mounier, juge royal à Grenoble, secrétaire. L'assemblée constituée, le président se leva et prononça
une courte allocution dans laquelle il remercia l'assemblée de l'honneur qu'elle lui faisait en le déférant
pour recueillir ses vœux.

On vérifia ensuite les pouvoirs et on discuta les
représentations respectueuses à adresser au Roi ;
Mounier en rédigea les termes qui furent approuvés
par tous les délégués :

« Sire, disait-il, la félicité des rois étant inséparable de celle de leurs sujets, nous croyons devoir mériter l'approbation de Votre Majesté en nous réunis-
sant pour l'éclairer sur les dangers qui menacent la
Patrie. » L'adresse en termes énergiques, après avoir
développé en magnifiques maximes le droit du peuple
vis-à-vis de la volonté du Roi — maximes dont quelques-unes sont gravées sur le piédestal du monument
de Vizille — l'adresse demandait le rétablissement
des tribunaux dans leurs fonctions, le rappel des
magistrats envoyés en exil et la convocation des Etats
Généraux du Royaume.

Jamais langage plus digne, plus élevé, n'avait osé
aller jusqu'au trône.

Mounier, après la lecture de cette magistrale délibération, remercia les membres du clergé de la

loyauté avec laquelle, oubliant d'anciennes querelles, ils s'étaient unis aux députés des municipalités — puis le président, M. de Morges, félicita à son tour l'assemblée de s'être unie dans un même amour pour la Patrie, dans un même désir du bonheur de tous.

L'assemblée avait siégé seize heures; elle se sépara à deux heures du matin. Une foule de citoyens venus de Grenoble, toute la population de Vizille stationnaient au pied du Château. Des flambeaux placés dans la cour éclairaient cette scène et lui donnaient un caractère d'éloquente grandeur.

On prévoyait déjà une évolution, le commencement d'une lutte contre un pouvoir jusqu'alors incontesté.

Cet acte d'opposition audacieuse, formidable, préludait à un bouleversement dont les délégués eux-mêmes ne prévoyaient pas l'immense portée.

La cité de Vizille tressaillit à ce premier appel de la Liberté — et c'est du Château de Vizille que partit la claironnée glorieuse, vibrant la mort du despotisme et l'éveil de la Justice.

Avec la Révolution finit la période chevaleresque, si l'on peut dire, du manoir de Lesdiguières ; à partir de ce moment, commence une période d'activité travailleuse, d'utilité productive. La demeure seigneuriale, sans doute à cause des souvenirs d'émancipation qui s'y évoquaient, fut respectée par les efforts des violents de la Révolution ; des armoiries furent brisées, des sculptures mutilées, la statue de Lesdiguières au-dessus de la porte d'entrée fut descellée pour en faire des balles, puis remise en place. L'effort de ceux que l'exaltation poussait au vandalisme s'en

tint là ; on respecta l'édifice où une industrie noblement exercée fournissait la subsistance à la majeure
partie de la population.

Après Claude Perier, le Château de Vizille revint à
l'aîné de ses fils, Augustin — qui donna plus d'extension encore à la manufacture installée par son père.
Il ranima et perfectionna encore son commerce, après
l'incendie de 1825, qui l'obligea à une réinstallation
complète.

Cet incendie est une des pages tristes de l'histoire
de Vizille ; nous nous y arrêtons un moment.

Ce fut dans la nuit du 9 au 10 novembre, à une
heure du matin, dit Bourne, dans son *Histoire de
Vizille* écrite d'ailleurs d'après des manuscrits d'Augustin Perier, que le feu se manifesta dans une des
salles d'impression, près de l'étendage. Malgré des
secours empressés, le voisinage de l'eau et les efforts
des pompiers, l'ouragan qui faisait tourbillonner les
flammes communiqua le feu aux six ou sept cents
pièces de calicot que renfermait l'étendage. Avec elles,
s'embrasèrent comme par une commotion électrique le
plancher à claire-voie et les vieilles charpentes en
sapin d'une toiture de deux siècles ; dès lors, une
gerbe effrayante de flammes domina l'édifice et se
dirigea de tous côtés avec violence, le feu se propa-
gea rapidement et tous les efforts devinrent inutiles.
Bientôt l'incendie éclata en plusieurs endroits de la
ville : le quartier du Château de Paille fut envahi.

La nouvelle de l'incendie avait été transmise à Grenoble ; on organisa à la hâte tous les moyens de secours dont on pouvait disposer ; on parvint, grâce à

eux, à arrêter le progrès du feu dans Vizille ; on domina le danger, mais on ne put empêcher que tout le quartier du Château de Paille, celui habité par la classe la plus nécessiteuse, ne fût entièrement détruit.

Par suite de l'embrasement du Château, les ouvriers demeuraient sans ouvrage et sans pain ; un grand nombre n'avait pas même d'asile.

Des mesures furent prises pour assurer la subsistance de la population. Plus tard, de nombreuses souscriptions organisées dans toute la France permirent de réparer une partie des désastres et de soulager les plus malheureux.

M. Augustin Perier, croyant que le moyen le plus propre à ramener dans son ancien état la population industrielle de Vizille, était de procurer de l'ouvrage aux ouvriers, activa le plus possible les réparations du Château et, en attendant, fit établir des ateliers provisoires.

Dès le mois de décembre, les travaux de construction commencèrent à la grande satisfaction de la population de Vizille, d'abord abattue et consternée et bientôt les vœux de M. Augustin Perier furent réalisés : le Château fut entièrement restauré, ainsi que les maisons, au nombre de soixante-dix-sept, détruites par le feu. Un mot dira toute la sollicitude d'Augustin Perier pour ses ouvriers : au moment où les flammes tourbillonnaient, que l'édifice croulait et que tous travaillaient à sauver quelques parcelles des richesses de son Château : « Mes amis, leur criait-il, d'abord sauvez vos maisons ! »

Augustin Perier fut ensuite appelé à siéger à l'Assemblée législative ; il tint à résider à Vizille pendant les vacances parlementaires.

A sa mort, M. Adolphe Perier, son fils, devint propriétaire du Château et de la terre de Vizille et directeur de l'exploitation industrielle ; il apporta tous ses soins à parer encore l'illustre demeure ; le nombre de meubles artistiques et de tableaux qu'il y entassa fut incalculable. Il ne s'en occupa pas moins activement des ressources manufacturières que renfermait le manoir : il remplaça en particulier la manufacture de toiles peintes, fondée par Claude, par une fabrique d'impressions sur étoffes qui occupait la presque totalité des salles du Château et des bâtiments reconstruits, à droite, en entrant dans le parc. M. Revilliod devint locataire de cette fabrique qu'il dirigea jusqu'au moment de l'incendie de 1865.

Ce nouveau désastre, sans être aussi complet que le précédent, eut néanmoins de regrettables effets ; il éclata au moment où M. Adolphe Perier songeait justement à isoler le monument historique pour éloigner toute probabilité de destruction.

Le 17 février, vers cinq heures du matin, le tocsin sonnait à l'église de Vizille : le Château était en proie aux flammes. La nouvelle de l'incendie fut vite répandue et, bientôt, de Grenoble, du Pont-de-Claix, de la Mure, des communes environnantes, des secours arrivèrent.

« C'est dans la partie du Château qui domine la vallée de Vaulnaveys, dit un journal de l'époque, dans une pièce où ne se trouvaient ni poêle ni feu d'aucune sorte que l'incendie s'est déclaré vers minuit et demi.

« Un calorifère traversait, il est vrai, les planchers de la partie incendiée ; c'est ce calorifère que l'on regarde comme la cause d'un désastre qui a pris dès la première heure, des proportions telles que pour ne pas voir se renouveler les terribles scènes de l'incendie de 1825, on a dû se résigner à faire la part du feu. »

La belle façade qui regarde le parc, les appartements privés de la famille Casimir-Perier, n'eurent pas à souffrir du voisinage de l'incendie qui, en moins de six heures, mettait tout à néant dans les anciens logements des hommes d'armes de Lesdiguières. — Le propriétaire fit tout restaurer en conservant au gothique manoir son aspect extérieur d'autrefois.

M. Perier ne rétablit plus la fabrique détruite ; il fit raser les fondations et établit la magnifique terrasse actuelle.

Il avait pourtant fait élever à l'emplacement de la faisanderie et de la ménagerie, une filature de coton, dont les bâtiments, loués d'abord à M. Gassaud, avaient été mis en la possession de M. Julhiet, de Domène, en 1861 ; ils sont actuellement inoccupés.

Avant cet incendie, le Château de Vizille avait été sur le point de passer en d'autres mains que celles de la famille Perier. A la mort d'Adolphe Perier, il y eut, pour liquider la situation laissée par le défunt une vente aux enchères du domaine, qui fut adjugé, le 28 juin 1862, à une société formée de différents spéculateurs dauphinois. Une surenchère le fit attribuer à M. Fontenillat, receveur général à Bordeaux et beau-père d'Auguste Casimir-Perier. Après la mort de M. Fontenillat, Vizille devint la propriété de Madame Casimir-Perier, mère du Président de la République (1).

Le Château seigneurial est demeuré, pour la famille Perier, un patrimoine respectueusement transmis : il a été le témoin de tout le passé d'honneur et de gloire des leurs. Associé à leurs luttes, à leurs travaux, il témoigne à présent de leur légitime triomphe.

II

Guy Allard est un des premiers qui donnèrent une courte description du Château de Vizille : « C'est ici, dit-il, où le Connétable de Lesdiguières a fait bâtir un magnifique château, a fait construire un parc d'une grande étendue, embelli de canaux, de nappes, de cascades et de belles et longues allées, auprès duquel il y a des parterres, des vergers, des jardins et un jeu de mail large et étendu couvert d'ormes et de tilleuls. C'est un lieu de délices et qui mérite la curiosité des étrangers. Il y a plusieurs galeries dans le Château où l'on trouve de toutes sortes d'armes rayées et, dans les chambres, des grands tableaux qui représentent les victoires de Henri IV et celles du Connétable. Les eaux y sont si abondantes que les sources y sont dans

(1) V. Chapitre II, famille Casimir-Perier.

le même lieu ; que partout on y voit ce qu'elles peuvent fournir d'agréable et de plaisant. »

Le Château tel qu'il fut achevé en 1620 comprenait une série de bâtiments d'aspect sévère, construits sans grande méthode et d'importance inégale. Les places qui en sont restées nous montrent une sorte de ligne brisée s'étendant de l'entrée du parc vers Uriage à la rampe qui conduisait naguère au Château du Roi. Toute l'extrémité ouest de cette ligne, le corps de bâtiment qui se dirigeait vers la vallée, n'existe plus. C'est là que se trouvaient les écuries, la salle du jeu de paume où se réunirent les députés du Dauphiné, un corps de logis qui venait se raccorder à l'habitation actuelle sur l'emplacement de cette vaste et belle terrasse, d'où la vue se promène sur le vallon de Vizille à Uriage ; par un temps clair, on aperçoit le Château même d'Uriage, l'antique demeure des Alleman.

A l'extrémité de cette terrasse était autrefois une chapelle taillée dans les roches et placée sous le titre de l'Assomption. On y voyait au-dessus de l'autel un tableau représentant la Vierge montant au Ciel. Cette chapelle a été démolie.

Les habitants du Château communiquaient avec le parc et les jardins par des degrés taillés dans le roc ; ce n'est que plus tard que le maréchal de Villeroy fit construire ce grand et monumental escalier. Il forme trois grands perrons, ornés de balustres disposés en amphithéâtre. Entre les deux montées conduisant au premier perron était autrefois une fontaine ; le jet sortait de la gueule d'un lion ; ce lion représentait la Force, et était entouré de quatre génies en relief qui le te-

CHÂTEAU DE VIZILLE
(Vue prise à l'intérieur du parc.)

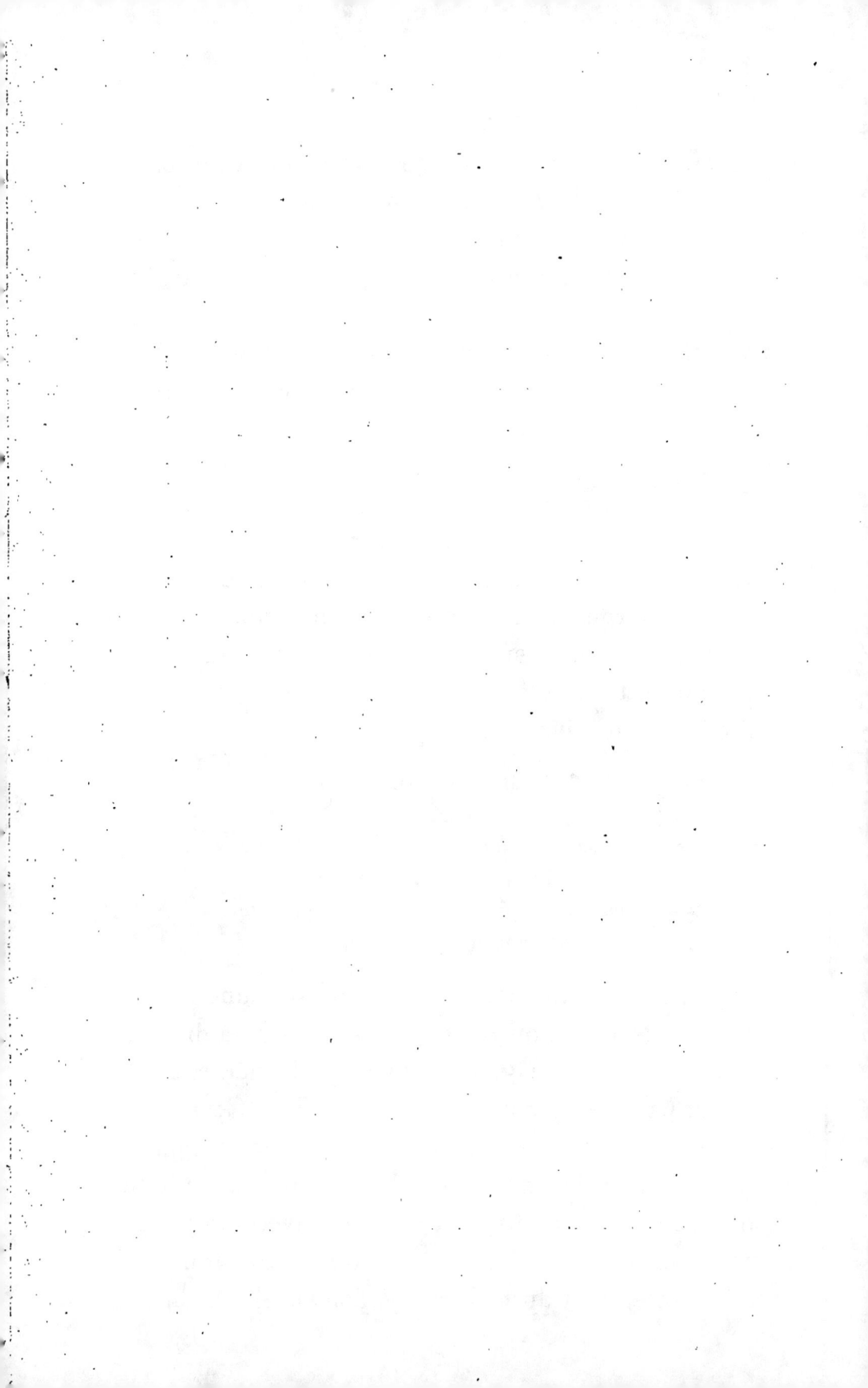

naient enchaîné, et de droite à gauche des deux rampes
sont deux groupes de marbre mutilés, deux athlètes
terrassant, l'un un lion, l'autre un taureau. Toute
cette partie a été restaurée au temps où fut construit
cet admirable perron ; le corps de logis qui le domine
est visiblement restauré dans le style de Louis XIV.
C'est là que le maréchal de Villeroy place l'entrée
principale du Château. Du temps du Connétable, cette
entrée se trouvait sur la rampe qui descend du Jardin
du Roi et existe encore. C'est une porte cintrée : dans
le tympan, la statue équestre en bronze du Connétable
armé de son bâton. Quatre colonnes cannelées repo-
sant sur de larges bases, sans ornements, soutiennent
un fronton arrondi, surmonté lui-même d'un autre
petit fronton triangulaire. Au-dessous de la statue se
lit l'inscription suivante :

FRANCISCUS BONNA DIGUERIARUM
DUX
Par et mareschallus Franciæ summus exercituum castrorumque
præfectus, equester hac œna
statua martis ora ferenti ad vivum exprimitur.
An. MDCXII œtat LXXVIII.

Sept portes principales donnaient sur une vaste
cour, remplacée aujourd'hui par la terrasse à droite,
le corps de logis; à gauche, la chapelle démolie; à
côté, un pavillon adossé au Jardin du Roi. Ce pavillon faisait partie d'une ancienne maison forte appartenant à la famille de Marcieu. Il ne reste plus qu'une
petite maison du temps, fort élégante, avec son grand
toit d'ardoises, auquel est accolé une petite tonnelle
ronde (l'intendant du Château y demeure). A l'inté-

rieur du Château, les appartements sont encore disposés comme au temps de Lesdiguières.

Dans la grande galerie, dite galerie du Connétable,
étaient peints sur le panneau de la boiserie tous les
faits d'armes du maître.

Le salon doré, dit salon de la duchesse, était une
pièce magnifiquement décorée ; la boiserie jusqu'à la
hauteur de deux mètres, était composée de planchet-
tes rouges, bleues et noires, encadrées par de larges
filets en or ; les dessins des angles portaient des fleurs
et des fruits ; sur chaque panneau un des châteaux
appartenant au Connétable, et une des villes qu'il
avait prises. Autour du salon se voyaient les portraits
de Lesdiguières, de sa femme, de ses trois filles, ceux
du maréchal de Créqui, et du comte de Sault.

Le plafond se composait de caissons enfoncés et
séparés par des bandes en saillie et ornées d'arabes-
ques, dans le goût italien, au centre, on avait réservé
un vaste espace où se trouvait la Renommée entre deux
génies dont l'un tenait la lettre F et l'autre la lettre B :
François Bonne.

Tout autour, les dieux de l'Olympe, Jupiter,
Saturne, Vénus, Apollon, Diane, Mars, Mercure et
Hercule.

Tous ces souvenirs d'un autre âge sont devenus la
proie des flammes. L'intérieur même des salles a
beaucoup souffert. Après le grand incendie de 1825, le
Château a failli encore être brûlé en 1865. La famille
Perier a dû le restaurer presque complètement, au
moins à l'intérieur, elle l'a fait avec le soin et le goût
qu'on pouvait attendre d'elle.

Le corps de logis qui est devenu l'habitation actuelle regarde la colline, on y accède par le fameux perron construit du temps du maréchal de Villeroy. C'est encore ce dernier qui fit enlever les meneaux des vieilles fenêtres et plaquer sur les anciennes constructions une terrasse avec balcon à balustres qui s'harmonise heureusement avec le perron.

A l'extrémité sud de ce bâtiment, est une grosse tour ronde très solidement construite, percée autrefois d'une seule fenêtre. C'est là, dit-on, qu'étaient les oubliettes du Connétable — en admettant bien entendu qu'il y eût des oubliettes là ou ailleurs ; ce qui est probable, c'est qu'elle a dû être la prison du Château.

A l'autre angle, une autre tour, celle-ci carrée qui date également du temps de Lesdiguières.

La porte d'entrée du parc, aujourd'hui l'entrée principale et qui se trouve au bas de la rampe conduisant au Château du Roi, consiste en deux portes de forme très originale dont l'arcature au lieu d'être formée d'une courbe, est faite d'une série de lignes brisées ; l'ensemble est garni de bossages.

Le corps de logis principal se complète du côté du couchant par deux ailes assez étroites que relie entre elles une terrasse au second étage et dont l'une seulement est terminée par une tour ronde. Cet ensemble reposait sur des remparts fort élevés, armés de canons qui plongeaient à pic sur le rocher.

Un autre corps de logis se reliait par ce dernier à la tour carrée dont nous venons de parler ; il y avait quatre étages percés de fenêtres à meneaux et surmontées de lucarnes dans le style de la fin de la Renaissance.

Communiquant à ce bâtiment et se suivant perpendiculairement l'un à l'autre étaient le bâtiment comprenant les salles d'armes, les écuries, la salle du jeu de paume, etc., etc. C'est toute cette partie qui brûla en 1825 et qui, restaurée incomplètement par Augustin Perier, fût de nouveau, en 1865, la proie des flammes ; elle n'a pas été reconstruite.

Nous avons décrit plus haut la partie du corps de logis actuel qui date du maréchal de Villeroy. L'autre côté, qui est de l'époque du Connétable, donne sur ce qui était autrefois la cour d'honneur, c'est-à-dire sur la terrasse : il comprend quatre étages de fenêtres très simples encadrées dans de longs chaînages de pierre à bossages et dont la dernière est surmontée d'un tympan, ou elliptique ou triangulaire.

Ces grandes chaînes de pierres dessinant les angles et les lignes verticales des croisées, sont d'ailleurs la seule décoration de cette façade, et constituent le caractère particulier de l'architecture du Château ; la sculpture y est entièrement inconnue.

Afin de pénétrer dans ce bâtiment on a dû creuser ces rochers et faire jouer la mine pour construire un escalier. On y arrive par un perron du temps.

La pièce d'eau en avant du Château avait moins d'étendue que celle d'aujourd'hui. Au milieu était une île et dans cette île la statue en bronze d'Hercule.

La nappe limpide était entourée de peupliers d'Italie.

Il n'a pas été apporté d'autres changements dans le

parc ; on y voit encore la faisanderie, vieille maison qui servait autrefois de rendez-vous de chasse, de logement des gardes et du chenil ; dans une enceinte de murs, dont les vestiges se retrouvent et se suivent, on élevait des faisans et des perdrix. Voici encore la belle allée des soupirs et un bouquet de chênes séculaires à l'extrémité de la prise d'eau ; au-dessus de la cascade, la fontaine de la d'Huis, formée par une source qui alimente le ruisseau et les nappes d'eau. Cette fontaine, des plus abondantes, était entourée de murs ; tout auprès avait été construit un pavillon où les promeneurs pouvaient se reposer.

L'état du parc est modifié depuis Lesdiguières et ses successeurs : c'est ainsi qu'on ne retrouverait plus le labyrinthe auquel, après une brillante description, il est fait allusion dans une géographie du XVIIe siècle. Ce labyrinthe, disposé avec beaucoup d'art et planté d'arbres fruitiers, devint le verger qui, lui-même, n'existe pour ainsi dire plus.

Revenons au Château et pénétrons par le petit perron qui donne sur la terrasse : un large corridor s'ouvre devant nous. A gauche, c'est la salle d'attente garnie de meubles rares, et plus loin la galerie dite des canons, à cause de deux mignons canons du siècle de Louis XV qui allongent leurs inoffensives gueules armoriées sous la voûte cintrée. C'est également dans cette galerie que s'accrochent les deux tableaux de Schanart : la Défaite d'Allemagne et le Siège de Cavours qui, envoyés pour être restaurés lors de l'incendie de 1825, furent aussi sauvés.

La salle à manger est derrière, avec sa grande table, son alignement de sièges merveilleux. Quatre tableaux sont pendus à ses murs : comme l'indique d'ailleurs une notice déposée sur la table, ils sont de Bon Boullongue, peintre français, élève du Corrège et du Carrache, né à Paris en 1649 et mort en 1717, et représentent les quatre éléments : la Terre, l'Air, l'Eau et le Feu. Ces allégories largement comprises sont magistralement traitées. Il y a en outre dans cette salle deux bustes, celui de Lesdiguières et celui de Bayard.

Un large escalier de pierre nous mène au premier étage ; pendant l'ascension, des toiles de Panini et de Pierre de Cortone arrêtent le regard.

Voici l'antichambre, petite pièce merveilleusement décorée de meubles Louis XIII et de tapisseries des Gobelins. C'est ensuite, remplie de volumes, la bibliothèque, d'aspect plus sévère, avec sa longue table, ses meubles sobres de sculpture faisant le tour de la salle et sa magnifique cheminée que surmonte le profil en relief en bronze de Casimir Perier, premier ministre de Louis-Philippe, par David d'Angers ; c'est le cabinet de travail, plus gai, plus riant, d'ameublement, semble-t-il, plus récent. Des portraits de famille l'égaient, le font plus intime encore : le portrait de Mᵐᵉ Casimir-Perier, née Fontenillat, le portrait de son père, les médaillons de Jean, de Pierre et de Mˡˡᵉ Thérèse Casimir-Perier, enfants. Le buste d'Auguste Casimir-Perier par Ramus domine un bureau : des tables de travail s'allongent dans la direction de la fenêtre. Au-dessus de la cheminée monumentale se

trouve la gravure d'après le tableau (1) de M. De-
belle, ancien conservateur du Musée de Grenoble,
représentant l'Assemblée des Etats du Dauphiné
dans la salle du Jeu de Paume.

Cette toile — un des chefs-d'œuvre de l'artiste —
réunit dans son cadre plus de soixante personnages
historiques dont les traits, reproduits d'après des portraits du temps, se détachent avec vigueur aux premiers plans du tableau. Guigues de Morges, président,
vient de lire, debout, la déclaration des Etats ; Mounier, à ses côtés, s'accoude sur la large table placée
sur une estrade improvisée. Tous les bras se lèvent
pour prêter le serment d'union pour la défense des
intérêts de la province et du pays. Au-devant de l'estrade, Barnave, par son exemple, entraîne tous les
délégués à cet acte de solidarité grandiose.

Au-devant du tableau, Claude Perier serre la main
au comte de Marsanne. Autour d'eux, parmi les représentants, beaucoup de membres de la famille Perier
s'unissent à cet élan de fraternité et de patriotisme :
Barthélemy d'Orbanne, Duchêne, Allard du Plantier,
Savoye des Grangettes, de Savoye de Rollin, etc.

---

(1) Ce tableau a été acquis par le département de l'Isère et il
a été placé dans le vestibule de la salle du Conseil général. L'auteur a cédé, il y a une dizaine d'années, tous les droits de repro-
duction de son œuvre à un libraire de Grenoble. Nous aurions
été heureux d'intercaler dans ce livre une gravure de ce beau
tableau, mais nous n'avons pas cru devoir céder à certaines exigences de ce négociant. Nous le regrettons bien vivement pour
le lecteur.

Derrière les principaux acteurs de cette scène, une foule de délégués se presse, bras levés pour le serment, dans l'immense salle où quelques fenêtres laissent tomber un coup de clarté.

Cette toile est superbe de mouvement et de vie ; on ne se représente pas autrement, très digne, énergiquement résolue, l'attitude des délégués des Trois Ordres.

Après avoir traversé à nouveau ces pièces, on pénètre dans la seconde partie du premier étage : deux immenses salles l'occupent ; la salle de jeux avec ses portraits de Lesdiguières, du fils de Lesdiguières, de Marie Vignon, ses tapisseries rares des Gobelins ; le salon immense, somptueux, avec ses meubles du style de toutes les époques, son portrait par Flandrin — qui a d'ailleurs fait presque tous les portraits de famille — du grand-père du Président de la République, ses paysages rares des plus recherchés flamands.

Nous ne pouvons noter toutes les richesses de cette demeure : il y faudrait un volume.

Au deuxième étage se trouvent, d'un côté, les appartements de M. le Président de la République, meublés de meubles anciens, pleins de précieux portraits de famille, — de l'autre côté, les appartements aussi riches de M. de Ségur, où logea M. Carnot.

Au troisième, sont les logements des domestiques.

Malgré sa vieillesse, le Château est aménagé avec les plus modernes innovations. Mme Casimir-Perier, mère, ou M. le Président peuvent y descendre quand il leur plaît : tout est continuellement prêt pour les recevoir.

CHATEAU DE VIZILLE
(Vue prise sur la place du Château.)

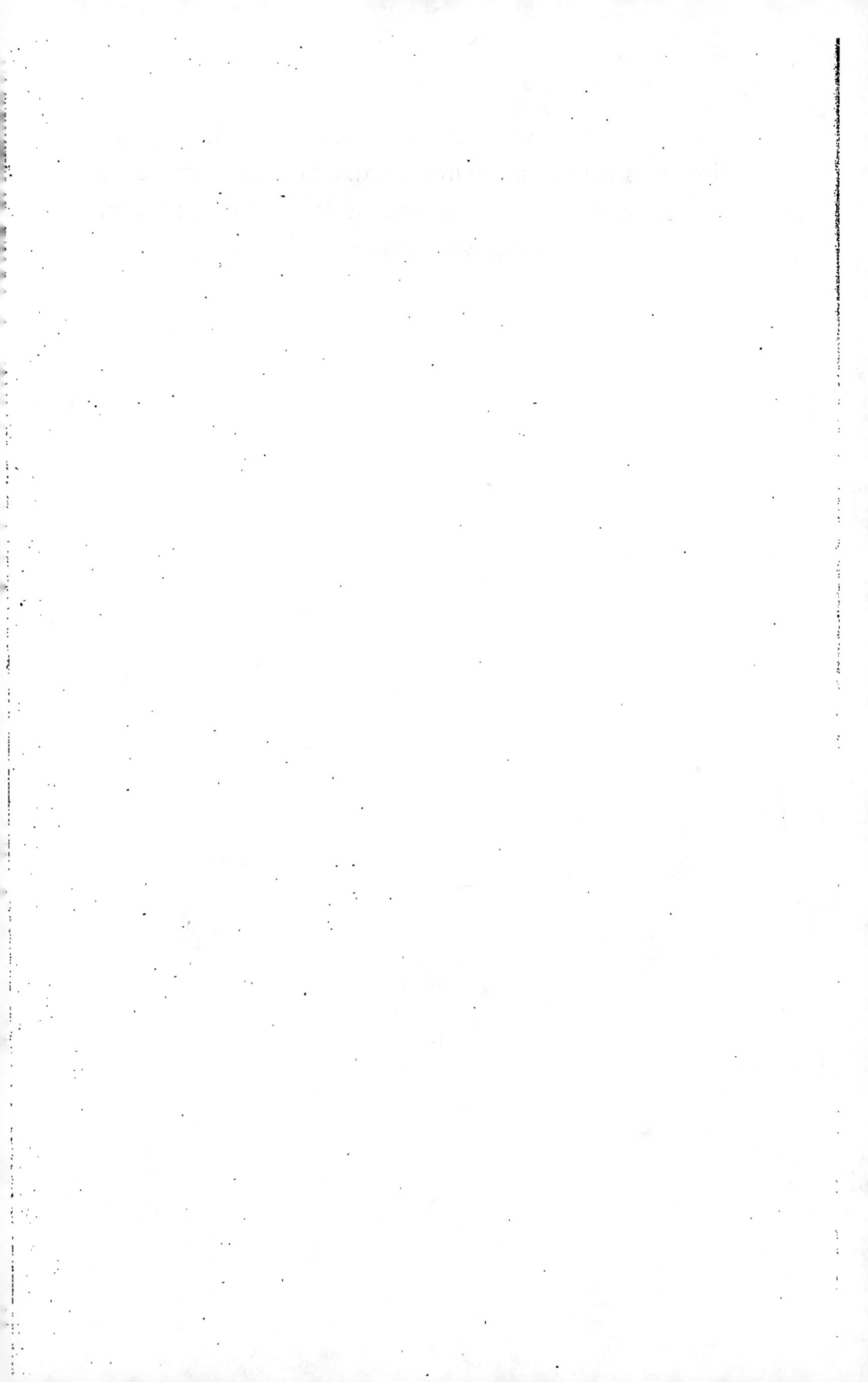

Ils y retrouveront d'ailleurs, de la part de la population vizilloise, la même sympathie qui, comme le manoir, se transmet, acquittant les dettes de reconnaissance contractées vis-à-vis des ancêtres.

CHAPITRE XVIII

——

Pont-sur-Seine.

D'UNE description de Pont-sur-Seine — la ville aux douze ponts — nous retiendrons ces brèves indications : « Charmante petite cité, distante de 49 kilomètres de Troyes et de 9 kilomètres de Nogent. » C'est un bourg riant qui s'étend aux bords de la Seine et du canal de la Haute-Seine, dominé par une colline crayeuse au sud.

Le Château du Président de la République est — avec l'église de Saint-Martin et quelques ruines — le plus intéressant monument de la petite ville. Ce Château fut construit en 1825, date à laquelle M. Casimir Perier, premier ministre de Louis-Philippe, fit de Pont-sur-Seine sa résidence d'été.

L'ancien Château sur les ruines duquel fut édifiée la résidence était une véritable merveille : il passait pour un des plus beaux de France et n'avait de comparable, par la proportion et la magnificence archi-

tecturale, que celui de Chambord. Il était situé un peu
au nord du Château actuel, au sommet de la première éminence qui domine la Seine au sud et d'où
l'on jouit d'une fort agréable perspective sur la ville
et sur la vallée.

Il fut bâti sur l'ancien fief des Caves, par Marie
de Braguelogne, mariée en 1606 à Claude Bouthillier
de Chavigny. Elle dirigea elle-même les travaux, sur
les plans et d'après les conseils de l'architecte Lemuet,
mandé de Paris, s'amusant, écrivait-elle à son mari,
« pour se distraire et charmer les ennuis de son
absence, à lui bâtir un petit *Vuide-bouteille* à Pont. »
Ce *Vuide-bouteille*, commencé en 1630, ne fut terminé
que plusieurs années plus tard — et coûta, paraît-il,
cinq millions de livres.

Quelques descriptions donnent une idée de la somptueuse construction :

« La première entrée était une grande porte à bossages, terminée par un fronton chargé des armes de
la maison de Bouthillier de Chavigny, accompagnée
de petits pavillons bas et carrés. On entrait de là dans
une vaste cour au fond de laquelle paraissait toute la
façade du Château. A droite et à gauche de cette cour
étaient deux bâtiments séparés, formant chacun un
édifice particulier, et au milieu de l'un et de l'autre
se trouvait encore une grande cour. Celui de droite
n'était formé que de trois corps de bâtiments, sur le
devant et des deux côtés ; car en face se découvrait
le jardin, et il n'y avait pas de bâtiment de ce côté-là.
La cour du bâtiment de gauche était fermée par quatre corps-de-logis qui en occupaient les quatre côtés.

Tous ces bâtiments étaient d'une égale symétrie et d'une belle proportion, et les quatre angles extérieurs de chacun étaient encore occupés par autant de pavillons carrés et variés dont les combles étaient plus élevés que ceux du reste de l'édifice.

« Le Château proprement dit était entouré d'un large fossé tout revêtu de pierres de taille, et était fermé sur le devant par un beau portail. Les trois autres faces, c'est-à-dire le fond et les deux côtés de la cour étaient occupés par trois corps de bâtiments à deux étages d'une parfaite symétrie, dont toutes les fenêtres étaient ornées d'un bossage et d'un fronton. La façade était ornée à droite et à gauche d'un pavillon de même hauteur et de même symétrie que le reste du bâtiment. Les angles de l'autre côté étaient occupés par deux grands pavillons, qui n'étaient pas plus larges que les autres, mais qui étaient plus longs. Enfin les angles extérieurs de ces deux pavillons étaient encore cantonnés de deux autres pavillons parfaitement carrés qui s'avançaient sur le fossé du Château, au-delà des autres parties de l'édifice. »

Le parc, les parterres et les jardins, dressés par le même architecte, étaient aussi parfaitement beaux. Tout l'ensemble clos de murailles était d'environ 40 arpents et se trouvait dominé au sud par un grand parc de 1.800 arpents de bois taillés pour la chasse.

Plus tard, M. Bouthillier de Chavigny amena au Château les eaux des infiltrations fluviales par un aqueduc souterrain de deux kilomètres — transformé aujourd'hui en une galerie souterraine tapissée de stalactites du plus pittoresque effet.

Mlle de Montpensier, fille de Gaston d'Orléans, parle du Château, dans *Ses Mémoires*, à l'occasion d'un voyage qu'elle fit à Pont en 1648 :

« J'allai à Pont, chez Mme Bouthillier. C'est une des plus belles maisons de France ; elle est située à mi-côte ; on y voit des fontaines, des canaux et la rivière de Seine au bas des jardins qui sont en terrasse ; les avenues sont très belles et la maison bâtie pour un surintendant. C'est pour laisser juger des beautés du dedans, des meubles et de la magnificence avec laquelle je fus reçue. J'y restai trois jours et j'y dansai fortement ; je me promenai à cheval. Il y avait un bateau, le plus joli du monde ; j'y allai peu, je crains l'eau. »

Claude de Chavigny vendit sa propriété, le 10 mai 1773, pour le prix de 1,300,000 livres à Ferdinand de Rohan, archevêque de Bordéaux, qui la revendit, pour le même prix, à François-Xavier Desmon, prince de Saxe, fils de Frédéric-Auguste III, roi de Pologne. Ce prince, qui fit du Château sa résidence habituelle, se plut encore à l'embellir, à la meubler somptueusement. Pendant la tourmente révolutionnaire, François-Xavier de Saxe ayant émigré, ses biens furent sequestrés ; les papiers provenant du Château furent envoyés aux archives du département, les livres à la Bibliothèque et les tableaux au musée de Troyes. La demeure elle-même fut vendue — au prix de 66,660 francs — à Benoît Gouly, de Paris, qui, par acte du 8 thermidor an VIII, la céda à Mme Lœtitia Ramolino, mère de l'empereur Napoléon Ier.

La princesse Lœtitia habita le Château du 7 août

1805 aux premiers jours de 1814 ; elle le quitta au début de l'invasion. Les soldats du prince royal de Wurtemberg le brûlèrent le 14 mars 1814, après avoir entassé du bois, de la paille et du foin, dans tous les appartements : un acte de vandalisme brutal dévasta le magnifique édifice.

Les ruines avec les dépendances immédiates du Château furent vendues, le 14 septembre 1814, à MM. Boignes père et fils, de Paris, qui firent démolir les murailles restées debout, ne conservant que les bâtiments des communs situés à l'est et qui n'avaient pas été atteints par l'incendie. Ceux-ci revendirent leur propriété, en 1817, à un M. Thomas Thornton, colonel anglais, qui la céda, le 7 juillet 1821, à M. Casimir Perier père, membre de la Chambre des députés.

Quand Casimir Perier, en 1825, voulut résider à Pont-sur-Seine, il donna l'ordre de reconstruire le Château de Lemuet sur les vieilles fondations, mais le creusement du canal de l'Est l'en empêcha. Il suspendit les travaux commencés. Il se contenta d'un gracieux bâtiment en briques, dans le goût italien, établi sur les anciens communs.

Auguste Casimir-Perier, devenu seul possesseur du domaine, fit abattre la construction de son père qui n'offrait pas, paraît-il, toutes les garanties de solidité ; il fit établir, en 1847, au nord des communs, les deux pavillons reliés par une galerie qui composent le Château moderne. Un premier étage — avec entrée plus importante — fut élevé ensuite sur le rez-de-chaussée qui composait seul cette galerie.

La résidence d'été du Président de la République

est située au bord de la route de Troyes qui la coupe en deux. A droite est le domaine d'exploitation et de chasse. L'entrée est formée par un pavillon de briques de double tourelle et dont le cintre s'évide en portique. Au fond, l'horizon est fermé par une énorme sapinière qui parcourt une large avenue gazonnée conduisant à la forêt. A gauche de la route, un long mur bas sert de clôture au parc du Château. On pénètre dans le parc, que traversent le chemin de fer et le canal, par une simple porte grillée, encadrée d'un double fût de pierre. Le Château ne se voit pas de la route, dissimulé aux yeux par de lourdes frondaisons.

Le Château du Président — placé sur une hauteur et dominant la vallée de la Seine — est un bâtiment en briques roses et blanches d'un joli aspect. Il consiste en un corps central et deux pavillons carrés à hauts pignons d'ardoises. Le perron de la façade donne accès à une vaste galerie-promenoir à laquelle succède une immense salle à manger aux murs épais. Cette salle à manger, la principale pièce du Château, en est aussi la plus ancienne. Les plafonds en sont cintrés, les murs sont tapissés de faïences et de porcelaines très riches et, au-dessus de la cheminée où brûlerait le tronc d'un chêne, le grand Perier, dans son cadre, semble présider aux repas.

Le cabinet de travail est plus gai, plus ensoleillé. Au fond, un superbe portrait de Mme Casimir-Périer, mère, dont le visage aux yeux bleus, pleins d'une douceur au fond de laquelle on perçoit une énergique volonté, impressionne.

Cette pièce, ainsi que la salle à manger, donnent sur une vaste cour fermée par une longue série d'arcades d'un bel effet décoratif.

L'aile droite du Château, par la façon toute moderne dont elle est aménagée, tranche avec la sévérité qui est le principal caractère des autres parties de cette superbe résidence. Une suite de boudoirs coquets ont vue par une échappée sur la charmante ville de Pont dont le clocher et les toits rouges s'encadrent dans les hauts arbres du parc.

Au rez-de-chaussée, dans le pavillon de droite, est un grand salon qui sert de salle d'attente et de fumoir ; dans le pavillon de gauche est la salle de billard.

Au premier étage se trouvent les appartements particuliers de M. Casimir-Perier et quelques chambres pour les invités.

L'ameublement des diverses pièces est d'une richesse merveilleuse : beaucoup des meubles et des objets d'art proviennent d'ailleurs du Château de Vizille.

La vie à Pont-sur-Seine est très simple, presque patriarcale. Le Château est occupé pendant l'année entière, par Mme Casimir-Perier mère, qui porte ses soixante-treize ans, avec toute la grâce, toute la noblesse des vingt ans de Mlle Fontenillat. Elle est très généreuse ; femme d'ordre et de caractère, elle possède un grand ascendant sur son fils.

La femme du Président de la République est également très aimée à Pont. Blonde, grande, élancée, très élégante, elle possède, avec une bonne grâce

CHATEAU DE PONT-SUR-SEINE (AUBE)

accueillante, une extrême distinction, une belle culture d'esprit et une très vive intelligence.

Mme Casimir-Perier, comme sa mère, a, prétend-on, un gracieux empire sur son mari. Cette influence d'une femme de grand cœur ne peut être que généreuse et utile. Et il y a peut-être, pour la femme d'un chef de l'Etat, un rôle à remplir à côté de celui de son mari : ministère de charité et de réceptions. La générosité de Mme Casimir-Perier n'a pas attendu l'élection présidentielle pour créer le premier ; son caractère, son passé, ses origines, son aristocratique distinction pourvoieront au second qui ralliera peut-être à la République des sympathies hésitantes.

Mme Casimir-Perier, à Pont-sur-Seine, est l'associée de sa belle-mère pour toutes les œuvres charitables.

Elle partage aussi les goûts du Président pour tous les exercices de plein air : elle canote, monte à cheval et surveille son mari ; elle prend celui-ci, un sécateur à la main, élague et taille, avec lui, les marronniers qui forment une superbe avenue à la cour du Château.

De taille moyenne, les yeux bleus, le regard clair, la moustache peu épaisse, effilée et légèrement tombante, le Président de la République, on l'a déjà dit, a l'allure décidée d'un officier de cavalerie. Sa voix est nette et bien timbrée. Sous des dehors un peu froids, il cache une sensibilité délicate et se montre,— au dire des privilégiés qui l'abordent — d'une courtoisie exquise dans l'accueil. A Pont-sur-Seine, il est véritablement adoré par les habitants. Nous avons dit

24

déjà ses préférences pour les exercices de plein air : sa passion dominante est celle du canot. Sa femme l'accompagne souvent, et c'est elle qui, vaillamment, tire la rame.

Les enfants du Président, Mlle Germaine et M. Claude, sont adorés; ils sont, d'ailleurs, d'une exquise courtoisie, très sympathiques aux habitants.

Les autres hôtes ordinaires du Château de Pont sont la sœur de Mme Jean Casimir-Perier, la comtesse de Ségur et son mari, M. le comte de Ségur. Ce dernier, grand chasseur devant l'Eternel, entraîne souvent le Président qui a pour la chasse un goût modéré. Toute la journée, quand le comte de Ségur est là, on entend « parler la poudre » dans le voisinage du Château.

Le Président de la République a raconté lui-même un jour que les vieux serviteurs de la maison sont considérés comme faisant partie de la famille. Lorsqu'il fut question du mariage de la sœur du Président, Mme Casimir-Perier mère fit part du projet au vieux garde depuis longtemps attaché à son service. Quand elle eut nommé M. le comte de Ségur :

— Bonne acquisition ! Excellente acquisition ! fit le garde.

Guidé dans son jugement par sa profession, il faisait allusion à l'excellent fusil qu'est le beau-frère du Président.

La nourrice de M. Jean Casimir-Perier est également traitée comme une parente. — Lorsque le Président, nouvellement élu, vint se fixer à Pont pour y passer ses vacances, la vieille nourrice se rendit au

Château pour prévenir, déclara-t-elle, la visite que M. Casimir n'aurait pas manqué de lui faire. — Le Président lui sauta au cou ; l'excellente femme ne put s'empêcher de l'appeler : « Mon pauvre enfant ! » heureuse, satisfaite évidemment, mais songeuse quand même, la joie troublée par le souvenir du récent assassinat de M. Carnot.

Le Président de la République est, on le sait, né à Paris ; la bonne nourrice, Mme Thomas Robin, vint l'y chercher en diligence et le ramena ensuite dans la même voiture.

Autour du Château, c'est en somme un véritable faisceau d'affections qui le défendent ; on comprend que ce coin de terre soit si cher à la famille Perier. Elle y vit, au milieu d'une popularité déférente, répandant autour d'elle les bienfaits, recueillant en échange toutes les bénédictions et toutes les sympathies.

CONCLUSION

Les socialistes, disait récemment à la Chambre un leader du parti ouvrier, n'attaquent pas les hommes; ils enregistrent des faits et ils en tirent des conséquences. Quelques jours auparavant, dans un procès de presse qui se déroulait devant la Cour d'assises de la Seine, un autre leader du parti ouvrier, et l'un des plus éloquents, se livrait à une attaque aussi véhémente qu'injuste contre le Ministre de la Monarchie de Juillet et ses descendants. Il ne se bornait pas à critiquer leur politique, il les suivait jusque dans la constitution de leur fortune; il ne se bornait pas à étudier le rôle public des Perier, il pénétrait dans leur vie privée, et, remontant aux origines mêmes de leur famille, il leur reprochait leurs moindres actes et ne voulait voir dans leur patrimoine honnêtement constitué que le fruit de longues spoliations et de spéculations plus ou moins licites. Ainsi parlaient, à quelques jours d'intervalle, les deux chefs les plus écoutés du groupe socialiste. Ce rapprochement est instructif.

Nous ne l'avons fait, pour notre part, que pour constater que les partis sont toujours iniques. Ils ne sau-
raient se borner à la critique désintéressée de l'état
social. Leur critique comporte forcément une part de
polémique, et leurs jugements participent inévitable-
ment de leurs opinions. La philosophie seule pourrait
prétendre à l'impartialité, et on sait qu'elle n'est pas
toujours impartiale.

L'histoire l'est-elle davantage ? On a dit souvent
qu'elle ne connaissait ni l'amour ni la haine. Mais il
ne faut pas oublier qu'elle est écrite par les hommes,
et alors même que l'ampleur et le désintéressement
de leurs vues donnent aux hommes une grande saga-
cité et une souveraine indulgence, il arrive toujours une
minute où leur foi l'emporte sur leur intelligence, leur
cœur sur leur raison. A lire seulement les jugements
portés sur le rôle du Ministre de Louis-Philippe par
les divers historiens qui ont étudié son époque, on
constate combien l'impartialité de l'histoire est elle-
même une chose précaire. C'est, d'ailleurs, une cons-
tatation qui est devenue banale. Un jour, un des
philosophes les plus remarquables de ce siècle,
Hippolyte Taine, s'avisa d'écrire un livre sur Napoléon Ier. Il le fit avec sa conscience, on pourrait dire
avec sa minutie ordinaire, et en s'appuyant sur les
textes les plus sérieux. Après ce travail, il ne restait
plus rien de la gloire de Napoléon, et son génie était
devenu une quantité absolument négligeable. Au
lendemain de la publication de cet ouvrage, un autre
écrivain non moins remarquable et qui manie l'ironie
avec une adresse tout athénienne, M. Anatole France,

s'amusa à réfuter le livre de Taine, en lui opposant simplement des documents puisés à d'autres sources. Il rendit sa gloire et son génie à Napoléon et il ne restait plus rien du livre de son éminent adversaire.

Les citoyens qui jouent, dans la sphère qui leur est dévolue, un rôle public quelconque, amassent forcément sur leur tête une certaine somme de colères et de louanges. Ceux qu'ils servent immédiatement sont presque aussi nombreux que ceux qu'ils mécontentent directement. Contenter tout le monde serait le dernier mot de la politique humaine. Par malheur, ce mot n'a pas encore été dit, et il est vraisemblable qu'il ne le sera jamais. Peut-être vaut-il mieux qu'il en soit ainsi. S'il n'y avait plus de partis, la vie aurait beaucoup moins de prix.

Pour nous, dans les limites que nous avons assignées à notre modeste tâche, nous n'avons pas prétendu — nous l'avons dit en commençant, et nous le répétons — faire œuvre d'historien; encore moins avons-nous voulu faire œuvre de parti. Nous avons simplement cherché à établir les origines véritables d'une famille dont le rôle a été considérable dans l'histoire de ce siècle, et retracer à grands traits les principaux incidents de la carrière de ses divers membres. Nous nous en sommes presque absolument tenu aux faits. Nous laissons à d'autres le soin de juger et de conclure.

Notre opinion, si nous devions la formuler, serait celle-ci : on ne peut pas dire, sans tomber dans le plus étroit fanatisme, que les Perier n'ont pas été des hommes utiles à la Patrie. Nés d'une famille bour-

geoise, ils ont toujours eu une noble passion, celle de
la liberté, et un ardent amour, celui du bien public.
Ils se sont acheminés, par une lente évolution, vers les
idées modernes et vers la République. Les représentants farouches de certains partis proclameront qu'ils
y sont venus trop lentement à leur gré. Mais comment le feront-ils sans mauvaise grâce, eux qui se
disent des déterministes convaincus et qui réduisent
à rien la liberté des hommes et l'action de leur volonté?
Oseront-ils soutenir qu'un citoyen de la fin du siècle
dernier dût avoir les mêmes idées qu'un citoyen de la
fin de celui-ci? et ne voient-ils pas la contradiction
qu'ils permettent aux esprits même les moins avertis
d'établir entre leurs doctrines et leur conduite?

La démocratie, au surplus, ne s'y trompe guère.
Elle fait le départ entre ce qu'il y a de vérité, d'exagération et de passion dans les attaques des partis. Elle
discerne avec une équité parfaite les mérites de tous
ceux qui l'ont servie, et si elle ne les honore pas toujours de leur vivant, elle est la première à leur rendre
justice après leur mort. Maigre consolation! dira-t-on.
Consolation plus efficace qu'on ne croit et sans la
perspective de laquelle personne ne se lèverait bientôt
plus pour assumer le terrible fardeau du gouvernement des sociétés. Le premier Casimir-Perier avait
été un ministre fort décrié de ses adversaires; le jour
de sa mort, ses adversaires ont été les plus empressés
à apporter un hommage ému à sa mémoire. On l'avait
accusé de ne pas aimer le peuple et on avait souvent
dit qu'il n'était pas aimé de lui, et le jour même de
sa disparition, un magnifique mouvement de sympa-

thie se produisait autour de son cercueil. Les souvenirs émus qu'ils éveillent, la pitié qu'ils provoquent en descendant dans la tombe, c'est bien la meilleure récompense des citoyens qui se consacrent à la carrière publique. Ceux qui sont des sages n'en demandent pas d'autre.

Quoi qu'il en soit, et malgré les polémiques toujours détestables et souvent indignes d'écrivains qui se respectent, qui ont accompagné l'élévation de M. Jean Casimir-Perier aux fonctions suprêmes de chef de l'Etat, il est incontestable, et c'est un devoir de le proclamer, que les Perier ont apporté le meilleur de leurs forces et de leur intelligence au service du pays. Ils ont voulu la liberté dans la mesure où ils pouvaient le faire de leur temps, et l'on ne trouverait peut-être pas d'exemple d'une autre famille ayant donné autant de zélés serviteurs à la chose publique. Ils ne se sont pas d'ailleurs toujours bornés à être de leur temps ; quelquefois, ils l'ont devancé, et si après s'être reporté par la pensée à la mémorable et décisive assemblée du Château de Vizille, on examine impartialement le rôle et l'évolution de cette glorieuse famille jusqu'au Congrès du 27 juin, on ne peut que dire, avec tous les républicains de bon sens, que les destinées du pays sont entre des mains aussi loyales que fermes.

Grenoble, 30 Novembre 1894.

TABLE DES MATIÈRES

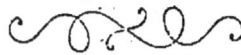

Grenoble. — Imprimerie Joseph Baratier

www.ingramcontent.com/pod-product-compliance
Lightning Source LLC
Chambersburg PA
CBHW072001270326
41928CB00009B/1504